本书是2018年度湖南省哲学社会科学基金项目“公共空间语言景观的跨学科理论与实践研究”（湘社科办[2018]15号，项目编号：18YBA118）与2018年湖南省教育厅科学研究重点项目“城市语言景观评估与规范化问题研究——以长株潭为例”（ 湘教通[2019]90号，项目编号：18A353）的结题成果，特此鸣谢！

跨学科视角下
长株潭城市群语言景观评估与规范化研究

罗胜杰 周旭阳◎著

湘潭大學出版社

图书在版编目（CIP）数据

跨学科视角下长株潭城市群语言景观评估与规范化研究 / 罗胜杰，周旭阳著. -- 湘潭 : 湘潭大学出版社，2021.9
ISBN 978-7-5687-0604-9

Ⅰ. ①跨… Ⅱ. ①罗… ②周… Ⅲ. ①城市群－旅游区－语用学－调查研究－湖南 Ⅳ. ① F590.3 ② H030

中国版本图书馆 CIP 数据核字（2021）第 162268 号

跨学科视角下长株潭城市群语言景观评估与规范化研究

KUA XUEKE SHIJIAO XIA CHANG-ZHU-TAN CHENGSHIQUN YUYAN JINGGUAN PINGGU YU GUIFANHUA YANJIU

罗胜杰 周旭阳 著

责任编辑：姚海琼 罗 联
封面设计：谈振威
出版发行：湘潭大学出版社
社　　址：湖南省湘潭大学工程训练大楼
电　　话：0731-58298960 0731-58298966（传真）
邮　　编：411105
网　　址：http://press.xtu.edu.cn/
印　　刷：广东虎彩云印刷有限公司
经　　销：湖南省新华书店
开　　本：710 mm×1000 mm 1/16
印　　张：15.25
字　　数：274 千字
版　　次：2021 年 9 月第 1 版
印　　次：2022 年 3 月第 1 次印刷
书　　号：ISBN 978-7-5687-0604-9
定　　价：59.00 元

前　言

语言景观研究始于国外，相关成果连绵不绝，数十位学者为此奉献了1000余篇论文及4部专著，然稍显不足。迄今为止，从跨学科角度对语言景观规范与评估标准的研究似不多见，此其一；其二，以往研究多限于典型语言景观，非典型语言景观研究鲜见。为此，从多学科视角出发，建立语言景观的评估与规范体系尤为重要，本书以长株潭城市群语言景观为例，在这一领域做一小小尝试。

本书多学科视角主要体现在：第一，社会科学视角。从翻译学角度出发，针对长株潭语言景观、特别是旅游景区语言中的误译问题，提出正确翻译文本；从文化传播的角度，提出构建语言景观的评估标准，将中国传统文化，特别是湖湘文化的传播纳为评估标准之一；从顺应论角度，提出语言景观在语言层面和非语言层面的顺应问题；从语用学角度，提出语言景观须在礼貌原则的指导下，建立礼貌层级。第二，自然科学视角。从耗散结构理论出发，研究车尾语的产生原因。在上述多学科理论的指导下，尝试语言景观跨学科研究，建立语言景观评估标准，研究其规范措施。

本书由五章组成。

第一章为研究背景。第一节为导论。介绍语言景观的定义、分类、功能及其构建原则。我们尝试对语言景观做了重新定义，提出了语言景观的两条分类标准，归纳了语言景观的四大功能，并在前人研究基础上，给语言景观的构建补充了三条新的原则，即：达意传情原则、简单明了原则和守正创新原则。第二节为研究现状。对语言景观的国内外研究进行梳理，提出其未来研究方向；

第三节介绍研究内容、方法、意义与全书结构。

第二章为长株潭城市群语言景观现状调查。本章由七节构成，在充分搜集长株潭城市群路牌、道路交通指示牌、店名、户外广告、户外标语、公示语和旅游景区标识语等相关语料的基础上，分析上述语言景观现状，发现其中存在的问题，并提出修改意见和建议。其中以旅游景区语言为研究重点，调查了包括湘潭市“三馆”（博物馆、规划馆、党史馆）、韶山旅游景区、刘少奇同志故居、彭德怀同志纪念馆、雷锋纪念馆、芷江抗日受降纪念馆、粟裕同志故居等在内的红色旅游景区语言景观现状，作为补充，同时对桂林阳朔语言景观也做了考察。

第三章为长株潭城市群语言景观评估体系。本章中，针对长株潭城市群语言景观中存在的不合理现象，构建了语言景观的评估体系。衡量与评估一个地区语言景观的状况，应该遵循六大标准：第一，健康的思想内涵。语言是思维的外壳，语言的思想性必须得到遵守，语言要利于人类交流与健康成长，并与政治性相吻合。第二，得体的语言表达。语言景观表述必须真实，要具有善意，兼具人文情怀。第三，规范的外文翻译。语言景观的外文翻译是一个最大的问题，好的外文翻译必须做到信息准确、译语规范、译本统一。第四，一定的文化传承。悠久的历史文化是我国的瑰宝，在语言景观中应得到传承与传播。第五，良好的语言顺应。语言景观必须对语言语境（词汇、句法、文体）和非语言语境（物理世界、社交世界和心理世界）加以顺应。第六，必要的礼貌原则。语言景观必须体现对受众的尊重。语言景观的衡量与评估，必须从思想、表述、翻译、文化、礼貌等方面入手。

第四章为长株潭城市群语言景观规范研究。本章由七节组成，分别对长株潭城市群路牌与道路交通指示牌、店名、户外广告、户外标语、公示语与旅游景区语言、名企商标英译、楼盘命名等语言景观的规范问题进行研究。

路牌和道路交通指示牌的规范，要做到译名规范化、标牌统一化、功能扩大化，要充分发挥路牌和道路交通指示牌的信息传递功能，增加地图信息、道路历史信息和其他信息，最大限度地发挥其作用，尽可能实现地方文化的传承。

店名的规范要注意命名的规范化。第一，应遵守《中华人民共和国国家通用语言文字法》，应使用规范汉字，非必要不采用繁体字和异体字，慎用仿拟造词，要确保思想健康，我们不反对标新立异，但认为其命名不能有违公序良俗；第二，要遵循翻译标准；第三，要在体现店名信息功能的同时，充分发挥其中国传统文化与地方文化的传承功能，同时还要在文字和图形上凸显店名审美价值，使其具有记忆价值。

户外广告的规范首先必须思想健康，必须以健康的内容和优美的形式来传播信息，为社会主义精神文明建设服务。任何宣扬资本主义生活方式、腐朽文化、没落观念以及种种荒诞离奇、哗众取宠的广告形式与手法，都与社会主义的广告在本质上水火不相容。其次是语言得体，要清除语言垃圾，正确使用修辞，特别是仿拟修辞，避免"言必谈仿拟"的仿拟拜物教出现。

户外标语的规范首先要确保语言文字规范，文字要通顺，标点符号须正确；其次要具有善意，在语言表述上应该礼貌示人，以善意的语言表述，达较好的规劝效果，一方面是语言文明的需要，另一方面是社会和谐的补充，那些充满暴力的语言垃圾，是户外标语应该摒弃的；最后是规范管理，户外广告的规范，不能单纯依靠广告制作者的自律，还要实施"他律"，要加强语言文字规范宣传力度，加大学校语言文字教育力度，进一步完善法律法规。

公示语与旅游景区标识语规范，第一要确保语言无误，其次须遵守翻译家严复先生提出的"信、达、雅"翻译标准，译文首先讲求"信"，即忠实于原文，其次做好"达"，即译文通达、流畅，最后追求"雅"。

针对名企商标英译中存在的"过度使用拼音、忽视文化因素、缺少英语译名"三个问题，提出商标这一语言景观规范的三条原则：代表商品标示原则、企业理念宣传原则和湖湘文化推广原则。提出商标英译的三种方法：直译法、音译法和意译法，三种方法要灵活运用。此外，商标英译，要特别注意湖湘文化的构建与传播，要借助商标英译这一平台，将湖湘文化向国外宣传与推广，助推文化强省战略的实现。

楼盘命名规范，顺应论提供解释。楼名首先要考虑在语言以外的交际情景顺应，即物质世界、社交世界和心理世界等三方面的顺应。从语言内部来讲，此类楼名的存在，体现了语言内部结构如音节、修辞等语言结构顺应。

第五章为非典型语言景观研究。上面提到的路牌等语言景观为典型语言景观，根据分类标准，非典型语言景观的研究也应有所触及。作为尝试，在本书最后一章，我们以车尾语为例，对非典型语言景观进行探讨。在前人基础上，我们尝试重新定义车尾语，概括了车尾语"语言简洁、常用修辞和言语幽默"三大特色，然后从顺应论角度对其加以研究，重点以自然科学之耗散结构理论入手，揭示车尾语生成之谜。最后，针对部分车尾语所存在的"用词晦涩难懂、语气过于威胁、内容有些低俗"等问题，提出车尾语规范的"四个意识"：加强语言正确使用意识、建立健全语言规范意识、培养车主道德修养意识和提高相关部门管理意识。

本书具有如下两个特点：

第一，连贯性较强。除第五章之外，本书的系统性与连贯性较强。在对语言景观的基本情况如定义、分类、功能、构建原则、研究现状等问题加以阐述后，将重点放在第二、三、四章，针对长株潭城市群语言景观现状的调查结果，构建了语言景观的评估体系，并以此指导长株潭城市群语言景观的规范，此四部分具有较强的连贯性。

第二，视角较广。本书研究视角涉及社会科学与自然科学领域，运用语言学、文化学和自然科学中的相关理论知识，来对语言景观尝试多学科研究。

当然，本书也存在一定的不足。不足之一：连贯性还有提高余地。第五章为非典型语言景观研究，与前面几章不构成连贯，这无疑是本书的瑕疵之一。然而既为瑕疵，为何依旧不改？窃以为其重要性使然。第一，甘为垫脚石。非典型语言景观研究不多见，这也是日后语言景观研究的一个方向与重点。我们甘冒受到批评之风险，将此话题置于本书中，其目的是给其他学者从事此类研究提供一定的参考与后续话题，为此，我们甘做一块垫脚石；第二，跨学科研究需要。第五章使用了一个重要理论——自然科学中的耗散结构理论，来对车尾语进行研究，这是多学科研究视角不可或缺的一个部分，也是构成本书的一个有机组成部分。基于此二种原因，我们不舍抛弃此章。不足之二：理论有重复运用现象。作为语言景观研究所使用的理论之一，顺应论数次被用上，理论上的重复也是一个小小瑕疵，期待改进。

本书得到多方支持和帮助，对此我们深表感激。首先，感谢湖南省哲学社会科学规划基金和湖南省教育厅科研基金的资助，正是这些资助，方使小书得以付梓。其次，感谢国内外同行。我们引用了国内外诸多学者的文献资料，并做了一定标注，为此，我们深表感激，感谢前辈们的指引与帮助，使小书得以成形。

语言景观研究无止境，特别是非典型语言景观研究才刚刚起步，方兴未艾。我们愿与诸位学者一起，沿着语言景观研究之路继续走下去。囿于知识浅薄，敬请学者们批评指正！

作　者

2021 年 3 月 28 日于湖南工程学院

目 录

第一章　研究背景

本章研究的主要目的在于：交代语言景观的基本情况，对其有全局了解，对研究现状有一大概认识，为后续研究展开奠定基础。本章由三节构成。第一节为导论，主要介绍语言景观的定义、分类、功能及构建原则，综合前人研究，定义语言景观，对其进行分类，分析语言景观的四大功能，在 Ben－Rafael 的四条原则基础上，提出语言景观构建的三条原则；第二节对语言景观国内外研究现状进行梳理，在总结已有研究基础上，发现不足，提出研究展望；第三节介绍语言景观的研究内容、研究方法、研究意义以及全书结构。

第一节　导论

漫步街头，各种各样的语言文字充斥人们的眼球。悬挂于商铺门口的招牌、店名，商品上的标牌名，制作质朴的街牌名，随处可见的电子显示屏、LED 霓虹灯、充气标志、滚动标语和霓虹灯广告，等等，业已成为整个城市一道靓丽的语言风景线。它们或具有悠久的历史，积淀成为具有浓厚民族特色的中国名片，如“全聚德”“贵州茅台”“中国中车”等；或具有鲜活的时代特色，如“衣目了然”“茶颜悦色”等各类标新立异的店铺招牌等。在唤起人们的购买欲、满足人们的好奇心、便利人们的日常生活的同时，这些语言文字或图片引起了语言学者的研究兴趣，人们开始对其类型、功能、规范化、翻译及其与城市构建的关系等开展研究，揭示其文字表象背后所隐藏的思想根源、制作动机、影响效果等。

我们身处语言环境之中。语言环境指一个地区或一个社群的语言生活状况，反映出社会使用语言文字的基本面貌。包围我们的不但有母语环境，还有外语语言环境。城市外语语言环境是指一个城市使用母语以外的语言（种）进行信息交流的广度、深度和频度，主要包括人的因素和物的因素。人的因素主要指城市不同人群对外语的掌握程度和应用水平；物的因素主要指城市公共设施和公共服务中外语的应用范围和规范程度（历冬风，2017）。良好的语言环境建设有利于人们更好地进行交流和沟通，为生活提供更便捷的环境，在国际化城市中发挥着重要作用，值得研究。

语言景观研究数十年，成为社会语言学领域的一个热点研究话题。本节为导论，重点研究语言景观的定义、分类、功能、构建原则等内容。这是进一步研究的基础，在本节中须加以阐述、界定和说明。

一、语言景观的定义

Landry & Bourhis（1997）最旱提出并使用“语言景观”的概念，将其界定为：“出现在公共路牌、广告牌、街名、地名、商铺招牌以及政府楼宇的公共标牌之上的语言共同组成的某个属地、地区或城市群的语言景观。”一般认为，这是语言景观研究中最经典、引用最为广泛的定义。

此外，也有不少其他学者给语言景观做出界定。例如 Itagi & Singh（2002）提到，语言景观指的是“公共领域中可见的书写形式语言的应用”；Ben - Rafael et al.（2006）把语言景观定义为“标识公共空间的语言物件”；Gorter（2006）将语言景观（linguistic landscape）定义为：某一个特定国家里语言情况的描述与分析，或指某一个更大地理区域里的语言现象和语言使用情况，并认为语言景观研究所关心的是在公共领域里书面形式的语言应用。

Ben - Rafael（2009）又提出：语言景观指的是“公共空间的象征性建构（symbolic construction）”，而 Jaworski & Thurlow（2010）则从社会符号学角度将其定义为“语言、视觉活动、空间实践与文化维度之间的相互作用，特别是以文本为媒介并利用符号资源所进行的空间话语建构”，这是我们所见的对语言景观最宽泛而深刻的定义（尚国文，赵守辉，2014）。

我们认为，上述专家学者的定义各有千秋，Landry & Bourhis 侧重语言景观的表现形式，通俗易懂，一目了然，然缺乏其功能表述；Itagi & Singh 和 Ben - Rafael et al. 的定义言简意赅，突出“公共空间”和“语言”两大关键词，但对其表现形式缺乏呈现；Gorter 对网络空间语言景观的意识，囿于时代限制，在其定义中没有得到体现；Jaworski & Thurlow 的定义提升到文化层面，完美度高，定义深刻。

在上述专家学者对语言景观的定义基础上，结合时代特色，将语言景观所处场所、呈现形式、语言功能等信息包含在内，我们拟提出语言景观的如下定义：语言景观是存在于现实与网络空间的、以语言标牌形式呈现的、以提供信息与彰显象征为主要功能的空间话语构建。

二、语言景观的分类

随着社会的发展，越来越多的高科技步入我们的生活，互联网的兴起，给人们生活带来便利，人们已不满足于传统语言交换和联络，纷纷将目标转移至网络，网购、微信、官方网络平台等，给我们增添了诸多语言景观，对其归类成为必要。综合前人研究，我们提出语言景观的两大分类标准。

第一，根据语言景观出现的空间，可以将语言景观分为现实空间语言景观和网络空间语言景观两大类。

现实空间语言景观可分为三小类。第一类为典型语言实体标牌，包含道路交通指示牌、路牌、广告牌、街名、地名、店铺招牌等，此类语言景观量多面广、平常易见、研究非常多，具有静止性、持续性等特点，有的还具有官方性（如街道名、路牌名等）；第二类是非典型语言标牌，如海报、横幅、标语、告示牌、电子显示屏等，此类语言景观具有移动性、临时性、多模态性、越界性、动态性等特点，无论是持续时间还是出现范围，都不如典型语言景观；第三类为部分语言实例，如文化衫、示威游行标语、车身广告、产品包装和印刷品，以及墙壁上的涂鸦等，这些也被纳入语言景观研究范畴（Pavlenko，2010）。

在信息技术高速发展和新媒体高度发达的今天，网络电视、数字电视、官方网站、微信、微博等新媒体极大地改变了人们的生活和获取信息的方式，成为人们感知和了解城市形象的重要渠道与方式（闫亚平、李胜利，2019）。因此，包含政府官方网站在内的网络空间语言景观，也是城市语言景观的有效组成部分，尽管其研究不如现实空间语言景观普遍，但依然值得研究。

第二，根据语言景观的制作对象，可以将语言景观分为官方标牌和私人标牌两类。

前者是由政府部门设立的官方性质的标牌，常见的路牌、交通指示牌、户外标语、旅游景区标识语等便属于此类，我们称之为自上而下的标牌（top - down signs）；后者是私人或企业所设立的非官方性质、用于某种商业目的或信息介绍的标牌，如店牌、街牌、楼牌、广告等，称为自下而上的标牌（bottom - up signs）。两类语言景观的区别主要体现在两个方面：一、功能不同。官方标牌主要突出信息供给功能，指向性明显，而私人语言景观侧重于介绍，力图用最简短的文字，传达商品信息，突出商品特色，强化消费者记忆，实现盈利目的。二、语言标识不同。官方语言景观的语言标识十分正规，有着固定模式，一经确定，轻易不变。而私人语言景观的语言标识呈多样化特点，在字体、语言形式与内容、色彩等方面精彩纷呈，呈艺术化特色。

三、语言景观的功能

胡壮麟（2002）提到：语言学家从抽象的角度，即不是从用语言聊天、思考、买卖、读写、问候等方面谈论语言功能，他们归纳了这些实用动能，并且尝试如下一些对语言基本功能的概括分类：

雅科布逊（Jakobson）认为，和任何语言符号系统一样，语言首先是为了交流。对很多人来说，交流的目的是所指，但雅科布逊（以及布拉格学派的结构主义学家）认为，所指不是交流的唯一目的，甚至连主要目的都不是。为此，胡壮麟将语言的功能概括为：（1）信息功能；（2）人际功能；（3）施为功能；（4）感情功能；（5）娱乐性功能；（6）元语言功能等。李宇明、王春辉（2019）提出根据语言功能参数对语言进行分类的新设想，他们认为：由于历史和现实众多因素的作用，每种语言发挥的功能并不相同，因此可以根据功能的强弱将语言分为不同类别，呈现特定的世界语言格局。语言的功能主要可分为工具功能和文化功能两大范畴。

作为语言使用的表征，语言的部分功能在语言景观中得到体现。我们认为，语言景观具有信息传递、象征表意、文化交流与传承以及附加功能等四大功能。

（一）信息传递功能

信息传递功能是语言景观的最根本职能。语言景观的目的，就是提供某些信息。比如，交通指示牌给人们提供道路信息，路牌提供道路名称，广告牌提供产品名称、功能用途等信息，店名告诉消费者店铺经营范围及商品类型，机构名称向大众展示该机构的功能、特点、属性等，公共场所的公示语向游客提供提示与说明，如“票务中心”“问讯处”“Lost & Found”等。如果没有上述语言景观，我们不但会在城市里迷失自己，而且生活上也会有些不便，甚至产生不必要的麻烦。

以旅游景区标识语为例，在旅游场景中，语言景观把标牌创设者和游客联系起来，通过语言文字与游客进行信息交流。旅游语言景观最基本的功能就是通过各种语言文字，为游客传达旅游相关的信息，如方向指引、景点介绍、商品服务等。旅游景区语言景观中的标牌并非简单、孤立的信息载体，而是以一种或多种语码形式与读者（游客）建立的虚拟交际。也就是说，旅游主管部门与旅游业者参与构建的语言景观将旅游区塑造成一个以书面文字为媒介的话语空间。

Kallen（2010）指出，旅游语言景观可以发挥至少四种信息和话语功能：指示功能、行为调节功能、互动功能以及认知功能。其中路名、地名、指路牌等发挥指示功能，为游客指明地点或方向。警示牌、告示牌等通过警告、劝诫等方式来规范或调节游客的行为，属于行为调节功能。用以问候、迎宾的标牌发挥互动功能，与游客构建和谐（solidarity）关系。而景点介绍、通知公告等标牌主要发挥认知功能，帮助游客了解旅游相关的知识或信息。有些标牌可以传达多种话语功能，比如景点入口的永久性石刻文字，不仅指示地点，有时也介绍景点历史、纪念意义等，发挥指示和认知功能。可以说，旅游语言景观的信息功能是通过虚拟的话语交际来实现的。在语言景观中通过选择不同的语码与不同的游客群体建立会话、传达信息是旅游区常用的信息构建方式（尚国文，2018）。

（二）象征表意功能

除信息功能之外，语言景观另一个重要功能便是象征表意功能。语言景观以何种语言形式出现，表现了使用该语言人们的语言权势与地位，反映了语言群体成员对语言价值与地位的认同，体现了该国语言政策和语言使用状况。

比如，少数民族地区语言景观大量使用本族语言，展示了强烈的民族身份和种族意识，建立起一种强烈的身份认同感。同时，这些地区的语言景观也标注汉语甚至其他语言，显示出当地少数民族的社会融入感。在海外华人居住地如唐人街，其语言景观多为汉语，这是全球化与多元文化盛行下的汉文化彰显，而国内语言景观大量使用英语，这也是英语这种语言权势与地位的表现。湖南张家界旅游景区语言景观使用中韩双语，是因为张家界与韩国釜山为友好城市，韩国人酷爱山，以中老年人为甚，他们喜欢张家界这样漂亮的山，所以每年来张家界游玩的韩国人达 30 万人，韩国人是张家界第一境外客源市场，因此，旅游景观标上韩语就不足为奇了。而在著名旅游景点桂林，奇特的喀斯特地貌，成就了桂林美如幻境般的山水，渔民在漓江上伴着渔火劳作的情形，成为外国人心中最优中国意境的画面。位于漓江畔几百米长的西街，每年接待外国游客6万多人，全球最权威的自助旅游书Lonely Plant每年会有大量的篇幅介绍阳朔，并号召全世界的游客“到阳朔西街去”。在那里，街头小贩大都操一口流利的英语，受此影响，世界各地的游客对阳朔西街趋之若鹜，因而中英双语语言路牌、交通指示牌、公示语、旅游景点介绍、店名和菜谱成为必须。

以上双语或多语语言景观并存，在顺应游客需求、增加商业盈利的表象特征背后，其实某种程度上更是一种语言权势与地位的象征与彰显。试想，在某些大国的著名景区，其语言景观未必为了迎合中国人而写上汉语标识，出国旅游恐怕还得熟悉当地语言、特别是英语才行，好在一些东南亚邻国，面对巨大的中国旅游市场与中国人强大的购买力，在商业利益驱使之下，开始了为便利中国游人的汉语语言景观标注之旅。这其中最有代表性的国家之一，就是位于东南亚地区的马来西亚。马来西亚是深受中国人喜爱的旅游国家，很多中国人第一次出国旅行，都会首选“新马泰”。直到现在，马来西亚依然拥有大量的中国游客，中国也依然是马来西亚最大的旅游客源国之一，就连马来西亚使用的汉字竟然都是简体字，这让很多中国游客觉得不可思议。毕竟大家的印象中，海外华人通常使用的都是传统繁体字，而很少看见他们使用简体字。但在马来西亚，几乎所有路牌、招牌和菜单上推广使用的都是简体字，也让许多中国游客看到之后直呼，太亲切了！看起来比中国还中国。

分析可见，语言景观的语种选择，其背后隐藏的既是一种民族与种族的身份认同，更是国家与民族的实力象征。

（三）文化交流与传承功能

习近平总书记强调：一个国家、一个民族的强盛，总是以文化兴盛为支撑的①。文化是综合国力的重要标志，是经济社会发展的重要支撑，而且是民族的血脉，是人民的精神家园，是民族凝聚力和创造力的重要源泉。语言和文化是城市建设与发展的人文基础，是城市个性与独特魅力的最终彰显，是城市软实力的重要组成部分。语言景观对城市文化软实力与城市形象的提升，投资环境的改善，健康人文环境的构建与和谐城市语言生活的打造具有重要意义。

① 全国干部培训教材编审指导委员会：推动社会主义文化繁荣兴盛［M］. 北京：人民出版社/党建读物出版社，2019：2.

语言与文化密不可分，语言传播的背后，其实是该语言所代表的文化的传播与传承，语言的发展有助于文化的发展，语言是文化传播的媒介与载体。例如，在一些文物古迹比较集中，或能较完整地体现出某一历史时期的传统风貌和民族地方特色的历史街区，其语言景观通过运用典雅词汇、特定历史时期词汇、特殊标牌形式、独特文化符号等多种形式，借助外在的符号载体或媒介载体再现历史化的场景，尽可能还原历史真实性，以第三人称视角展示历史、传达历史，使受众产生一种不同于普通商业街区的视觉感受和心理认知，从而激发受众对历史的记忆，实现了语言街区的“再历史化”（高珊、付伊，2017）。典型如苏州历史文化街区语言景观，用标牌对建筑、民俗节日、纪念活动、商业活动遗迹进行解说，因而具有建筑文化、民俗文化、商业文化等价值，语言景观载体材质、用色、纹饰多体现我国古代取法自然、天人合一的审美文化（宋凡成，2018），在国人与国际友人的驻足与浏览中，潜移默化地实现了中国历史文化的交流与传承。

语言承载着文化，语言文化交流有利于打破文化之间的壁垒和隔膜，形成世界文化碰撞、交融和互动局面。语言景观更是具有高度的可体验性。因此，在“一带一路”建设中，我们不但应该注重国内语言景观建设，还应该注重对外语言景观的建设，找准定位，主动“走出去”（马春华，2018），让小小的语言景观，实现中国优秀文化在世界的传播。

（四）附加功能

除了信息传递、象征表意和文化传播功能之外，语言景观还具有诸如教育警示和装点装饰等其他功能，我们称之为附加功能。

1. 教育警示功能

将意欲传递的提示信息，常以委婉提示，或以命令口吻，通过语言文字形式表达出来，此曰教育警示。语言景观，特别是其中的公示语（公开和面对公众的告示、指示、提示、警示和与其生活、生产、生命、生态等休戚相关的文字及图形信息）（戴宗显、吕和发，2005），往往具有这方面的功能。如图书馆、洗手池、餐馆等公共场所：

（1）来也轻轻，去也轻轻。（安静角度）；

（2）像爱护自己眼睛一样爱护图书。（爱护角度）；

（3）书是人类精神的粮食，请保护好你的粮食。（爱护角度）；

（4）滴答水声，还你轻轻一拧。（节水角度）；

（5）餐具洗净，别忘公共卫生。（卫生角度）；

（6）来也匆匆，去也冲冲。（卫生角度）；

（7）小草青青，脚下留情。（爱惜角度）；

（8）请保管好随身物品。（安全角度）。

以上公示语，从公众角度，以委婉口吻，对公众进行友情提示，温情，却又不失礼貌，简明，而又达意，收到了公示语这类语言景观应有的表达效果。

然而，并非所有公示语都如此"温情脉脉"，有的公示语口吻则十分严厉，常见"禁止""严禁""不准"等字样，并配有图片，以达对公众警示目的，这类公示语大多从生命安全等角度考虑，以不容置疑的口吻提出，要求人们无条件遵守。如：

（1）仓库重地，禁止吸烟！

（2）此路不通！

（3）此处严禁入内！

（4）非工作人员，禁止入内！

（5）高压危险，禁止攀爬！

李永红（2008）将公示语分为指示性公示语、提示性公示语、限制性公示语和强制性公示语等四类。指示性公示语和提示性公示语为公众提供信息服务，起到了语言景观的信息传递作用。而限制性公示语和强制性公示语则对公众某些行为提出限制，甚至是强制性要求，温馨提示也好，强行制止也罢，起到了教育警示作用，教育警示功能凸显。

2. 装点装饰功能

除了教育警示作用外，语言景观的装点装饰功能也不容忽视，这在店铺招牌中经常使用。为了吸引大众眼球，店铺招牌常常以夸张的字体，辅之以霓虹灯效，起到了一定的宣传作用。如图 1 – 1：

图 1–1　谭木匠招牌

“谭木匠”这个招牌十分有趣，中间的“木”字采用艺术造型，用木匠师傅常用的刨子和尺子，描绘出一个“木”字，与所售产品十分吻合，也给受众以新鲜记忆。此外，还有些霓虹灯招牌设计者将图片文字交织在一起，注重字体与色彩的搭配，所设计的五彩斑斓的霓虹灯字在凸显店铺招牌、突出广告效果的同时，也一定程度上装点了这座城市，以强烈的视觉效果，丰富了市民的夜生活。

语言景观从最初设计用来传递信息，到最后用来装点城市，其功能随着历史变迁而发展变化着。在全球化浪潮的冲击下，语言景观的功能逐渐发生变化，由过去单纯的语言功能，过渡到以语言权力观、资源观为导向的多语并存局面，其背后隐藏的是一种权势的较量，某种程度上是国家语言政策的一种反映，是文化传承的手段与方法，同时也是对城市亮化工程的有益补充。

四、语言景观的构建

众所周知，语言是思维的载体，是思维的外壳，是思维的外化，任何语言表达都脱不开与思维的关联。简言之，语言与思维的关系属于形式与内容的关系，二者密不可分。语言景观种类繁多，在其纷繁复杂的背后，遵循着一定的构建原则。现实世界中的语言景观看似杂乱无章，实则有内在的构建规律。Ben－Rafael（2006、2009）从社会学的相关理论出发，提出形成语言景观的四条构建原则（structuration principle）：

第一，突显自我（presentation of self）原则。依据 Goffman 的观点，社会个体作为社会生活中的行动者，总是把自己具有的优势一面展现给他人，寄以达至期望的目标。这个“自我优势展现”的原则也适用于语言景观的构建。在都市中心地带，商业标牌林林总总，竞相争夺路人的注意力，以吸引他们参与或执行标牌上的活动。语言标牌越稠密，各种标牌之间的竞争就越激烈，而那些与众不同、标新立异的标牌往往更有机会获得路人的关注，从而在竞争中胜出。语言标牌竭力呈现自己的“不同凡响”之处，突显自我是语言景观构建的首要原则。

第二，充分理性（good reasons）原则。语言标牌以其独特性吸引路人的注意力，但标新立异的背后也有趋同的一面，那就是理性地满足读者的需求。Boudon 指出，要影响公众的行为，行动者必须了解并尊重其感知、价值观、爱好、品位等，对公众需求的理性分析是追求目标时如何行动的关键。在语言景观中，我们看到无数商家在标牌中一致强调舒适、豪华、潮流、名气等取向，以此来满足公众的需求与愿望。另外，在以象征价值为取向的现代社会，商业标牌创设者也会顾及顾客在成本效益方面的考量，因此标牌中也常体现经济实惠等理念。可以说，在商业化的公共空间中，预测并迎合顾客的动机和愿望是语言景观构建的又一重要原则。

第三，集体认同（collective identity）原则。在全球化和多元文化盛行的时代，语言标牌在设计中常展示某种身份特征，以获得公众中某些群体的认同。该原则强调标牌对象主体身份归属，以“志趣相投”为基础来吸引潜在的顾客。如美食摊贩的标牌上显示“vegetarian”，不仅标明店家食物的特征，也与素食者构建了身份认同，以此招徕以素食为主的顾客。

第四，权势关系（power relations）原则。该原则关注一个语言群体能在多大程度上对其他群体施加语言管控。根据布迪厄（Bourdieu）的文化资本论，特定场域内参与者范畴之间的权势关系是社会现实的主要部分。在语言景观中，这个原则体现在强势群体能够对弱势群体使用语言资源的方式加以限制。例如，政府或官方机构是官方标牌的创设者，他们比起私人标牌的创设者（商家或个人）更有权势，因此经常对私人标牌的语言使用加以管制，如规定语言标牌必须把国语或某地法定语言放在突出位置。Ben - Rafael 认为，把官方语言强加在语言景观中是权势霸权的体现，而权势关系在构建语言景观中的作用越大，越容易引起对抗。

需要指出的是，这些原则在语言标牌的设计中不一定同等重要，哪条原则更为突显要视具体情况而定。

Ben - Rafael 从语言思维逻辑这一宏观角度，从宏观角度，对语言景观的构建提出了上述四条原则，此外，微观上我们认为，语言景观的构建还应遵循以下三个原则：

第一，达意传情原则。达意传情原则是语言景观创建与翻译过程中应该遵循的基本原则。我们知道，语言景观具有指示性、提示性、限制性和强制性等特点，因而“达意”是语言景观的第一要素，意欲表达的信息必须得到语言文字媒介的直接传递，这在道路交通指示牌中尤为明显，须以简明扼要的文字，将道路信息准确传递，让人一眼就能明白其中之意。同样，在双语或多语语言景观中，中外文本必须一一对应，因而其翻译的准确性成为必须，此乃“达意”。

此外，“传情”也是语言景观构建所必须遵守的。托尔斯泰说过，作家、艺术家在创作时，要“在自己心里唤起曾经一度体验的感情”，然后“用动作、线条、色彩、声音以及言词所表达的形象来传达这种感情，使别人也能体验到这同样的感情”。他得出结论：“这就是艺术活动”。作家心中要有理想的读者，将情感诉诸文字，向这些理想的读者倾诉，而接受者以自己的方式，与作者进行沟通，分享这一份情感。此外，古希腊哲人普罗泰戈拉有一句名言：“人是万物的尺度”。人的体温是衡量外部世界温度的尺度，太冷或者太热，都是相对于体温而言的。托尔斯泰所讲的那种情感，放进文字之中，使接受者也能感受到情感，这就是体温的传递。

语言景观的创作虽属于艺术行为，但作为语言活动，也应遵守“传情”原则。虽然限制性的语言景观如“禁止拍照”“禁止吸烟”等公示语听起来给人一种冷冰冰、毫无感情色彩可言的感觉，但是也有诸如“青青小草有生命，请君足下多留情”“把花朵留在指头，把美丽留在心头”之类的温馨提示语，将公众应遵守的规则以委婉的口吻提出，既起到了提示与劝诫作用，又不失礼貌与温馨，让人在愉悦中自觉遵守行为准则。

第二，简单明了原则。语言景观毕竟不同于文学作品，路牌、交通指示牌、店名、广告等语言景观，留给行色匆匆的人们驻足的时间往往不超过10秒，因而它这种本质属性决定了语言篇幅不能太长，要求用最简洁的语言文字表达传递信息，所以要做到简明扼要，一目了然，此谓语言景观的简单明了原则。

受美国著名语言哲学家格莱斯（H. P. Grice）提出的会话中的“合作原则”（Cooperative Principle，简称CP）启发，我们提出简单明了原则。格莱斯认为，人们在谈话中遵守的合作原则包括四个范畴，每个范畴又包括一条准则和一些次准则，即：

A）量的准则（The Maxim of Quantity）

a）所说的话应该满足交际所需的信息量［Make your contribution as informative as is required（for the current purpose of the exchange）］；

b）所说的话不应超出交际所需的信息量［Do not make your contribution more informative than is required］；

B）质的准则（The Maxim of Quality）（Try to make your contribution one that is true)

a）不要说自知是虚假的话 [Do not say what you believe to be false]；

b）不要说缺乏足够证据的话 [Do not say that for which you lack adequate evidence]；

C）关系准则（The Maxim of Relation），说话要相关（Be relevant）

D）方式准则（The Maxim of Manner），说话要清楚、明了（Be perspicuous）

a）避免晦涩 [Avoid obscurity]；

b）避免歧义 [Avoid ambiguity]；

c）简练 [Be brief (avoid unnecessary prolixity)]；

d）井井有条 [Be orderly]。

我们所说的"简单明了"，即是这四条原则的具体体现。简单，即遵循量的原则，语言景观中包含所需传递的信息量过多，则显冗余，完全没有必要，过少，信息传递不到位，容易引起误解；明了，首先要做到信息为真，不说假话，其次要相关，话语和信息要高度一致；最后，要简明易懂，话语结构清晰，文字通顺，能为人所理解，不产生歧义。如店名（图1－2）：

图1–2　天一瑜伽店名

该店名"天一瑜伽"采用四音节方式命名，简单明了，一看便知其经营产品与范围。又如下面公示语（图1－3）：

图 1–3　公示语

此公示语将严禁吸烟和禁止扔杂物的原因以简单的文字形式向众人陈述，质与量的原则都符合。至于路牌和道路交通指示牌，其准确性，即“质”的原则必须严格遵守，来不得半点虚假，否则容易误导，此外，也必须严格遵守“量”的原则，不容多说，没有丝毫商量余地。

第三，守正创新原则。守正是指恪守正道，胸怀正气，行事正当，追求心正、法正、行正。创新是指勇于开拓，善于创造，懂得变通，不断推陈出新。守正与创新共生互补，辩证统一。守正是创新的根基，发挥主导；创新是守正的补充，相辅相成。

从历史角度而言，历史发展是一个客观的进程，“守正”即是要坚守正道，把握事物本质，遵循客观规律。“创新”是源泉，也是历代中国共产党人拥有的优秀品格，从毛泽东思想到邓小平理论，到“三个代表”重要思想、科学发展观，再到习近平新时代中国特色社会主义思想，始终坚持把马克思主义基本原理同中国实际和时代特点紧密结合起来，推进理论创新、实践创新，实现党的指导思想与时俱进。既一脉相承又与时俱进，充分体现了中国共产党在不同时代语境中创新的精神品格，是中国共产党保持自身先进性的源泉。

置于语言学之下，该原则要求语言文字也要做到“守正”与“创新”。语言学的“守正”，要求我们坚守语言文字健康的思想和内容，符合人类社会语言的基本准则，不说有违良心和社会公德的话语；“创新”指的是语言形式多样化，语言表达随时代、社会的变化而做到与时俱进，做到语言学领域的“百家争鸣、百花齐放”。

在语言景观领域，路牌、道路交通指示牌由于其功能单一，结构简单，所以没有必要采取多样化的语言形式，且其制作材质、颜色等都宜固定不变，此为“守正”；但是店名、广告等语言文字，出于诱导性考虑，可以采取多样化的语言形式，此为“创新”。如北京有一家名为“蚝情烤翅”的烧烤店，其店名很有意思。该店名仿“豪情”而得名“蚝情”，将其主打产品生蚝融入店名，经营范围与产品一目了然。然而，创新也必须建立在思想内容健康的基础上，并在国民感情容忍限度内，否则成了语言垃圾，店名：“无饿不座快餐店”“饭醉团伙餐馆”“大辫烧烤”“包二奶内衣”等。

“无饿不座”“饭醉团伙”分别仿拟自“无恶不作”和“犯罪团伙”，其模仿具有贬义的词汇创造店名，无非是为了哗众取宠，吸引顾客注意罢了；“大辫烧烤”的谐音联想，让人非但没有食欲，反而觉得恶心；“包二奶内衣”是对令人唾弃的社会现象的仿用，这样的“创新”让人反感，这是对语言文字的滥用与亵渎，不是我们所提倡的“创新”，创新，必须建立在“守正”基础上，缺乏这一基础，就不属于创新了。

小　结

在本节，基于前人研究基础，我们对语言景观进行了重新定义，将网络空间纳入进来，完善了语言景观的定义。此外，我们将语言景观的分类进一步完善，分为现实空间和虚拟空间语言景观、典型语言景观与非典型语言景观等类别。研究认为，语言景观除了传递信息等显性功能外，还有权力象征、文化传承和其他附加功能。最后，语言景观的制作必须遵循三个基本原则，做到在达意传情，传达一定信息的基础上，简单明了；另外，允许在坚守语言文字基本准则，符合国人审美标准的前提下，对语言景观进行适当的创新。

第二节 研究现状

在城市语言现象研究范畴中，语言景观研究占据极其重要的一席之地。为了解语言景观研究现状，我们分别从国外和国内两个层面进行梳理，以把握语言景观研究脉络与研究动态，为其进一步研究开辟新角度。

一、国外研究

制作于公元前 196 年的古埃及罗塞塔石碑或许是最早的语言景观现象（Gorter，2013）。虽然语言景观作为一种现象存在的历史久远，但是作为一个专门的研究领域和主题却是近 40 年的事情。徐茗（2017）对其研究历程进行了梳理和划分，并总结了其发展趋势。

（一）研究历程

目前学界对于国外语言景观研究发展历程的观点较为一致，均认为 1997 年和 2007 年是两个重要的时间节点。1997 年，Landry 和 Bourhis 提出了后来被广泛引用和接受的语言景观定义，2007 年，Backhaus 出版了首部完全以语言景观为中心的综合性专著（Gorter，2013），Web of Science 数据库的引文分析显示它们是该领域引用频次最高的两种文献。据不完全统计，国外语言景观文献共有 469 篇，其中 1997 年以前 15 篇，1997—2007 年 45 篇，2008 年以后 409 篇。可以将语言景观研究历程分成以下三个阶段。

1. 早期萌芽阶段（1997 年之前）

20 世纪 70 年代开始，已经有学者通过研究街道上的语言景观来观察当地的语言使用状况（Gorter，2013）。比如 Rosenbaum 等（1977）调查了耶路撒冷的语言使用状况，发现官方语言政策支持标志上只用希伯来语，而商业标志上主要使用英语；Tulp（1978）关注布鲁塞尔广告牌上荷兰语和法语的分布，发现法语占主导地位，只将有限的空间留给荷兰语；Monnier（1989）认为加拿大魁北克省的法律对公共领域语言标志使用非常重要；Calvet（1990）比较了达喀尔和巴黎城市公共空间的语言标志，区别了权威部门和市民标记地域的不同途径；Spolsky & Cooper（1991）详细讨论了在耶路撒冷老城区的两条街道的语言标志，强调了政治制度对语言景观的影响。该阶段语言景观研究的对象虽然是公共空间的语言标志，但尚未独立提出语言景观的概念，语言景观研究主要作为语言研究问题中的一部分出现，表现出零散的、无系统的、自发的、无意识的特征，文献数量有限。

2. 中期理论探索阶段（1997—2007 年）

Landry & Bourhis（1997）首次清晰地界定了语言景观的概念，提出了语言景观的信息功能和象征功能。Scollon & Scollon（2003）提出了“地理符号学”（geosemiotics）的理论方法，进一步推进了语言景观领域的理论研究。2007 年，Backhaus 出版了首部语言景观的综合性专著《语言景观：对东京城市多语现象的比较研究》，构建了一个语言景观研究的整体框架，并对东京开展了语言景观案例研究。2006 年，Gorter 编撰出版论文集《语言景观：多语现象研究的新路径》，该书与 Backhaus 的专著以及 2009 年 Shohamy 和 Gorter 主编的《语言景观：风景的拓展》构成了语言景观研究体系的基石（Ben - Rafael et al. 2010）。Hicks（2002）关注苏格兰盖尔语标牌的政策和本民族语言政策执行问题。Reh（2004）调查研究了乌干达莫桑比克自治市标志中的双语书写状况，对标志文本的语言和信息排列规律进行了探索。2006 年《国际多语杂志》（International Journal of Multilingualism）开始刊登语言景观专栏文章。该阶段首次提出了语言景观的概念，系统探讨其研究框架和理论方法，形成了语言景观作为社会语言学分支学科领域的雏形，表现出有一定规模的、较系统的、自觉的、有意识的研究特征，研究文献出现了较快的增长。

3. 近期快速发展阶段（2008 年至今）

2008 年以后，语言景观研究队伍不断扩大，广告学、教育学、经济学、历史学、符号学、社会学和城市地理学等学术领域内的研究者群体开始投身这一领域，语言景观应用于第二语言教学（Cenoz & Gorter，2008；Sayer，2010）、旅游业（Márta，2011；Antonio & Juan－Garau，2015）、商业服务业（Leeman & Modan，2009；Touchstone et al. ，2017）、环境与城市规划（Rebio，2016）等领域。一些语言景观研究小组开始成立并开展了系列研究工作。如 2008 年在以色列特拉维夫、2009 年在意大利锡耶纳、2010 年在法国斯特拉斯堡、2012 年在埃塞俄比亚首都亚的斯亚贝巴、2013 年在比利时那慕尔成立了研究小组，研究成果最后集结成书，分别是 2010 年 Shohamy 等编撰的《城市中的语言景观》、2012 年 Hélot 等编撰的《语言景观、多语现象和社会变迁》。相关的国际学术会议相继召开并出版了论文集，如 2009 年 Shohamy 和 Gorter 编撰的《语言景观：风景的拓展》、2010 年 Jaworski 和 Thurlow 编撰的《符号景观：语言、影像与空间》、2012 年 Gorter 等编撰的《语言景观中的少数民族语言》。World Englishes、International Journal of Bilingualism 等杂志先后推出语言景观的专辑论文，Environment & Planning D：Society & Space、Journal of Business Research 等非语言学类杂志也开始发表语言景观方面的论文，2015 年语言景观专刊 Linguistic Landscape 创刊出版，标志着语言景观研究有了自己专门的学术阵地。该阶段涌现出大量的期刊论文，涵盖语言景观的基本概念、理论建设、研究方法、实际应用等各个方面，出现了专门的学术会议、研究小组和学术刊物，语言景观研究学术共同体初步形成，研究文献出现指数级增长，该阶段表现出大规模、组织化、网络化、系统化的研究特征，开始为其他学科领域贡献新知识，语言景观分支学科的地位和影响力进一步显性化。

（二）研究趋势

1. 语言标志的边界不断扩大

语言标志是语言景观研究的对象和载体，确定何为语言标志十分关键，须考虑标志类型和分析单元的确定等两个问题。语言标志按照标志上出现的语言数量来分，可以分为单语和多语标志；按照标志存在的时间长短来分，可以分为永久标志和临时标志；按照标志的确立者来分，可以分为官方标志和非官方标志（Spolsky & Cooper，1991；Backhaus，2007）。但是近来有人认为，政府会对私人企业的商标采取限制措施，而且政府和私人之间亦有合作关系，因此，难以区别标志究竟是官方的还是私人的（Leeman & Modan，2009），于是也有学者将标志分为官方标志、商业标志和私人标志三种类型（Pavlenko，2012）。随着研究的发展，除了路牌、广告牌、壁画、灯箱海报、招贴上的标志等，其他一些可视化的语言材料也可作为研究对象，主要是日常消费不可缺少的印刷材料，如标签、小册子、传单、邮票、车票、账单、钞票、菜单、明信片等，还有墙上的涂鸦，甚至是井盖（Kasanga，2012）。如 Jaworski & Thurlow（2010）研究了明信片上的语言景观，解释了明信片上的语言出现与否的原因。一些学者认为，只强调静止的标志，可能限制了公共空间内标志的丰富性，所以除了固定的标志外，语言景观还应该包括诸如交通工具、行人的服饰等移动物体上的语言文字（Curtin，2009）。此外，最近的技术发展增加了很多新的标志载体，如电子显示屏、LED 霓虹灯、充气标志和滚动的标语等。伴随着语言标志范围的扩大，语言标志的种类和数量越来越多，如何确立分析单元、选择采样标准是个难点。Backhaus（2007）将分析单元限定为“在空间定义上的框架中的任何一个书面文本……从手写的便笺到巨型的商业广告牌，也包括入口处‘推’、‘拉’等贴纸，以及脚垫、树上的植物说明牌都被视为标志。每个标志无论大小，都被视为一个分析单元”。该方法尽可能真实全面地反映出语言景观的客观现实，科学性强，但缺点是工作量大，语料收集困难。Cenoz & Gorter（2006）的分析单元具有综合性，不是将每一块标牌逐一分析，而是将一家商店或机构的所有标牌的总体当作一个分析单元，但该方法过于综合，限制了语言景观的深入分析，比如文本互译、历时变化等。目前很多案例研究采用某一领域的个体法，比如选取店铺名称或广告牌作为分析单元（Rosenbaum et al.，1977；Smalley，1994；Hult，2014；Izadi & Vahid，2016；Weyers，2016；Zhang & Chan，2017）。

2. 公共空间范围逐渐拓展

最初的公共空间指的是物理空间，包括暴露于公众关注下的社团或社会中的每一个空间，如街道、公园、广告牌、店铺、商店和办公室，以城市的中心区域为核心，如街道、广场、公园、官方机构、公共图书馆，以及商业中心、百货商店、超市、咖啡馆等（Marten et al.，2012）。所有这些由不同内容的东西构成的整体被大量的语言景观条目所标记，这些条目提供了真正的“符号丛林”，形成了当代城市一大型城市空间语言景观的“丛林”（Ben－Rafael et al.，2010）。因为城市中心及其语言是开放而易于接触的，所以是观察语言景观的绝佳之处。从研究案例的范围来看：有一个城市的一或两条街道（Kasanga，2012；Wang，2013）；一个城市的少数族裔聚集区，如唐人街（Leeman & Modan，2009；Lou，2012）；城市交通道路沿线，如地铁环线（Backhaus，2007）、高速系统沿线（Hult，2014）；一个城市的不同区域（Lawrence，2012）；一个国家多个地区和城市的比较（Coluzzi，2009；Stroud & Mpendukana，2009）；两个国家的相似街道（Cenoz & Gorter，2006；Wang & Velde，2015）；城市里的校园（Antia，2015；Dressler，2015）等。随着研究的进一步扩展，研究者们的视线开始转向对较大的地理区域如波罗的海（Janis，2003）、跨境语言如朝鲜（韩国）语（Lee，2014）的语言景观进行比较。绝大部分研究均关注城市空间的语言景观，但近期开始关注农村地区的语言景观。如 Pietikäinen 等（2010）调查了北极圈 7 个村庄的语言景观；Kotze & Plessis（2010）、Plessis（2012）调查了南非自由邦省的乡下；Felix & Jimaima（2015）从多模态语言景观视角开展了对赞比亚农村语言景观中的符号生态学研究。尤为重要的是，随着数字通信方面多语能力的增长，虚拟空间的多语选择变得更加流行，语言景观不仅通过物理空间来界定，还可以通过电子空间、全球旅行、流行文化和互联网的虚拟空间等来界定（Bolton，2010）。Ivkovie & Lotherington（2009）认为“虚拟语言的声音是全球语言生态中的重要力量”，他们在 Web1.0 和 Web2.0 应用环境中描述了虚拟语言景观概念，认为虚拟世界的语言景观有明显的特点。公共空间一般被视作政府（官方）和私人范围之间的缓冲地带（Ben－Rafael et al.，2010），但是这种缓冲正日趋模糊，语言景观研究开始向私人空间渗透，如 Hanauer（2010）通过微生物实验室内个人空间的语言景观来分析研究实验者身份。

3. 理论解释日益多学科化

很多的语言景观研究建立在两个理论假设之上：一是认为语言景观有助于利用书面语言构建社会语言学语境，二是认为公共空间的语言呈现方式会影响不同语言之地位的感知及相应的语言行为（Gorter，2013）。学者们尝试从社会语言学、语言生态学、社会学、符号学、地理学等不同学科视角构建该领域的理论框架，对语言景观的理论解释日益多学科化。Landry & Bourhis（1997）借鉴了民族语言学活力理论，认为语言在标志上可见度的高低表示了语言活力的程度，但 Barni & Bagna（2009）认为语言活力、语言多样性和语言在公共区域的可见度之间不一定有直接联系，而是与居民在该地定居的时长、定居地的特点以及居民对自己语言的态度相关。Kasanga（2012）沿用了民族语言学活力理论，认为金边的高棉语充满了活力，并且用文化定型理论解释了因不同目的而在标识上使用不同外语的原因，如法语体现时尚、高雅、女人味和高级烹饪；德语体现值得信赖、精确和高级技术；意大利语体现对美食和生活的积极态度；英语则体现很多积极内涵：权力、声望、现代性、经济资本、给广告客户“优质货物和服务”的优势等。Hult（2003）采用生态语言学视角研究了瑞典两个城镇的商业街道，发现商店前面的标志上英语的显著度很高。Blommaert（2010）采用全球化社会语言学理论来解释语言景观，认为语言景观体现了全球化背景下语言行为的超多元性、标准性和移动性。Spolsky & Cooper（1991）从文化学的观点建立了标志上语言选择的理论，他们提出了三条原则：“用你懂的语言”“宁愿用这种语言或假定有读者会倾向阅读的几种语言”“象征性的价值”。Ben－Rafael 等（2010）认为大型城市空间语言景观的“丛林”貌似“混沌”和“无序”，但从整体上看依然是有序和完整的，这种整体格局由一系列组成部分构成，有其内在的构建规律，最终表现为“有序的无序”。他们从社会学角度出发，尝试构建语言景观的结构系统，从权力关系、理性利益、自我表达、集体身份认同四个方面提出了语言景观构建的基本原则。他们开展了 18 个针对世界主要城市和小城镇语言景观的案例研究，揭示了通向城市语言景观“有序的无序”的路径，利用上述四个基本的构建原则，解释城市语言景观是如何形成的。Lawrence（2012）则利用了拉波夫的社会分层理论来解释首尔语言景观中英语的分布情况。Coupland & Garrett（2010）、Kallen（2010）、Coupland（2012）分别采用 Goffman 的框架分析理论来解释巴塔哥尼亚的威尔士语、都柏林的多语景观和威尔士的语言政策，Jaworski & Yeung（2010）使用这种框架分析理论来解释香港住宅楼的名称。这些研究表明框架分析的观点可以用于语言景观研究。

Scollon & Scollon（2003）使用“地理符号学”来解释语言景观，该理论从代码优先、字刻、置放等三个方面来分析考察语言景观，“阐述了语言和空间之间的相互关系，揭示了两者在意义构成过程中是如何互相影响的”（Backhaus，2007）。Lou（2012）利用 Lefebvre 的空间生产理论和 Scollon & Scollon（2003）的地理符号学框架，构建了调整后地方的三维模型（空间表征、物质空间、空间实践），采用该模型来重新评估华盛顿特区唐人街的双语景观，分析了英语作为标志、资源和实践的角色，阐释了英语在塑造和引领多语环境中的多重作用。Leeman & Modan（2009）采用文化地理学的空间生产理论，讨论了华盛顿唐人街的语言标志，认为语言政策并不是影响语言景观的唯一政策，城市建设规划的影响也十分巨大。Josep（2016）引入复杂性理论，试图借此推进语言景观研究的理论与方法论创新。

4. 研究方法趋向多样化

语言景观数据的重要来源是调查区域内的语言标志，很多研究者受到扎根理论的启发，用大量采集的语言标志照片作为调查的起点。研究者搜集语言标志的通常做法是采用数码相机对调查区域内的语言标志进行拍摄，然后筛选、分类。为了使样本采集具有随机性和代表性，对调查区域的选择十分重要。不同的研究者根据自己的研究目的选择了不同的区域（如一个城市的地铁线路、一或两条街道、一个城市的特定区域、一个城市的不同街区、两个国家的相似街道等）。为了解标志阅读者的态度和感受，研究者们也会辅以访谈、问卷调查和观察法。如 Lou（2012）以华盛顿特区唐人街为例，采访了三位本地居民，采用手绘意象草图的方法，研究双语景观对居民形成地方和空间认知的作用。比较特别的还有实验法，如 Kopinska（2011）设计了一个半实验性的环境来检测语言实践可以被标志上使用的语言所影响这一假设，他向一群学生展示了一系列关于企业或品牌名称的语言标志幻灯片，请受试者评价企业对客户选择的语言，以显示受试者在给定的环境中会用哪种语言。一半标志上的语言与顾客的口语是一致的，而另一半则不同（转引自 Gorter，2013）。除了照片数据之外，研究者对调查区域的语言政策、地理状况、人口分布、语言政策等数据也会加以收集。

语言景观研究者普遍采用定量分析的方法，统计各类语言标志以及标志上各种语言的数量和比例、多语标志上语言出现的顺序和字体大小、各种语言传递的信息，并结合各类标志所处的位置，来判断语言的活力、权势或声望等，数码相机的普及更是从技术上极大地促进了语言景观的定量研究。Reh（2004）

调查了乌干达莫桑比克自治市标志的双语书写，特别关注双语标志上每种语言的信息量以及它们的预期读者，并且开发了一个有关标志文本的语言和信息排列的研究模式，后来的研究（Huebner，2006；Backhaus，2007）借鉴了这个模式。数据统计结果一般用表格来展示，较为特别的是 Barni & Bagna（2009），他们通过电脑程序 Map - GeoLing，绘制了罗马埃斯奎利诺社区语言景观的定量地图。与此同时，定性分析法也是语言景观研究常用的方法，研究者更加重视对标志上语言使用的观察。例如早期 Calvet（1990）对法国巴黎和塞内加尔达喀尔的研究；近期话语分析法的引入带来了语言景观定性分析法的转向，比如 Coupland & Garrett（2010）有关巴塔哥尼亚语言景观中威尔士语的研究表明，语言景观研究不仅需要描述性方法，还要考虑给定情景的细微差别（如当地历史、文化进程等）；Stroud & Mpendukana（2009，2010）采用多模态话语分析法对南非乡镇语言景观进行民族志材料的研究；Moriarty（2014）运用话语分析法对爱尔兰西南部旅游小镇 Dingle 进行语言景观研究，作为重要的活力空间，语言景观体现了政府和当地社区之间的语言意识形态之争。

很多研究展现的是共时情况，但双语标志的设立也有着明显的历时维度。一些研究运用了历时方法来研究语言景观的变迁，如 Backhaus（2005）关注随时间推移产生的标志的分层现象，Lou（2007）和 Leeman & Modan（2009）关注华盛顿唐人街的历史发展；Pavlenko（2012）调查了乌克兰基辅不同阶段的可视景观以及形成语言变化的因素，数据来自不同时段的调查，以及报纸或其他媒体的老照片等。随着科技的发展，现实世界中语言可视化的新载体不断出现，智能手机、交互式数字广告、移动互联网、网络社区、商业街区 LED 显示屏等不断涌现，未来增强实境（Augmented Reality）、镜像翻译机（Word Lens）和谷歌眼镜（Google Project Glass）技术一旦结合起来，将会给语言景观产品、感知和体验带来巨大变化，这些都将为语言景观研究方法的创新带来巨大的空间。

（三）结论与讨论

总体上看，国外语言景观研究方兴未艾，势头迅猛，经历了早期萌芽、中期理论探索、近期快速发展等阶段，并表现出语言标志的边界不断扩大、公共空间范围逐渐拓展、理论解释日益多学科化、研究方法趋向多样化等趋势。与此同时，国外语言景观研究也存在一些问题：1. 语言景观分析单元和语言标志条目的确定方法尚未统一。现有研究中对于语言标志的确定，表述多较为笼统，缺少对语言标志取舍的详细说明和操作规范，不可避免地带有一定主观性。这种状况不利于已有研究及其结果间的相互比较。2. 语言景观标注体系不完善。目前尚无普遍认可的语言景观标注体系，研究者一般采用实地采集照片的方式收集语言景观条目，但在收集过程中，观察、记录与采集相关的哪些内容（场所、领域、地点等），这还需要进一步探讨；而且在统计、分析语料时，应该采用哪些变量也缺少标准。3. 语言景观的景观研究不足。目前语言景观成果主要是由语言学家完成的，而少有景观学者。从分析要素的整体性考虑，未来在传统社会语言学的大旗下加强和拓展语言景观的景观研究将是必要的（Nash，2016）。语言景观本身具有独特的景观和空间属性，是城乡景观的重要组成部分，反映出一个地区文化生活、语言多样性和多语使用状况，其景观研究也将有助于促进相关学科（如语言地理学）的深入发展（徐茗、卢松，2015）。

二、国内研究

较之于国外研究，国内语言景观研究相对较少。笔者于 2019 年 6 月 23 日，在中国知网进行“语言景观”关键词搜索，获得共计 177 条文献。将这 177 条文献进行分类整理，发现国内研究多涉“地方城市语言景观”“语言景观多语现象”“语言景观理论与方法”“语言景观权势研究”“语言景观研究述评”“语言景观与教育”“语言景观与城市形象”“语言景观与翻译”等八大类。

（一）地方城市语言景观研究

地方语言景观研究多以某城市为例，对当地语言景观进行调查，分析不足，提出建议。如袁媛（2018）分析了北京中心城区 12 条代表性街道的 1513 个有效语言景观样本，研究了北京城市公共空间中的语言文字使用情况，发现北京市的语言景观保持以汉语为绝对主导语言、以英语为第一辅助语言的状态。还从语言数量、语言种类、翻译对应程度等角度，分析了官方标识和非官方标识的差异，并从繁简字角度分析了语言景观的用字情况。这些语言使用情况和差异既反映了权势关系、充分理性等语言景观构建原则，也体现了语言选择理论。英语在北京市语言景观中的外语使用上占据绝对优势，不仅体现了全球化的总体趋势，而且反映出我国在国际事务中寻求更大话语权的立场和态度。

从研究所选地域城市来说，既有对省会大城市的语言景观研究，如北京（袁媛，2018）、广州（胡家桢，2018；张亚琼，2018；周镜，2018）、上海（邓骁菲，2015）、青岛（于之蒙，2018；张燕，2018）、西安（隽娅玮，2018、张智杰、李思齐，2018）、苏州（宋凡成，2018；徐天杰，2018）、杭州（许文强，2019）、南宁（唐佳，2019）、海口（马会峰、张丹，2019）、合肥（周晓春、柯秀青、杨艳霞，2018）、成都（彭晓、罗冬梅、高银宇，2018；余智勇，2017）等，又有对中小城市语言景观的研究，如秦皇岛（张琛，2019）、汕头（林小径，2019）、潍坊（张雷红，2018）等。

（二）语言景观多语现象研究

早在语言景观发端之前，学者们就已开始关注标牌语言的多语现象问题。巫喜丽（2017）指出：2006 年，Gorter 所著的《语言景观：多语研究的新路径》论文集的出版，对该领域的发展起到了推波助澜的作用。Gorter 在书中对语言景观的多语现象研究进行了较为全面的梳理，并讨论了该领域未来的研究热点和方向。书中收录了 4 篇实证研究论文，研究地点涉及以色列、泰国、日本、荷兰和西班牙等 5 个国家，研究者们通过不同区域语言景观的比较，挖掘背后隐藏的社会文化内因，追踪语言接触及变迁轨迹，从多个角度展现了语言景观作为多语现象研究路径的有效性。该书一经问世，便引起了学界的巨大反响。近年来，全球化、移动性、多模态化背景下语言与社会的互动关系成为多语景观研究的新焦点。

总体而言，国外现有研究以某个地区的个案研究或跨地区比较研究为主，多采用基于田野调查的描述性量化研究方法，近年来同质化研究数量增加，研究者的关注点集中在三个方面：一是语言的权势地位；二是英语的传播；三是语言政策和语言实践的差异。这些研究维度并不是孤立的，语言景观的多语现象研究常常涉及多个维度。

国内语言景观的多语现象研究尚未系统展开，现有研究以城市个案研究为主要范式，研究思路大致可总结为“理论或背景介绍——个案研究——成因分析”，研究内容主要涉及语言的权势地位、英语的传播、语言政策和语言实践的落差等传统课题，但同类研究的连续性偏弱，整体呈现“零敲碎打”的状态。张媛媛（2016）研究了澳门回归祖国 14 年后城市公共空间中语言文字的使用状况，在澳门 4 个抽样区收集了 1391 个语言景观有效样本，利用社会统计学方法对其进行数据分析后发现：澳门语言景观中多语样本占 54.5%，以中英、中葡、中英葡为主；少数族群语言在澳门语言景观中的表现不明显，仅占 1.2%；官方非官方、本地居民区与涉外商业区语言使用存在差异，前者体现为非官方少用葡文，后者体现为本地居民区少用英文；内地对澳门语言文字应用的影响主要体现在简化字的使用方面。马婷（2018）从社会语言学视角，在实地调查的基础上，结合理论研究，对日本京都地区多语言景观开展研究。在实地调查数据的基础上，结合相关先行研究，对京都地区语言景观的现状和特点进行了分析总结。首先是语言景观中语言使用种类的特点：在当地语言景观中，日语标识仍然占据主体地位；日英双语标识是当地多语景观的主要表现形式；汉语和韩语作为语言景观上的新语言，与英语相比占有率仍然很低。其次是当地多语景观发展趋势的特点，语言景观虽然在朝着多样性发展，其中也可以看出逆多样性的萌芽。李绍芳、侯丽香、张丽萍（2017）考查了楚雄彝人古镇语言景观多语现象，发现彝语在当地语言景观中占主导地位，但也存在多语现象，主要语种涉及汉语、英语、彝语、缅甸语、回语和韩语，这说明这一旅游景点不但具有彝族风情，而且它也是一个带有现代化和全球化气息的景点。此外，夏娜（2014）也对丽江古城语言景观多语现象做了类似调查。

语言景观是研究多语现象的有效路径，是窥探语言生活实态的多棱镜，对于检验语言政策的效力，构建多元包容的语言生态及协调不同语言族群的社会关系具有重要的现实指导意义。可以预测，语言景观的多语现象研究具有广阔的发展空间，有望成为国内社会语言学研究新的增长点。

（三）语言景观权势研究

语言景观中的权势研究不多见。吴会娟（2016）提出：语言景观的符号权力象征功能源于社会生活的权力关系以及权力的文化转化，人类话语从语言向语言景观的转变是否具有权力表征特征，取决于语言景观生产者所具有的社会权势及其景观生产的目的与生产效果。在社会与空间日益开放化的当今时代，语言景观逐渐从单一景观形态向多语景观生态演化，多语景观的并置与竞放格局进一步表征了不同时代背景下社会文化权力关系复杂变动与抗衡状态。苏杰（2017）探讨了上海城市语言生态系统中的私人标牌所体现出的语言权势与该城市生态系统中的文化权势的关系，发现官方领域语言景观能够较准确地体现出官方意识形态中的语言权势与所对应的群体的社会地位，而私人领域的语言景观中的语言权势则与群体社会地位存在错位，这种错位主要是由文化权势的影响造成的。在分析文化权势时，受现实条件所迫，应避免过度追求对标牌作者内心动因的深入研究，而应从文本入手进行诠释，尝试结合现实社会语境进行分析。同时，在通过私人标牌的语言权势分析文化权势时，要注意文本中所包含的对应其他文化的文化先例所体现的文化权势。

（四）语言景观的理论研究

运用多种理论研究语言景观，也是国内该领域研究的一大特色。具体而言，多从以下视角进行分析：

1. 语言经济学视角

语言经济学（Economics of Language）是基于西方人力资本学说和教育经济学的一门新兴的边缘学科。语言经济学最早是由美国加州大学洛杉矶分校经济学教授、“信息经济学”的开拓者 Jacob Marschak 于 1965 年提出的。主要观点是：语言的经济价值有高低之分；语言使用具有经济学本质的因素：价值（value）和效用（utility）、费用（cost）和效益（benefit）（任荣，2002）。

王同军（2008）从“以言醒人”性警示类公示语、“以言示人”性交通类公示语和“以言悦/感人”性信息类公示语三方面进行经济学分析，认为对公示语的规制也可采取类似于处理污染问题的策略。质量差的公示语可造成“视觉污染”。公示语的“视觉污染”虽然对身体无害，但对心灵有害，影响一国的形象，所以有必要付出成本对之加以治理。他建议采取以下措施：第一，通过立法或行政法规强行规定公示语标示使用者必须要采取的措施，必须要达到的标准；第二，对于公示语的质量的容忍度，允许存在一定程度的“偏差”；第三，对质量不达标的公示语征收一定的“税费”，作为改进的成本。“污染者”应当付费。在委托或分配翻译业务时，应讲明该任务的背景和性质，即译品的类型，接受业务方应根据要求确定人选和翻译流程。倘委托或分派任务时未予以讲明或讲清，那么委托方应对于不符合要求的最终译品负有直接责任。对于公示语标示的翻译工作也可遵循该原则。另外，政府可与非政府组织（NGO）合作，共同对公示语标示工程的建设进行管理。

尚国文（2016）从语言经济学视角出发，探讨了新加坡、马来西亚和泰国语言景观构建中涉及的经济因素。新马泰皆为多元种族与多元文化共存的东南亚国家，其官方和私人领域的语言景观中都表现出不同的语言使用规律：政府标牌以单语呈现为主，突出国语或主导语言的地位，而商业标牌上的语言则以双语和多语为常，英语和主要顾客群语言都很普遍。他以成本与效益、效率与公平、供给与需求、利用价值、工具理性等语言经济学概念作为分析工具，阐释新马泰语言景观构建中的经济动因。分析指出，官方领域看重标牌政治层面的效用，而私人业主则关注标牌的经济收益，这种差异造成标牌上语言选择的不一致。分析表明，语言经济学可以为某些语言政策和规划研究提供有用的分析工具。

2. 社会语言学视角

社会语言学（sociolinguistics）是20世纪60年代在美国首先兴起的一门边缘科学。它主要是指运用语言学和社会学等学科的理论和方法，从不同的社会科学的角度去研究语言的社会本质和差异的一门学科。尚国文（2018）从宏观社会语言学角度，对旅游语言景观做了专题研究。他认为：语言是观察旅游对一个地区社会文化影响的重要窗口。为旅游而构建的语言景观在一定程度上是以商业目的为导向的，工具理性常常使得语言权利等问题被淡化和掩盖。他从宏观社会语言学视角，分析旅游语言景观所反映的社会现实问题，提出：旅游语言景观能发挥多种信息功能和象征功能，而语言的商品化、语言表征的真实性、英语的霸权地位、少数族群语言的角色和命运等都是旅游语言景观研究值得关注的问题；旅游语言景观的构建在考虑游客符号需求的同时，也不能忽视少数族群的语言权利。认为很有必要建立“旅游社会语言学”（the sociolinguistics of tourism），以关注经济和市场利益、语言意识形态、文化身份建构等多重力量作用下的语言使用和话语策略等问题。

此外，田飞洋、张维佳（2014）从全球化社会语言学视角做了研究。他们以北京市学院路双语公示语为例，并用全球化社会语言学这些核心概念对学院路街道双语路牌中存在的不规范现象做了解释。指出：双语路牌的问题不是简单的英语翻译问题，而是语言符号背后的超多元性的社会文化问题，是具有不同层次和不同特征的标准性问题。他们提出：全球化是一种社会现象，在全世界经济、政治、技术、文化整合的综合过程中，语言现象也比以往任何时候都更加复杂和多元。而“全球化社会语言学”正是为了研究这种新现象而出现的新理论。它以荷兰学者 Jan Blommaert 为代表，形成了欧洲社会语言学派。该学派把语言景观研究看作社会语言学研究的一个分支，认为它不仅是描写性的，同时也是解释性的。而且，语言景观研究还把社会语言学的描写对象从语言使用者延伸到了语言使用的空间。这里，“语言使用的空间”不仅指物理空间，同时也指社会文化空间和政治空间。每个空间内部充满着标准、规范和传统，规定和制约着我们的语言行为。因此，语言景观是社会语言学家在描写语言现象时的常用工具和有力武器，超多元性、标准性和移动性等是该学派的核心概念，这些概念分别从不同角度对传统语言学及社会语言学发起了挑战，对语言现象的描写和解释，尤其是对语言同社会的关系问题提出了自己的见解。

3. 其他理论视角

除上述理论视角外，国内学者还从其他视角对语言景观做了研究。张媛媛（2017）从言语社区理论角度，提出语言景观的分类标准应将语言景观的受众考虑在内，由以往的“官民不同”发展完善为“官民不同、内外有别”，这是一条更符合语言事实且具有普遍性的分类标准；农朗诗（2018）从语言生态理论视角出发，研究了南宁市城市语言景观现象，提出：近年来南宁市城镇化率不断提高，迁入南宁的人口增加，城市面积扩大，城市的语言生态格局发生了变化。作为语言生态中重要组成部分的南宁市语言景观风貌出现了区域化特征，标牌使用的文字以汉字为主，还有使用壮文、外文或方言字的，标牌的材质及设计呈现多样化特点。而在功能方面，南宁市语言景观具有信息功能、文化象征功能、盈利功能、宣传功能等；李丽（2016）基于场所符号学理论，采用定量研究方法，对甘肃敦煌语言景观的形式特点进行分析，呈现其语言的使用种类以及分布情况，并基于社会符号学的相关理论，采用定性的研究方法，对该城市语言景观的内容特点进行分析，呈现不同语言的应用特点，采用定量与定性相结合的研究方法，从形式和内容两个角度出发，将该城市的语言景观全面地呈现出来；金怡（2016）在介绍场所符号学基础上，研究了语言景观的语码取向、字刻、置放以及时空中的话语问题；单菲菲、刘承宇（2016）以贵州典型民族旅游村寨——西江千户苗寨为考察对象，通过对语言景观的语言特征及各语言群体对语言景观态度的调查，从社会符号学视角剖析西江多语社会结构中各语言之间的关系及社会地位，进而基于文化资本理论，探析了民族文化符号资源向文化资本转化的路径。他们提出：文化资本与社会关系之间存在着双向互动的关系，决定着语言未来的发展趋势，而民族文化符号资源向文化资本转化的实现是提升民族语言文化社会地位，进而发展民族语言和文化的重要途径。

以上是语言景观主流研究视角，当然也有从其他视角进行理论探索的文章出现，但其研究代表性和深度等方面存在一定局限，这里就不一一列举了。

（五）语言景观研究述评

国内关于语言景观研究述评类文章共 15 篇，其代表性研究作者及研究内容如下：

徐茗、卢松（2015）对城市语言景观做了评述，从语言地理学视角，对未来城市语言景观重要研究内容进行了展望，认为城市语言景观将可能成为语言地理学深入研究的有效途径和新方向，尤其是在城市象征空间塑造及其地方建构中，语言景观研究将大有作为；孔珍（2018）运用信息可视化工具 CiteSpace，对 1997—2017 年间 Web of Science 数据库收录的 218 篇语言景观研究文献进行知识图谱分析，展现了国际语言景观研究的现状，分析了该领域的研究热点和前沿趋势；王丽颖（2018）在综合过去国内外几十年学者们对语言景观研究的基础上，系统梳理了语言景观的语言政策，以及基于语言规划研究视角、符号学视角、社会学视角、社会语言学研究视角下的相关研究成果，发现语言景观研究的总体情况是研究愈来愈趋向于多视角、多层面和交叉学科的研究。这种交叉学科的研究，一是在社会语言学科内的交叉，二是将更加广泛地与社会学、生态学、经济学、心理学、文化地理学等其他学科相结合；章柏成（2015）研究认为，四十年来，语言景观研究成果数量众多、成效显著，已有研究主要包括“语言景观的译写及规范”“行业领域的语言景观特征”以及“语言景观研究的理论与方法论”三个主题，具体涉及公示语、标识语、宣传语、标语、街/路/店/机构名、对联/楹联等语言景观类型。文献梳理表明，已有研究存在重描述、轻解读等局限，未来研究可从转移研究重心、关注理论建构和方法论探索等方面进行拓展；李宝贵、王丽青（2018）通过对新时代国内语言景观相关研究成果进行检索和梳理后发现，当前国内语言景观发展较快，前景广阔，研究水平不断提高，但同时也存在着研究成果总数较少，研究对象较狭隘，研究内容重描写，研究方法缺乏系统性等问题。今后的研究要与时代紧密结合，拓宽研究对象，关注国外研究成果，开展专题化研究，要深入解读语言景观研究核心，进行跨学科研究，探索新的研究方法；还要进行本土化研究，开展中国特色研究，以期促进我国语言景观研究的全面发展和提高；高珊、付伊（2017）通过梳理国内语言景观研究的相关文献，分析语言景观研究的发展脉络，认为当前研究仍然存在着理论研究不够深入、实例分析不够全面、研究方法不够完善等一系列问题，希望未来语言景观研究可以与我国语言生活的舆情结合，与我国多民族文化结合，从而实现全方位、多领域的研究和发展；巫喜丽（2017）回顾和梳理了语言景观研究的源起及发展脉络，围绕语言的权势地位、英语的传播及语言政策与语言实践的差异等三个维度，评析语言景观的多语现象相关研究成果，指出相较于日臻成熟的国外研究，国内研究仍存在个案研究同质化、量化研究与质化研究失衡、研究视角有待拓宽等问题，为进一步探讨多语景观问题提供了新思路。

（六）语言景观与教育

语言景观与教育的关系研究，是目前该领域的研究新动向，研究成果包含硕士论文在内一共 5 篇，梳理如下：

孔悠静（2018）以合肥市几个主要景区语言标识牌、轨道交通 1 号线标识牌、路牌、街牌、交通指示牌、商店招牌为考察对象，对合肥市自上而下和自下而上的语言景观进行研究，并结合合肥当地人和外籍人进行问卷调查和深入访谈，发现外籍人士纷纷表示，希望语言景观都能以中英双语形式呈现，认为阅读语言景观或多或少能帮助自己学习汉语，希望教师用语言景观例子作为教学素材，教授一些实用性知识。基于研究结果，她建议合肥高校对外汉语教师可以选取市内主要景区标识牌、轨道交通指示牌、典型路牌和街道指示牌，自主编写合肥市语言景观教材，开设语言景观课程对留学生进行教学，帮助他们学习其中的汉语知识及地域文化知识，增强教学的实用性。在进行课堂教学的同时，教师也可以组织一些实践活动，比如带学生徒步，走进城市街道，走进大小景区，通过带留学生认识语言景观，帮助其学汉语，了解合肥的历史文化。此外，她还从语言生态建设规范化、多样化和国际化三方面，提出了合肥市语言生态建设改进建议；杨金龙、梅德明（2016）通过采集乌鲁木齐市、库尔勒市和喀什地区的语言景观发现，随着维、汉语言接触程度的下降，三地双语标牌中汉语的凸显性和信息性逐渐减弱，维吾尔族居民的汉语使用率、汉语识字能力呈递减趋势。在汉语使用率低、学生汉语水平参差不齐的南疆部分地区，中小学若急于转向汉语授课比重更大的新型双语教育模式，很难从根本上保证教学效果，认为当地教育部门可从教育模式、评价体系、语言使用环境三方面进行改善，以提升双语教学质量；刘淑颖、茹荣芳（2019）将语言景观与儿童教育相结合，认为现实世界中的语言景观，尤其是儿童可以在其周围生活中接触到的语言景观，如生活标志、教育挂图、活动展板等，是很有价值的教育资源，是儿童语言学习必不可少的教育资源。以儿童发展需要为出发点，若能合理设计并整合儿童生活中的看、听、读多层次的语言输入环境，对于儿童的语言学习具有重要的意义；尚国文（2017）从偶发性学习、语言意识、语言能力等方面，探讨了语言景观对二语/外语教学的价值和作用，以及校园语言景观对少数族群语言复兴的意义，认为语言教师可设计多层面的语言景观教学活动，让学习者在习得语言的同时，了解社会。将语言景观作为一种教学资源和工具纳入二语/外语教学中，会对语言学习带来诸多裨益；穆亚格等（2018）研究认为，汉语标牌在辅助对外汉语教学方面有一定的积极作用，为对外汉语学习者提供了现实教学材料和真实的学习环境，可以增强对外汉语学习者的语言意识，恰当使用汉语标牌可以激发学生的学习兴趣，增强语言学习意识，满足学生求知欲望，可以增强对外汉语学习者把母语与目的语进行语言对比的能力，进一步强化学习者的语言意识和修正语言偏误与错误的能力，在对汉语学习者学习语言文化等方面也在一定程度上发挥着积极的作用，对外汉语教师可以针对不同学习动机的学习者，在课堂上利用汉语标牌来丰富课堂内容、拓展教学广度，为学生利用生活中的语言景观来延展课外学习汉语提供途径和方法。

语言景观与教育的研究，主要体现在对外汉语教学中，语言景观为对外汉语教学提供语言材料，这方面的研究较为成熟。

（七）语言景观与城市形象

城市形象是一座城市内在历史底蕴和外在特征的综合表现，是城市总体的特征和风格。积极的城市形象能彰显城市的内在实力、外显活力及良好的发展前景。城市形象作为提升城市竞争力的重要一环，越来越受到各级政府的关注。城市形象传播意识逐渐增强，传播形式更为多样。城市形象传播包括许多方面，公示语传播是城市形象传播的一种外显。公示语作为跨文化传播的载体，在公共信息的传递中扮演重要的角色。赵慧媛等（2019）通过对呼和浩特市公示语的实证调查研究发现，城市公示语普遍存在翻译与规范等方面的问题，这影响了公示语功能的实现，影响了信息的准确传递，不利于中国文化的传播和中国产品的推广，呼吁创新理论，加强实证研究，根据实际情况和时代要求，完善城市公示语，促进城市形象健康发展；闫亚平、李胜利（2019）提出：良好城市形象的展现与构筑，与城市语言景观建设息息相关。对此，要加强各城市语言景观建设宣传、指示语景观建设、市政府网站语言景观建设和历史文化街区语言景观建设，从而有助于新时代背景下各城市良好形象的展现与构筑。

（八）语言景观与翻译

语言景观的译写及规范为研究焦点，研究成果颇丰，多限于指出语言景观、特别是其中的公示语的误译问题，然后提供解决方案。细分为两类：第一，语言景观翻译的问题、原因、措施及策略等，以公示语为主要研究对象。既有公示语翻译的错误分析（万正方等，2004；张美芳，2006；董爱智，2012），也有公示语翻译的理论探讨（胡红云，2008；王东风，2009；赵芝英，2012；承云，2013），还涉及交通、公安、法律、教育、商业、博物馆、景区等具体行业领域或场所的语言景观翻译问题（乌永志，2010；潘月明、郭秀芝，2012;）；第二，双语标识译写研究。以杨永林为代表，他们通过实地考察调研，发现公共标识语翻译存在语法正确但语用失误、标识内容的指示误导等问题（杨永林、刘寅齐，2008a；杨永林、刘春霞，2008b）。以此为基础，针对北京地区的提示标识（杨永林、赵珊，2011）、街名标识（杨永林、李晋，2010）、体育旅游标识（杨永林、刘寅齐，2011）、通告标识（杨永林、姜孟，2011）、交通标识（杨永林、鲁碧珍，2011）等，专题研究其译写问题，提供规范译法，推动了外语规范用语研究及其成果应用。

此外，也有个案研究。如王晓蕾（2017）指出了合肥语言景观翻译中译语缺失、译语不统一以及译语“拼音化”现象并提供解决方案；刘竹林、毛蓉蓉（2018）对牛首山、栖霞山两大景区的语言景观做了调查，发现其说明、指示、限令信息传递都存在严重失误，提出景区公示语译写问题解决策略，认为汉语公示语须严格制作并进行审核，要依据规范来翻译通用类公示语，并要求查阅足量的史料和景区公示语平行语料来译特色类公示语。

小　结

综上所述，国外学者对语言景观研究较早，也较为完善，但是否适合我国国情还有待验证；国内学者起步较晚，更显具体，然局限明显，主要体现在：(1) 重描述、轻解读。对语言景观的数量统计、分类和描述较多，对其内隐意义的解读和分析不够，尚未触及课题研究的核心——语言景观背后的权势关系和身份建构等。(2) 理论建设还很薄弱。已有研究大多引介国外语言景观研究的理论框架，少有自己的创新性探索。(3) 方法论探索不够。在数据的收集、标注和分析单位的确立，以及具体数据分析等方面还没有形成公认且可操作性强的程序和方法。此外，已有研究大多聚焦语言文本，很少涉及图像、声响、色彩等非语言模态符号，且主要关注室外空间，很少涉及室内和虚拟网络空间。(4) 对符号本体关注不足，尚未对语言学和符号学本体研究做出贡献并产生较大影响。

此外，在如下两个方面的认识与研究尚存余地：一是语言景观的评估体系构建与规范化研究不足。虽然众多学者在语言景观规范化问题上已达成共识，但大多忽略了在发现问题到规范化过程中的一个不容忽视的重要环节，即评估体系的建立问题，而这正是目前所缺失的。我们只有在构建了一个针对语言景观的完整的评估体系后，才能在此指引下，完成其规范化；二是城市语言景观中的地方文化融入问题研究不够。每个省、市都有各自的地方语言与文化，这些地方文化对推动社会主义文化繁荣兴盛具有举足轻重的作用，不容忽视，而最能体现地方文化特色之一的手段便是城市语言景观这一桥梁，因此，地方文化融入问题，在城市语言景观研究领域中不容缺席。

有鉴于此，语言景观未来研究趋势为：(1) 研究重心由描述转向阐释和解读。即从语言景观的外显形式描述与分析转向其内隐意义阐释与解读，探究语言景观隐含的语言政策、意识形态、价值观念、权势关系、身份认同等，向语言景观研究的核心目标进发。(2) 语言景观研究的理论建设与方法论探索。理论层面，探索多模态（尤其是非语言模态）符号的语法体系及其意义表达方式，并融合语言学（元功能、背景-图形、意象图式等理论）、符号学（场域、习惯、文化资本等）、社会学（符号互动论、权利与实践理论等）等学科理论概念及分析框架，建构语言景观研究的综合评估体系，全面、深入解读语言景观的意义表达，构建语言景观的规范化模式；方法论层面，与理论层面遥相呼应，采用跨学科研究视角和多模态分析方法，关注语言与非语言模态的符号载体，确立标注与分析的单位和方法，并借助（多模态）语料标注与分析工具，考察多模态符号在语言景观整体意义表达过程中的协同作用。(3) 虚拟空间的语言景观研究。将特定区域的研究范围从物理空间拓展到虚拟空间，考察虚拟环境中的非物质载体标识（如网络公共空间的各类标志、广告、告示等）。

综上，针对上述范畴，在跨学科领域构建城市语言景观评估体系，研究语言景观规范化问题，可给业界同仁带来一些新思路、新方法和新参考。

第三节　研究内容、方法、意义与全书结构

在本节，我们重点介绍语言景观的研究内容、研究方法、研究意义以及全书结构。

一、研究内容

前面我们提到，语言景观有多种类别，根据分类，我们以现实空间语言景观为主要研究对象，网络空间语言景观将另书。其中，我们涉及的既有官方的语言景观如路牌、道路交通指示牌、街道名、景点公示语、地名等，也有私人语言景观，如广告语、店铺名等；此外，除了上述典型语言景观之外，我们还对非典型语言景观有所涉及，这主要是以车尾语为研究对象。

要想对上述种类繁多的语言景观进行研究，语料搜集是重点，必须确定语料搜集的范围。我们重点选取了长株潭城市群的语言景观为研究对象兼顾周边，其一，长株潭城市群在湖南的政治经济地位首屈一指；其二，课题组地处长株潭，有语料搜集便利。

按照尚国文、赵守辉（2014）的观点，语言景观的研究内容主要涉及三个问题：语言景观由谁设计、语言景观供谁阅读以及语言景观反映了哪些社会语言状况。具体研究中，我们主要从阅读者角度考虑，研究语言景观的规范与评估两个大问题。

二、研究方法

我们主要采取定量分析方法，对长株潭城市群语言景观进行跨学科研究。在搜集完语料之后，我们对这些语料进行分析处理，基于多学科理论知识，开展研究。

（一）语料搜集

确定好研究内容之后，我们首先采用田野调查法，对长株潭城市群语言景观语料进行搜集，以拍照为主、文字记录为辅，兼网络搜集。拍照看似简单，然而地点的选取值得仔细斟酌。我们主要选择人口流动密集区域如火车站、高铁站、汽车站、步行街、购物中心等地拍照，一来因为这些地方语料充足，二来因为这些地方外来人口较多，影响面也较广。当然也有例外。比如针对面积相对较小的湘潭市，我们搜集路名、道路交通指示牌名较为容易，所以数据采集面较广。旅游景区的语料搜集较易，本着“本地为主、外地为辅”的原则，我们重点考察并搜集了长株潭红色旅游景区如毛泽东同志故居、彭德怀同志故居、宁乡花明楼刘少奇同志故居、湘潭市“三馆”（博物馆、党史馆、规划展示馆）、长沙望城雷锋同志故居等地的语言景观，也兼顾了湘西部分红色旅游景区如芷江抗日受降纪念坊、粟裕同志故居和纪念馆、通道转兵纪念馆和湘鄂川黔革命根据地，最后对桂林阳朔旅游景点指南进行了研究。

（二）语料处理

剔除掉不清晰、重复的图片后，我们共计搜集到了近2000幅有效图片和文字资料。语料搜集好后，我们将其按照研究对象，逐一分类，建立了小型语料库。

（三）理论框架

针对语言景观，采取跨学科理论研究方法。语言学相关理论如翻译学理论，被用来作为本课题研究主要理论之一，通过对语言景观现状的梳理，发现问题，从翻译角度出发，提出正确的翻译文本，这是本书的研究内容之一；从文化传播的角度，提出构建语言景观的评估标准；从顺应论角度，提出语言景观在语言层面和非语言层面的顺应问题；从语用学角度，提出语言景观须在礼貌原则的指导下，建立礼貌层级；从自然科学的耗散结构理论出发，研究车尾语的产生原因。如此等等，在上述理论框架的指导下，尝试语言景观跨学科研究，建立语言景观评估标准，研究其规范措施。

三、研究意义与价值

（一）研究意义

语言是人类文化的物质载体与交流的重要媒介，丰富深厚的历史文化通过语言文字得以绵延传承，经济发展、科技变革和文化更迭也对语言产生了深刻的影响。语言承载着使用者所在民族的世界观、思维方式、历史发展和文化传统等，因此，一个地域的语言景观直接或间接地反映了当地的历史文脉和风土人情（金怡，2020）。对长株潭语言景观进行研究，利于了解当地风土民情与习俗。

语言景观影响城市的国际形象和民族形象建构。标准的语言景观对城市国际形象的建构有促进作用，重视对目标语的考察和借鉴，提升语言景观的国际化服务水平对城市国际形象建设有重要意义。随着长株潭城市群在全国地位的提升，加之其具独特意义的众多发达的红色旅游资源优势，构建与长株潭城市群相符合的城市形象尤为重要，因此有必要对其语言景观进行梳理，建立语言景观的评估标准，特别是纠正红色旅游景点如韶山等地不正确的景点翻译，从规范角度加以研究，树立红色旅游城市的良好形象。

（二）研究价值

总结已有研究现状，发掘新的学术增长点，是我们从事该课题研究的努力方向。本节拟在现有研究基础上，极力体现如下两个方面的价值：

1. 学术价值。与国际接轨，拓宽研究视角。语言景观研究大有可为，应引起学界重视。我国学者研究焦点主要在于其语言特色、文化、修辞、规范化及外语使用错误等方面，在理论视角与开掘深度方面与国际上的语言景观研究有不小差距，尤其对于语言景观背后的身份及权势关系等鲜有提及，而这恰恰是国际语言景观研究的核心所在，如能借鉴国际研究视角，关注新的维度，语言景观研究很可能获得长足发展。因此，在语言景观问题上，本书从理论和实践两个方面拓宽了研究视角：理论上，从跨学科理论角度（如自然科学理论）研究语言景观；实践中，将研究视角从典型的语言景观拓展到非典型语言景观等，这样一来，给该课题研究增加新内涵，将国内语言景观理论与实践研究推向一个新高度。

2. 应用价值。习近平总书记强调：一个国家、一个民族的强盛，总是以文化兴盛为支撑的。文明美丽城市建设，需要进一步增强城市的综合实力。城市的综合实力包括硬实力和软实力，而语言和文化是城市建设与发展的人文基础，是城市个性与独特魅力的最终体现，是城市软实力的重要组成部分。为增强城市文化软实力，提升城市形象，改善投资环境，构建健康的人文环境，打造和谐的城市语言生活，本书对城市形象塑造具有特殊意义的城市语言景观进行全面考察，发现问题，从语言和谐角度加以研究考量，提出相应对策，致力于为居民构建和谐城市语言环境，打造良好城市形象，提升城市知名度，改善投资环境，彰显语言文化的社会价值，这便是本书研究的应用价值所在。

四、全书结构

本书由五章构成。第一章为研究背景。本章中，对语言景观的定义、分类、功能及构建原则进行分析，对语言景观国内外研究现状进行梳理，介绍语言景观的研究内容、研究方法、研究意义。这一章的主要目的在于：交代语言景观的基本情况，对其有全局了解，对研究现状有一大概认识，为后续研究奠定基础。

第二章为现状调查。我们对长株潭城市群路牌名、道路交通指示牌名、店名、户外广告、户外标语、公示语、旅游景区文字翻译等现状开展调查，梳理其中存在的问题，提出合理化修改建议。

第三章为评估体系。建立与完善城市语言景观评估体系与评价指标，构建以健康的思想内涵、得体的语言表达、规范的外文翻译和融合的地方文化等为主要内容的语言景观评估体系，为语言景观规范提供标准与范式。

第四章为规范研究。针对长株潭城市群语言景观存在的问题，结合评枯标准，提出规范标准，给其他城市语言景观的规范提供借鉴与参考。

第五章为非典型语言景观研究。除上述典型语言景观外，本章以车尾语为例，尝试非典型语言景观研究。首先，综合归纳并得出车尾语的定义及语言特色，然后，从顺应论和耗散结构理论入手，对其进行理论分析与研究，最后，提出车尾语中的问题，并就如何规范车尾语提出自己的观点。

本章参考文献

1. Antia, Bassey E. University Multilingualism: A Critical Narrative from the University of the Western Cape, South Africa [J]. Journal of Multilingual & Multicultural Development, 2015 (6): 571 – 586.

2. Antonio, Bruyèl – Olmedo and Maria Juan – Garau. Minority Languages in the Linguistic Landscape of Tourism: The Case of Catalan in Mallorca [J]. Journal of Multilingual & Multicultural Development, 2015 (6): 598 – 619.

3. Backhaus, Peter. Signs of Multilingualism in Tokyo: A Diachronic Look at the Linguistic Landscape [J]. International Journal of the Sociology of Language, 2005: 103 – 121.

4. Backhaus, Peter. Linguistic Landscapes: A Comparative Study of Urban Multilingualism in Tokyo [M]. Clevedon/Buffalo: Multilingual Matters. 2007.

5. Barni, Monica and Carla Bagna. A Mapping Technique and the Linguistic Landscape [A]. In Elana Shohamy and Durk Gorter (eds.), Linguistic Landscape: Expanding the Scenery [C]. New York: Routledge, 2009.

6. Ben – Rafael. A Sociological Approach to the Study of Linguistic Landscapes [A]. In E. Schohamy & D Gorter (eds.), 2009: 40 – 54.

7. Ben Rafael, E., E. Shohamy, M Amara & N. Trumper Hecht. Linguistic landscape as symbolic construction of the public space: The case of Israel [J]. International Journal of Multilingualism, 2006 (3): 7 – 30.

8. Ben – Rafael, Eliezer, Elana Shohamy, and Monica Barni. Introduction: An Approach to an "Ordered Disorder" [A]. In Elana Shohamy, Eliezer Ben – Rafael, and Monica Barni (eds.), Linguistic Landscape in the City [C]. Bristol: Multilingual Matters, 2010.

9. Blommaert, Jan. The Sociolinguistics of Globalization [J]. Cambridge: Cambridge University Press, 2010.

10. Bolton, Kingsley. World Englishes and Linguistic Landscapes [J]. World Englishes, 2010 (1): 30 – 34.

11. Calvet, Louis – Jean. Des mots sur les murs. Une comparaison entre Paris et Dakar [The Words on the Walls: A Comparison Between Paris and Dakar] [A]. In R. Chaudenson (ed.), Des langues et des villes (Actes du colloque internationalà Dakar, du 15 au 17 décembre) [C]. Paris: Didier'Erudition, 1990.

12. Cenoz, Jasone and Durk Gorter. Linguistic Landscape and Minority Languages [J]. International Journal of Multilingualism, 2006 (1): 67 – 80.

13. Cenoz, Jasone and Durk Gorter. The Linguistic Landscape as an Additional Source of Input in Second Language Acquisition [J]. International Review of Applied Linguistics in Language Teaching, 2008 (3): 267 – 287.

14. Coluzzi, Paolo. The Italian Linguistic Landscape: The Cases of Milan and Udine [J]. International Journal of Multilingualism, 2009 (6): 298 – 312.

15. Coupland, Nikolas. Bilingualism on Display: The Framing of Welsh and English in Welsh Public Spaces [J]. Language in Society, 2012 (1): 1 – 27.

16. Coupland, Nikolas and Peter Donald Garrett. Linguistic Landscapes, Discursive Frames and Metacultural Performance: The Case of Welsh Patagonia [J]. International Journal of the Sociology of Language, 2010 (1): 7 – 36.

17. Curtin, Melissa L. Languages on Display: Indexical Signs, Identities and the Linguistic Landscape of Taipe [A]. In Durk Gorter and Elana Shohamy (eds.), Linguistic Landscape: Expanding the Scenery [C]. New York: Routledge, 2009.

18. Dressler, Roswita. Signgeist: Promoting Bilingualism through the Linguistic Landscape of School Signage [J]. International Journal of Multilingualism, 2015 (1): 128 – 145.

19. Felix, Banda and Hambaba Jimaima. The Semiotic Ecology of Linguistic Landscapes in Rural Zambia [J]. Journal of Sociolinguistics, 2015 (5): 643 – 670.

20. Gorter, D. Introduction: the Study of the Linguistic Landscape as a New Approach to Multilingualism [C]. Clevedon / Buffalo / Toronto: Multilingual Matters, 2006: 2.

21. Gorter, Durk. Linguistic Landscapes in a Multilingual World [J]. Annual

Review of Applied Linguistics, 2013 (33): 190 – 212.

22. Hanauer, David I. Laboratory Identity: A Linguistic Landscape Analysis of Personalized Space within a Microbiology Laboratory [J]. Critical Inquiry in Language Studies, 2010 (21): 152 – 172.

23. Hicks, Davyth A. Scotland's Linguistic Landscape: The Lack of Policy and Planning with Scotland's Place – Names and Signage [C]. Paper presented at the World Congress on Language Policies, Barcelona, Spain. n. d. n. d. www. poileasaidh. celtscot. ed. ac. uk/hicksseminar. html. 2002.

24. Huebner, Thom. Bangkok's Linguistic Landscapes: Environmental Print, Codemixing, and Language Change [J]. International Journal of Multilingualism, 2006 (1): 31 – 51.

25. Hult, Francis. M. English on the Streets of Sweden: An Ecolinguistic View of Two Cities and a Language Policy. Working Papers in Educational Linguistics [C]. 2003: 43 – 63.

26. Hult, Francis M. Drive – Thru Linguistic Landscaping: Constructing a Linguistically Dominant Place in a Bilingual Space [J]. International Journal of Bilingualism, 2014 (5): 507 – 523.

27. Itagi, N. & S. Singh. Linguistic Landscaping in India with Particular Reference to New States [M]. Mysore: Central Institute of Indian Languages and Mahatma Ghandi International Hindi University, 2002: ix.

28. Ivkovic, Dejan and Heather Lotherington. Multilingualism in Cyberspace: Conceptualising the Virtual Linguistic Landscape [J]. International Journal of Multilingualism, 2009 (1): 17 – 36.

29. Izadi, Dariush and Parvaresh Vahid. The Framing of the Linguistic Landscapes of Persian Shop Signs in Sydney [J]. Linguistic Landscape, 2016 (2): 182 – 205.

30. Janis, Kreslins. Linguistic Landscapes in the Baltic [J]. Scandinavian Journal of History, 2003 (3&4): 165 – 174.

31. Jaworski, Adam and Crispin Thurlow (eds.). Semiotic Landscapes: Language, Image, Space [C]. London: Continuum, 2010.

32. Jaworski, Adam and Simone Yeung. Life in the Garden of Eden: The Naming

and Imagery of Residential Hong Kong [A]. In Elana Shohamy, Eliezer Ben - Rafael, and Monica Barni (eds.), Linguistic Landscape in the City [C]. Bristol: Multilingual Matters, 2010.

33. Jaworski, A & C, Thurlow. Semiotic landscape: Language, Image, Space [M]. London: Continuum, 2010: 1.

34. Josep, Soler - Carbonell. Complexity Perspectives on Linguistic Landscapes: A Scalar Analysis [J]. Linguistic Landscape, 2016 (1): 1 -25.

35. Kallen, Jeffrey L. Changing Landscapes: Language, Space and Policy in the Dublin Linguistic Landscape [A]. In Adam Jaworski and Crispin Thurlow (eds.), Semiotic Landscapes: Language, Image, Space [C]. London: Continuum, 2010.

36. Kasanga, Luanga Adrien. Mapping the Linguistic Landscape of a Commercial Neighborhood in Central Phnom Penh [J]. Journal of Multilingual and Multicultural Development, 2012 (6): 553 -567.

37. Kopinska, M. Linguistic Landscape and Linguistic Behaviour: Language Choice and Linguistic Preferences of Basque - Spanish Bilinguals (Unpublished Master' s Thesis) [D]. University of the Basque Country UPV/EHU: Vitoria - Gasteiz, Spain, 2011.

38. Kotze, Chrismi - Rinda and Theodorus du Plessis. Language Visibility in the Xhariep - A Comparison of the Linguistic Landscape of Three Neighboring Towns [J]. Language Matters, 2010 (1): 72 -96.

39. Landry, R. & R. Bourhis. Linguistic Landscape and Ethnolinguistic Vitality: An Empirical Study [J]. Journal of Language and Social Psychology, 1997 (6): 23 -49.

40. Landry, Rodrigue and Richard Y. Bourhis. Linguistic Landscape and Ethnolinguistic Vitality: An Empirical Study [J]. Journal of Language and Social Psychology, 1997 (1): 23 -49.

41. Lawrence, C. Bruce. The Korean English Linguistic Landscape [J]. World Englishes, 2012 (1): 70 -92.

42. Lee, Jerry Won. Transnational Linguistic Landscapes and the Transgression of Metadiscursive Regimes of Language [J]. Critical Inquiry in Language Studies, 2014 (1): 50 -74.

43. Leech Geoffrey. Principles of Pragmatics [M]. London: London Group Limited, 1983: 132.

44. Leeman, Jennifer and Gabriella Modan. Commodified Language in Chinatown: A Contextualized Approach to Linguistic Landscape [J]. Journal of Sociolinguistics, 2009 (3): 332 -362.

45. Lou, Jackie Jia. Revitalizing Chinatown into a Heterotopia: A Geosemiotic Analysis of Shop Signs in Washington, D. C.' s Chinatown [M]. Space and Culture, 2007: 170 -194.

46. Lou, Jackie Jia. Chinatown in Washington, DC: The Bilingual Landscape [J]. World Englishes, 2012 (1): 34 -47.

47. Márta, Galgóczi - Deutsch. Making Tourists Feel at Home: Linguistic Landscape of Hodmezovarhel [J]. Agricultural Management, 2011 (4): 31 -38.

48. Marten, Heiko F., Van Luk Mensel, and Durk Gorter. Studying Minority Languages in the Linguistic Landscape [A]. In Durk Gorter, Heiko F. Marten, and Luk Van Mensel (eds.), Minority Languages in the Linguistic Landscape [C]. Basingstoke: Palgrave - Macmillan, 2012.

49. Monnier, D. Langue d' accueil et langue de service dansles commercesà Montréal [Welcoming Language and Language of Service at Merchant Locations in Montreal] [M]. Québec: Conseil de la langue franéaise, 1989.

50. Moriarty, Máiréad. Contesting Language Ideologies in the Linguistic Landscape of an Irish Tourist Town [J]. International Journal of Bilingualism, 2014 (5): 464 -477.

51. Nash, Joshua. Is Linguistic Landscape Necessary? [O/L]. Landscape Research. DOI: 10. 1080/01426397. 2016. 1152356, 2016.

52. Pavlenko, A. Linguistic landscape of Kyiv, Ukraine: A diachronic study [A]. In E. Schohamy, E. Ben - Rafael & M. Barni (eds.). Linguistic Landscape in the City [C]. Bristol: Multilingual Matters, 2010: 133 -150.

53. Pavlenko, Aneta. Transgression as the Norm: Russian in Linguistic Landscape of Kyiv, Ukraine [A]. In Durk Gorter, Heiko F. Marten, and Luk Van Mensel (eds.), Minority Languages in the Linguistic Landscape [C]. Basingstoke: Palgrave - Macmillan, 2012.

54. Pietikäinen, Sar, Pia Lane, Hanni Salo, and Sirkka Laihiala – Kankainen. Frozen Actions in the Arctic Linguistic Landscape: A Nexus Analysis of Language Processes in Visual Space [J]. International Journal of Multilingualism, 2010 (4): 277 –298.

55. Plessis, Theodorus du. The Role of Language Policy in Linguistic Landscape Changes in a Rural Area of the Free State Province of South Africa [J]. Language Matters: Studies in the Languages of Africa, 2012 (2): 263 –282.

56. Rebio, Diaz Cardona. Ambient Text and the Becoming Space of Writing [J]. Environment & Planning D: Society & Space, 2016 (4): 637 –654.

57. Reh, Mechthild. Multilingual Writing: A Reader – Oriented Typology – With Examples from Lira Municipality (Uganda) [J]. International Journal Sociology of Language, 2004 (17): 1 –41.

58. Rosenbaum, Yehudit, Elizabeth Nadel, Robert L. Cooper, and Joshua A. Fishman [A]. English on Keren Kayemet Street. In Joshua A. Fishman, Robert L. Cooper, and A. W. Conrad (eds.), The Spread of English: The Sociology of English as an Additional Language [C]. Rowley: Newbury House. 1977.

59. Sayer, Peter. Using the Linguistic Landscape as a Pedagogical Resource [J]. English Language Teachers Journal, 2010 (2): 143 –154.

60. Scollon, Ron and Suzie Wong Scollon. Discourses in Place [M]. London: Routledge, 2003.

61. Smalley, William A. Linguistic Diversity and National Unity: Language Ecology in Thailand [M]. Chicago: University of Chicago Press, 1994.

62. Spolsky, Bernard and Robert L. Cooper. The Languages of Jerusalem [M]. Oxford: Clarendon, 1991.

63. Stroud, Christopher and Sibonile Mpendukana. Towards a Material Ethnography of Linguistic Landscape: Multilingualism, Mobility and Space in a South African Township [J]. Journal of Sociolinguistics, 2009 (13): 363 –386.

64. Stroud, Christopher and Sibonile Mpendukana. Multilingual Signage: A Multimodal Approach to Discourse of Consumption in a South African Township [J]. Social Semiotics, 2010 (5): 469 –493.

65. Touchstone, Ellen E., Scott Koslow, Prem N. Shamdasani, Steven D'

Alessandro, and A. G. Woodside. The Linguistic Servicescape: Speaking Their Language May Not Be Enough [J]. Journal of Business Research, 2017 (72): 147 – 157.

66. Tulp, S. M. Commercials and Bilingualism: A Study into the Geographic Distribution of French and Dutch Advertisements in Brussels [J]. Talen sociale integratie, 1978 (1): 261 – 288.

67. Wang Jingjing. Linguistic Landscape of China—A Case Study of Shop Signs in Beijing [J]. Studies in Literature and Language, 2013 (1): 40 – 47.

68. Wang Xiaomei and Hans Van de Velde. Constructing Identities through Multilingualism and Multiscriptualism: The Linguistic Landscape in Dutch and Belgian Chinatowns [J]. Journal of Chinese Overseas, 2015 (2): 119 – 145.

69. Weyers, Joseph R. English Shop Names in the Retail Landscape of Medellín, Colombia [J]. English Today, 2016 (2): 8 – 14.

70. Zhang Hong and Brian Hok – Shing Chan. The Shaping of a Multilingual Landscape by Shop Names: Tradition Versus Modernity [J]. Language & Intercultural Communication, 2017 (1): 26 – 44.

71. 承云．从关联理论角度探析汉英公示语翻译的误差 [J]. 东北师范大学学报（哲学社会科学版），2013 (4): 127 – 130.

72. 戴宗显，吕和发．公示语汉英翻译研究——以 2012 年奥运会主办城市伦敦为例 [J]. 中国翻译，2005 (6): 38 – 42.

73. 邓骁菲．豫园商城和上海老街语言景观对比分析 [J]. 现代语文，2015 (10): 99 – 101.

74. 董爱智．河北省红色旅游景区公示语翻译质量及其评价 [J]. 河北师范大学学报（社会科学版），2012 (1): 104 – 108.

75. 高珊．历史街区语言景观研究——以杭州清河坊为例 [D]. 浙江财经大学，2017.

76. 高珊，付伊．国内语言景观研究综述 [J]. 湖州师范学院学报，2017 (5): 73.

77. 韩礼德．作为社会符号的语言——语言与意义的社会诠释 [A]．苗兴伟等译，北京：北京大学出版社，2015: 5.

78. 胡红云．跨文化交际与公示语的汉英翻译——浙江省公共场所公示语汉英翻译实例分析 [J]. 浙江社会科学，2008 (7): 121 – 124.

79. 胡家桢．广州市白云区远景路语言景观调查研究［D］．暨南大学，2018.

80. 胡壮麟．语言学教程［M］．北京：北京大学出版社，2002：7.

81. 金怡．地域文化景观构建与创新——以合肥地铁语言景观为例［J］．沈阳大学学报（社会科学版），2020（2）：252－256.

82. 隽娅玮．西安回坊风情街语言景观考察［J］．汉字文化，2018（8）：7－9.

83. 孔悠静．汉语国际教育背景下合肥市语言景观研究［D］．安徽大学，2018.

84. 孔珍．国际语言景观研究现状与发展趋势分析［J］．中南大学学报（社会科学版），2018（2）：192－200.

85. 历冬风．中小城市外语语言环境建设谫论［J］．绥化学院学报，2017（8）：89－90.

86. 李宝贵，王丽青．国内语言景观研究述评（2013－2018.6）［J］．喀什大学学报，2018（2）：34－40.

87. 李丽．符号学视角下对甘肃旅游城市的语言景观分析——以敦煌为例［D］．西北师范大学，2016.

88. 李绍芳，侯丽香，张丽萍．少数民族地区旅游景点多语种语言景观研究——以楚雄彝人古镇为例［J］．河南广播电视大学学报，2017（1）：57－59.

89. 李永红．英汉公示语的“面子”问题［J］．吉林教育学院学报，2008（6）：111－113.

90. 林小径．汕头市商店标牌语言景观研究［J］．现代语文，2019（9）：105－109.

91. 李宇明．中国语言生活的时代特征［J］．中国语文，2012（6）：367－375＋384.

92. 李宇明，王春辉．论语言的功能分类［J］．当代语言学，2019（1）：1－22.

93. 刘淑颖，茹荣芳．语言景观视角下的华德福教育：构建语言教育微环境［J］．幼儿教育研究，2019（1）：34－37.

94. 刘竹林，毛蓉蓉．旅游景区双语语言景观实探及译写研究［J］．安徽工业大学学报（社会科学版），2018（2）：71－73.

95. 马春华．挖掘语言景观的文化交流功能［O/L］．中国社会科学网，2018. 11.

96. 马会峰，张丹 . 海口美兰机场语言景观中语言使用问题及对策研究［J］. 海外英语，2019（3）：136－137.

97. 马婷 . 京都地区多语景观研究［D］. 东南大学，2018.

98. 穆亚格等 . 语言景观在对外汉语教学中的作用调查与研究——以韩国留学生为主要调查对象［J］. 现代语文，2018（8）：170－177.

99. 农朗诗 . 城镇化进程中基于语言生态理论的城市语言景观研究——以南宁市为例［J］. 汉字文化，2018（12）：139－142.

100. 潘月明，郭秀芝 . 高校译名回译难，春风难度"大学"关——以国内理工大学校名英译为例［J］. 中国科技翻译，2012（2）：58－61.

101. 彭晓，罗冬梅，高银宇 . 成都春熙路与太古里语言景观对比分析［J］. 成都大学学报（社会科学版），2018（5）：83－87.

102. 任荣 . 从语言的经济价值角度谈英文商标词的设计原则［J］. 外语教学，2002（5）：17－20.

103. 单菲菲，刘承宇 . 民族旅游村寨语言景观调查研究——基于社会符号学与文化资本理论视角［J］. 广西民族研究，2016（6）：153－161.

104. 尚国文 . 语言景观的语言经济学分析——以新马泰为例［J］. 语言战略研究，2016（4）：83－91.

105. 尚国文 . 语言景观与语言教学：从资源到工具［J］. 语言战略研究，2017（2）：11－19.

106. 尚国文 . 宏观社会语言学视域下的旅游语言景观研究［J］. 浙江外国语学院学报，2018（3）：46－56.

107. 尚国文，赵守辉 . 语言景观研究的视角、理论与方法［J］. 外语教学与研究，2014（2）：214－223.

108. 宋凡成 . 苏州历史文化名街语言景观研究［D］. 扬州大学，2018：1.

109. 苏杰 . 语言生态学视角下语言景观中的语言权势与文化权势——以上海市为例［D］. 上海外国语大学，2017.

110. 唐佳 . 南宁市语言景观调查研究——以南宁市私人标牌语言景观为例［J］. 现代语文，2019（4）：129－135.

111. 田飞洋，张维佳 . 全球化社会语言学：语言景观研究的新理论——以北京市学院路双语公示语为例［J］. 语言文字应用，2014（2）：38－45.

112. 万正方等. 必须重视城市街道商店和单位名称的翻译——对上海部分著名路段商店和单位牌名等翻译错误的调查［J］. 中国翻译，2004（2）：72-77.

113. 王东凤. 语域流变、互文干扰与翻译策略：以几则奥/亚运会宣传用语的翻译为例［J］. 中国翻译，2009（1）：10-16.

114. 王丽颖. 国内外语言景观研究述评［J］. 滨州学院学报，2018（5）：70-75.

115. 王同军. 公示语之语言经济学分析［J］. 西安外国语大学学报，2008（4）：32-36.

116. 王晓蕾. 城市双语语言景观调查及译写研究——以合肥为例［J］. 黑河学院学报，2017（3）：198-199.

117. 吴会娟. 语言景观：语言符号的权力表征解析［J］. 大众文艺，2016（24）：185-186.

118. 巫喜丽. 语言景观的多语现象研究述评［J］. 广州大学学报（社会科学版），2017（8）：78-83.

119. 乌永志. 文化遗产型景区双语解说问题与探讨——以西安为例［J］. 人文地理，2010（6）：135-138.

120. 夏娜. 多语地区的语言景观研究——以丽江古城区为例［D］. 云南师范大学，2014.

121. 徐茗. 国外语言景观研究历程与发展趋势［J］. 语言战略研究，2017（2）：57-64.

122. 徐茗，卢松. 城市语言景观研究进展及展望［J］. 人文地理，2015（1）：21-25.

123. 徐天杰. 苏州市国际化城市建设中的语言景观调查研究［J］. 现代营销，2018（12）：128-129.

124. 许文强. 面向国际化城市建设的杭州语言景观现状研究［J］. 现代语文，2019（4）：121-128.

125. 闫亚平，李胜利. 语言景观建设与城市形象［J］. 石家庄学院学报，2019（5）：50-54.

126. 杨金龙，梅德明. 新疆双语教育模式的理性选择与过渡——一项基于语言景观的实证研究［J］. 语言文字应用，2016（4）：35-41.

127. 杨敏．话语的社会性与政治性阐释［M］．北京：光明日报出版社，2015：159－160.

128. 杨永林，姜孟．双语标识译写研究——通告标识篇［J］．语言教学与研究，2011（2）：98－105.

129. 杨永林，李晋．双语标识译写研究——街名标识篇［J］．外国语言文学，2010（4）：258－267.

130. 杨永林，刘寅齐．双语公共标识文本的信息性研究——来自北京地区的报告［J］．外语研究，2008a（6）：10－14.

131. 杨永林，刘春霞．双语公共标识的文本性研究——来自北京图书大厦的报告［J］．外语学刊，2008b（5）：76－79.

132. 杨永林，刘寅齐．双语标识译写研究——通用标识篇［J］．当代外语研究，2011（5）：47－53.

133. 杨永林，鲁碧珍．中英双语标识译写研究——交通标识篇［J］．中国科技翻译，2011（1）：54－58.

134. 杨永林，赵珊．双语标识译写研究——提示标识篇［J］．外语学刊，2011（5）：85－89.

135. 于之蒙．一座沿海城市的语言景观分析［D］．河北师范大学，2018.

136. 余智勇．成都市仿古文化景区商业店名的语言学考察——以锦里和宽窄巷子为例［J］．现代语文，2017（7）：116－118.

137. 袁媛．国际化大都市的城市语言景观研究——以北京为例［J］．宁夏大学学报（人文社会科学版），2018（4）：8－14＋24.

138. 章柏成．国内语言景观研究的进展与前瞻［J］．当代外语研究，2015（12）：14－17.

139. 张琛．秦皇岛语言景观建设的对策建议［J］．海外英语，2019（1）：217－219.

140. 张雷红．旅游城市语言景观的保护与开发策略初探——以潍坊城区街道名称为例［J］．度假旅游，2018（12）：154－155.

141. 张美芳．澳门公共牌示语言及其翻译研究［J］．上海翻译，2006（1）：29－34.

142. 张亚琼．广州市城中村语言景观调查研究——以天河区棠下村为例［D］．暨南大学，2018.

143. 张燕．青岛市海洋文化语言景观研究［J］．青岛农业大学学报（社会科学版），2018（4）：45－49.

144. 张媛媛．从言语社区理论看语言景观的分类标准［J］．语言战略研究，2017（2）：43－49.

145. 张媛媛，张斌华．语言景观中的澳门多语状况［J］．语言文字应用，2016（1）：45－54.

146. 张智杰，李思齐．西安市私人语言景观考察——以回民街和永兴坊为例［J］．池州学院学报，2018（5）：100－102.

147. 赵慧媛等．从公示语看城市形象传播——以呼和浩特市公示语传播为例［J］．新媒体研究，2019（4）：109－112.

148. 赵芝英．论公示语汉英翻译中的关联性——以无锡市为例［J］．上海翻译，2012（1）：47－49.

149. 周镜．广州四个商业区店名的语言景观研究［D］．广东外语外贸大学，2018.

150. 周晓春，柯秀青，杨艳霞．城市语言景观建设实态探析与应对策略——以合肥市跨境电子商务产业园为例［J］．沈阳大学学报（社会科学版），2018（4）：483－487.

第二章　长株潭城市群语言景观现状调查

长株潭城市群位于湖南省中东部，为长江中游城市群重要组成部分，包括长沙、株洲、湘潭三市，是湖南省经济发展的核心增长极。三市沿湘江呈“品”字形分布，两两相距不足40公里，结构紧凑。2007年，长株潭城市群获批为全国资源节约型和环境友好型社会建设综合配套改革试验区。长株潭城市群一体化是中部六省城市中全国城市群建设的先行者，被《南方周末》评价为“中国第一个自觉进行区域经济一体化实验的案例”。在行政区划与经济区域不协调之下，通过项目推动经济一体化，长株潭为其他城市群做了榜样，致力打造成为中部崛起的“引擎”之一（金燕，2012）。《中华人民共和国国民经济和社会发展第十四个五年规划和2035年远景目标纲要》中，“开创中部地区崛起新局面”这一部分提出，推动长江中游城市群协同发展，加快武汉、长株潭都市圈建设，打造全国重要增长极，长株潭城市群建设已提高到国家高度。

目前，湖南正致力于实施“三高四新”战略，着力建设内陆地区改革开放高地，长株潭城市群建设对战略的实施具有举足轻重的作用。然而城市群的发展来源于城市中由多层次、多要素组成的动力机制，其中一个重要的、取之不尽、用之不竭的因素便是文化动力机制，这是城市的形象功能。城市形象是一座城市软性竞争力的重要元素，这既是城市经济社会发展的基础，也是城市经济社会发展的软性资源，同时还是对内创造城市凝聚力，对外创造城市辐射力的核心要素。

作为城市文化的有机组成部分，出现和存在于城市户外环境中、包括城市道路交通指示牌和路牌语言、户外标语、店名、户外广告语等在内的城市语言景观，对城市形象的塑造具有直接作用和影响，它是城市重要的人文景观，是城市形象的有机组成，是城市形象与城市文化的重要载体，是城市精神文明建设的重要标志，是体现生活在城市之中的人们享受生活乐趣的一组文化符号，形成一股十分重要的文化凝聚力，具有丰富的文化价值与文化内涵。此外，它更是城市语言环境和城市语言生活的重要组成部分，对城市和谐语言的构建具有十分重要的意义。

长株潭城市群这一宏观经济规划，要求建立与之相匹配的人文生态环境。作为人文环境的重要组成部分，语言生态研究将促进地区性语言人才的培养，促进语言教育领域的改革，促进长株潭三地文化沟通与交流，增进对湖湘文化的理解和认同，利于湖湘文化的传播。同时，随着经济的发展，外来投资、商贸活动和企业之间的交流合作大大增加，深入了解长株潭城市群语言景观现状，纠正其中的错误，益于对外招商政策和规划的宣传，给投资者留下良好印象。这一角度而言，长株潭城市群语言景观研究，具有重要的经济价值与社会价值，对其规范研究成为必要。

本章由七节构成。首先对调查设计进行说明，然后对包括路牌、道路交通指示牌、店名、户外广告、户外标语、公示语、旅游景区标识语等在内的长株潭城市群语言景观现状进行调查，每一类语言景观自成一节。

（1）调查目的。成立“长株潭城市群语言景观现状研究”调查组，对长株潭公共服务领域英文标识展开调查，全面了解长株潭城市群语言景观现状，发现问题并提出改正策略，规范三地语言景观，助力湖南文化软实力的提高，提升城市形象，服务社会经济发展。

（2）调查内容。此调查包含两个方面：其一，中文规范调查。我们对这三座城市语言景观的中文使用情况开展调查，重点对公共场所标识不规范现象进行梳理，建立三地统一语言景观标识体系；其二，英译规范调查。英文标识在公共服务领域屡见不鲜，且随着长株潭国际化水平的提升，以及长株潭融城的进一步开展，其规范成为必要，因其既给国外友人提供信息上的便利，又是衡量三地市民外语水平高低的重要标志。

（3）调查方法。我们成立了十人调查组，按照地区进行分工，每位调查组成员负责统计一个地区，对区域面积大、语料搜集难度大的地区，采取两人负责制。调查组主要通过实地取样和图片采集的方法，对所需采集的图片资料采用拍照方式保存下来，对有些不便于拍照的资料采取记录方式，然后将资料汇

总、分类和整理，

(4) 调查对象。资料采集区域主要集中于长株潭及周边地区，具体涉及长沙（以岳麓区、望城区、宁乡市为主）、株洲（芦淞区为主）、湘潭（含岳塘区、雨湖区、湘潭县易俗河、湘乡、韶山等地）。此外，作为参考，还对湘西、桂林等地部分语言景观开展调查。调查对象主要涉及路牌名、道路交通指示牌、店名、户外广告名、户外标语、公示语、旅游景区标识语等七大类，调查组费时近 1 年时间，剔除不清晰和重复拍摄的照片，共搜集到相关图片 1198 篇/幅。

第一节　路牌名现状调查

路牌是城市语言景观的有机组成部分，反映了一座城市在城市规划和语言文字工作上的能力与成效，它也是城市生活的重要构成，其在语言建构上的规范与否直接影响了城市居民、外来游客、外来投资者以及外籍人士的出行，影响了一座城市在人们心中的形象。城市路牌中各式各样的路名与地名，更是直接展现了一座城市的风貌与文化底蕴。新型城镇化建设的顺利开展必须要具备完善的城市硬件设施，保证城市硬性功能的正常运作。与此同时，还应打造良好的城市软环境，构建和谐的城市语言环境，营造具有地方特色的城市人文氛围，提升城市整体形象，改善城市投资环境。因此，兼具硬性功能和软性价值的城市路牌对于城市发展以及新型城镇化建设具有十分重要的意义。

一、现状

（一）长沙路牌语言考察

调查显示，长沙路牌名多为路名 + Rd.（英文 Road 的简称），如图 2－1、图 2－2：

图 2-1　长沙路牌示例 1

图 2-2　长沙路牌示例 2

但存在英文大小写不一致现象。如“振东路”用 Rd.，“同升湖内部道路”用的是 RD。

（二）株洲路牌语言考察

考察发现，株洲市路牌名多采用中文加汉语拼音方式。如图 2－3：

图 2-3　株洲路牌示例

（三）湘潭路牌语言考察

调查发现，湘潭市（雨湖、岳塘、九华）、湘潭县（易俗河为主）、湘乡三地，中文路牌下面标注汉语拼音，做到了统一。湘潭市为例，如图 2－4：

图 2-4　湘潭市路牌示例

但是，韶山路牌中文翻译为路名＋Rd. 形式，如：厦门路：XIA MEN Rd.；英雄路：YING XIONG Rd.

紧邻湘潭的娄底市路牌跟韶山市情况一样，也是中文 + Rd. /St. （Street 的简写）形式。

二、建议

三座城市中的路牌存在两种不同标识方法：一是全部采用汉语拼音方式，二是用中文 + Rd. /St. 形式。究竟采用何种方式？必须依据国家相关规定执行。1986 年国务院颁发的《地名管理条例》规定，中国地名的罗马字母拼音，以国家公布的汉语拼音方案作为统一规范。1998 年，民政部办公厅下发了《关于重申地名不得采用外文拼写的通知》。《通知》明确规定，地名一律采用汉语拼音方式，不得采用外文，这样进一步规范了地名标志的书写，我们可以将此定义为绝对拼音化。

绝对拼音化得到一些专家的认可。如杨永林、程绍霖、刘春霞（2007）通过“千百十”项目的调查，认识到：

大多数情况下，双语街道名称的翻译有必要采用“绝对拼音化”的技术路线。这样做一是同国家推广使用汉语拼音的语言政策相吻合，二是避免了街道名称直译可能引起的语义歧义和信息冗余。北京东城区有一条著名的胡同，叫作“金鱼胡同”。英语里没有与“胡同”完全对应的词语，直接音译为“ JNYU HUTONG”。“绝对拼音化”技术路线的引入，可以有效避免因语言文化不同而引起的翻译问题，充分保证街道名称公共标识中信息性要求的实现。再如，“横二条”也可直接音译为“ HENG ER TIAO”。采用“绝对拼音化”技术路线，具体说来，有下列好处：首先，汉语街道类属中特别具有历史性、文化性、地域性的特征可以得到彰显。如北京的“石头胡同”（以前的八大胡同之一）、上海的“石皮弄”、广州的“三元里”等；其次，从全球化的角度而言，这一类具有特殊历史性、文化性、地域性的街道类属的翻译，由于采用“绝对拼音化”的措施，在双语文本语境中同原有的中文名称一起，体现出了路标在认知性、信息性、一致性、对应性方面的具体要求。例如“石头胡同”可以译为“ SHITOU Hutong”，“东四十条”可以译为“ DONG SHI SI TIAO”，“石皮弄”可以译为“ SHIPI LONG”，“三元里”可以译为“ SANYUAN LI”，这样一来不但解决了跨文化交际中地名信息的唯一性问题，同时也赋予了拼音字母新的区别性特征，从表意符号上体现出街道名称的分类特征：街名专属部分全部大写

（“SHITOU Hutong”中的“SHITOU”），表示街道专属名称的文化底蕴，间接地向国外友人传递这方面的历史、文化和地域信息；街名类属名称首字母大写（如“SHITOU Hutong”中的“Hutong”），表示出不同街名的类属特性（如胡同、巷、里、弄）；最后，这种方法一定程度上体现了表述形式上的便捷性与可靠性。例如“卢沟桥”这样具有历史意义的地名，可以十分方便地译为“LUGOU Qiao”——可以设想一下，在具体的语言使用环境中，国际友人说“Where is LUGOU Qiao?”比说“Where is LUGOU Bridge?”可能更容易从当地老百姓那里得到直接可靠的方位指示信息。

同样，郭建中（2007）也持类似观点：

许多人包括领导者都有这样一种言论，说什么地名牌上标有英文可以便于外国人查找地名云云，其实不然。如若路街牌上地名的全称均用英文标注，对方确实可以看懂，但他们用英语发问，谁能知道他问的是什么？因为大多市民是听不懂英文的！特别是有些地名很难翻译，象“司背后”“三步两桥”等路街名若用意译，恐怕与原意相去甚远，即使专业人士想弄明白也挺费劲。那么专名采用汉语拼音拼写，通名采用英文注音行不行呢？道理同样也是不行。例如某外宾打听“ZHONGSHAN ROAD”在哪里？有谁知道“中山 ROAD”是指“中山路”吗？恐怕多数路人不能准确回答。因此，只有使用汉语拼音拼写中国地名才能解决此问题！再拿“中山路”举例，一外国游客询问这是“ZHONGSHAN LU”吗？即使发音不准或走调，人们也能听出个大概，就可立即告诉他要去的地方。由于汉语拼音兼顾了国内外的需要，体现了公平的原则，具有重要的实用意义，这就是汉语拼音的好处！

但如今，不少城市出现地名相对拼音化现象，即街道名称的第一部分“专属成分”采用拼音表示，第二部分“类属成分”采用英语，如“大道”译为 Avenue（Av.），“街道”译为 Street（St.）。路名相对拼音化，我们认为不妥。如果路牌名采用相对拼音化标识，为何只用英语，而不用法语、德语等其他语言呢？诚然，英语确实成了世界各国的“通用语”，但联合国工作语言有六种，相对拼音化不能变成“泛英语化”。为此，我们认为，必须按照国家相关规定，路牌名统一采用绝对拼音化，这也是促进路牌更好地发挥指路、问路功能的一种必然手段。

有鉴于此，对长株潭城市群路牌名中存在的绝对拼音化和相对拼音化两种现象，我们认为要给予更正，统一采用汉语拼音、即绝对拼音化方式，我们认为，这种方式也值得国内其他城市借鉴。

第二节　道路交通指示牌语言现状调查

道路交通指示牌指竖立在道路两旁、用于车辆指路的标志。这里，我们将道路警示标志和限令禁止标志不纳入其中，因其基本做到统一，并很少采用英文形式，我们仅考虑其中的道路指示牌。

一、现状

（一）长沙道路交通指示牌语言考察

调查显示，长沙道路交通指示牌多采用汉语拼音 + Rd. / Ave. 等形式。如图2 – 5：

图 2–5　长沙市道路交通指示牌

但少数不统一现象犹存，主要是英文大小写不统一，有的采用 Rd.，有的采用全大写 RD.。

（二）株洲道路交通指示牌语言考察

株洲道路交通指示牌多采用汉语 + 英语形式，然而在英语大小写上存在不一致现象。

如位于株洲新华西路上的交通指示牌上有如下标志：南环路：NANHUAN ROAD、红旗广场：HONGQI SQUARE、车站路：CHEZHAN ROAD、人民路：RENMIN ROAD、沿江路：YANJIANG ROAD。然相去不远的另一个交通指示牌上的道路标记为：纺织路：Fangzhi Road、贺嘉路：Hejia Road、人民路：Renmin Road、建设中路：Jianshezhong Road。

对比发现，两个指示牌的英文大小写不一致。有趣的是，同时出现的“人民路”的英文翻译，居然左边一个全大写 ROAD，右边一个只有首字母大写 Road。究其原因，我们仔细观察后发现，两个指示牌新旧程度不一，应该不是同一时间、同一批次制作的，或者不是由同一家单位制作的。时间不一样，制作单位不一样，规范也就不一样，标识不同，也就不难理解了。

也有路牌名音译错误现象。如株洲长江北路浦发银行附近一块交通指示牌上，却出现三处拼音错误。从左至右，“黄河北路”被译为“North Huang He Road”。按照 1984 年颁发的《中国地名汉语拼音字母拼写规则（汉语地名部分）》第 10 条规定：“地名的第一个字母大写，分段书写的，每段第一个字母大写，其余字母小写”（中国地名委员会等，1984）。按照以词语为拼写单位的原则，“黄河”作为一个独立的词语单位，其拼音翻译应当合在一起写，而且“河”的拼音也不需要大写。恰当的翻译应该为：Huanghe North Road；另外，“滨江路”被译为“Ping Jiang Road”，“天平路”被译为“Tian Pin Road”也犯了拼音的拼写错误，应分别译为“Binjiang Road”和 Tianping Road。株洲在双语路牌上犯这样的错误，与其“全国交通管理模范城市”的身份是格格不入的（刘丽珍等，2011）。

（三）湘潭道路交通指示牌语言考察

湘潭市雨湖区的交通指示牌均为中文，既无汉语拼音，亦无英语译文，如图 2 –6：

图 2-6 岳塘区交通指示牌示例图

湘乡市和韶山市道路交通指示牌均为中英文双语标识，以湘乡市为例，如图2－7：

图 2-7 湘乡交通指示牌示例

娄底市情况也是如此，如图2－8：

图 2-8 娄底交通指示牌示例

湘潭县则较为混乱，二者兼而有之，有的只有中文，有的中英文兼有。如位于麒麟路的交通指示牌上全中文，荷花路上的指示牌为中文与英文（全大写）混合。

二、建议

针对长株潭三市道路交通指示牌存在的“只有中文，没有英文标识”“有中英文标识，但类属名采用汉语拼音”和“有中英文标识，类属名采用英译”等三种不统一现象，我们认为有必要根据国内通行做法加以规范：国内道路交通指示牌一般采用“相对拼音化”措施，即专名采用汉语拼音大写，属名采用英语方式，属名可用英文缩写。原因很简单，方便国外友人开车识路。

第三节　店名现状调查

店名是一个店铺的招牌，合理选用店名对于店铺经营的好坏有着不同程度的影响。好的店名应该能够让消费者一眼便知店铺所经营的产品类型，因此，店名首先要做到与所处行业相关联；其次，店名最好能有一定的文化内涵；第三，店名要有自己的特点，具有一定语言内涵，或高雅，或通俗，或新颖；最后，一个好的店名还要朗朗上口，容易记忆，便于流传。

一、现状

考察发现，绝大多数店铺命名规范，或通俗易懂，或高雅脱俗，既符合汉语表达习惯，也与传统道德文化相一致，大都体现了店铺商品特色，而且店内装修华丽，商品琳琅满目，易于吸引顾客。如图 2－9、2－10：

图 2–9　店名示例 1

图 2–10　店名示例 2

这是湘潭窑湾分别出售水果和寿司的两家店铺名，我们认为该店名较为成功。众所周知，神话人物孙悟空喜欢水果，尤其喜欢吃桃子。取名“悟空花果园”，一来迎合小朋友的喜好，二来显得该店铺如同花果山，里面商品琳琅满目，各色水果应有尽有；“N 多”是年轻人常挂在嘴边的话语，其意“非常多”。简单而适合年轻人的店名，是不错的选择。

然而，调查发现，有些店名也存在一些不和谐、不规范现象，归结为：

（一）篡改成语

湘潭市岳塘区宝塔路物价局附近一烧烤店名：“火烧翅臂”，显然是对成语“火烧赤壁”的仿拟，这种求新、求异的乱改成语，属于语言垃圾，对市民，尤其是孩子难免造成误导，而且其英文 fire chicken 属胡乱翻译。类似还有：胡丝乱想、无饿不坐、衣目了然、湘当有味。

这些店名分别是对成语“胡思乱想”“无恶不作”“一目了然”和“相当有味”的仿拟。仿拟是“为了实现某种语用功能（如命名与造词），收到某些语言效果（通常以讽刺幽默为甚）而仿照已有的语言形式（词、语、句、篇、调）创造出新的语言形式的一种修辞与构词方法”（罗胜杰，2010）。生活中对现有词语的模仿是有必要的，对成语适当改动，借受众熟悉的成语外壳，套意欲表达之产品概念，求接受之所易，达效果之彰显，这是产品广告中的常见现象。好的模仿一定程度上能收到诙谐、幽默效果，不过需注意的是，仿拟也讲求一个“度”，即是说语言模仿要以符合词汇语义特征，并注意词汇间的组合特性为前提。

然而，仿拟因其较强的语言表达效果，使得人们走向效仿的极端，一些人想尽一切办法套用成语，言必称仿拟，将成语的固有结构破坏殆尽，使其意义遭受完全扭曲，这种盲目模仿至极的现象，我们称之为“仿拟拜物教”，其产生动因源于产品销售的急功近利思想，这种羊群效应或曰从众心理不但让语言丧失了创新，而且也是对现有成语的一种亵渎和蹂躏，这不是语言游戏，而是游戏语言。这样类似的仿拟店名，有违《广告语言文字管理暂行规定》，易引起误导，并给青少年学生的语言学习造成不良影响。

（二）语言不健康

如果说上述对现有词语模仿而成的店名，只是属于语言文字上的不和谐，那么还有些店名则明显的不健康，应该受到批判。湘潭市岳塘区宝塔路一店名“井底之蛙”明显带有贬义。该词形容见识短浅，以此为店名到底是想表达店主没有远见呢？还是说进店消费的顾客是井底之蛙？总之，这个店名值得商榷；此外，湘潭市雨湖区人民路十一中附近有一“绯闻酒吧”，我们认为这也不妥。“绯闻”指桃色新闻，酒吧以此命名，有暧昧之嫌，蕴藏某种暗示：来这个酒吧消费吧，这里能有让你产生绯闻呢！这种店名语言不健康现象，应该勒令更改。店名“中国第一黑店”也是不妥。黑店旧指杀人越货的客店，今指骗人、敲诈的商店。此店铺名让消费者顿生畏惧，试问谁还敢进去消费？

在株洲芦淞区太子路有一家名为“小三不等位”的饭店，我们认为此店名取得过于随意，有哗众取宠之嫌。众所周知，“小三”是破坏别人婚姻的第三者，其有违社会公德的做法，理应遭到社会的唾弃。但是，这家饭店却对“小三”持欢迎态度，小三来了不用等候别的客人吃完饭，有优先享受座位的权利，这难道不是对社会嗤之以鼻的“小三”的一种公开接受和鼓励吗？所以，这一店名应该替换，先不说弘扬社会道义和文化，取店名，至少不能有违社会公德吧。

无独有偶，在株洲天元区滨江北路上，一“老花甲剽鸡”餐馆名也遭到市民的微词。我们认为，追求自由、新颖、奇特的个性化店名无可厚非，但不能恶俗。该店名以谐音“嫖”为亮点，来吸引市民的注意，这样做即便能吸引部分消费者上门光顾，也难掩其恶俗的气质。这种低级媚俗的店名，对社会风气影响较大，降低了文化品位，不仅妨碍了公众的生活，还对语言的健康和纯洁产生影响，最终损害的是城市的面子。试想两个小学生经过这家店，看到如此牛逼的店名来段对话：今晚去“老花甲剽鸡”吗？不知道的还以为世风日下呢。

此类店名还有如“跳跳蛙爱上老幺鸡”“香锅里辣”等，打着“文字游戏”旗号，实则游戏文字，哗众取宠，是对恶俗文化的推崇和肯定，会对青少年产生一定误导，是降低城市文化品位的一种行为，绝对不值得提倡，应该加以规范。而且，一个店的生意若要红火并长久，绝对不是靠一个店名就能成功的，红遍株洲的“坨子米粉”生意何其火爆？人家靠的是人吃人爱的产品，绝非什么奇葩个性的店名。反之，有着个性店名的商家，开门几个月草草收场的不在少数，根本原因还是在于产品和服务质量不达标，不受老百姓待见。

（三）错误翻译

有的店名除了中文外，还配有英文翻译，这并非不可，且已成为潮流与趋势。然而，如果配备英文翻译，那么其译文就得确保正确，最好能请专人把关，否则会闹笑话，产生不良效果。如图 2 – 11：

图 2–11　店名示例 3

“7 号码头”为湘潭县易俗河凤凰城楼盘旁边的店名。“7 号码头”正确的英文翻译应为“THE SEVENTH PIER”。

（四）采用生僻字

好的店名应该简单易懂，突出商品内涵，让人一看就知道这家商店出售的商品及特色，这样方能一下子吸引潜在顾客的眼光与注意力，并且便于口头传播，所以，建议店名不采用生僻字，然而却有例外，如图 2 – 12：

图 2–12　店名示例 4

请问哪位读者能正确读出上述面馆的名称来？好在经过考察，长株潭三地目前没有发现类似采用生僻字的店名。

（五）抄袭借用

个别店名存在抄袭借用现象，即直接借用某些人名、组织名或机构名。以此为店名，这种情况比篡改成语还严重，因为它严重违背了命名权，是对当事人的不尊，有哗众取宠之嫌，易引起人们的反感和厌恶。如湘潭市雨湖区砂子岭阳光山庄小巷进去不远处，一家名为“美联社”的形象工作室则属于这种现象。

美联社是美国最大的通讯社，为国际性通讯社之一。该商店以此为名，容易引起国际纠纷，建议有关部门能及时发现并制止这一行为，令其更改店名。

（六）读音拗口

店名多采用属名＋类别名组成，制作中应考虑读者读起来是否朗朗上口，不能产生拗口现象。如位于北京东燕郊行宫西大街28号有一家名为“燕郊幼幼幼儿园”，大家读一下这个幼儿园名称，是否有口吃的感觉？试想，别人问“小朋友，你在那个幼儿园上学啊？”答曰：“我在燕郊幼幼幼儿园”上学，不知道的大人会误以为孩子口吃，所以，这种现象须加以避免，店名读起来不能拗口。

二、建议

城市语言景观之店名与一座城市的语言状况密切相关，一定程度上反映着市民的文化素质，对城市软实力有着极为重要的影响，不能忽视。

店铺命名不能随意，得去工商部门审批备案。店名必须符合工商管理规定，只有营业执照注册的店名，才可以用作牌匾使用店名，二者应该相符，否则视为违反工商注册登记条例。但在实际操作中，如果一些小店没有办理相关营业手续便开张，监管起来相对较难。要改善这些过分个性的店名泛滥的情况，商家、媒体、群众和相关部门都要参与其中，对于屡纠不改的商家，应予以曝光，利用媒体和群众的力量给商家施压。同时，工商部门也要提高执法水平与力度，对于不健康、低俗的东西要提高辨别能力。文化品位的提高要靠全社会共同努力，共同打造城市亮丽文明的语言风景线。此外，从商家角度来说，店铺经营之道讲求以商品质量和服务取胜，稀奇古怪的店名，一时间也许能留住消费者的匆匆脚步，但一味讲求以奇怪店名取胜，终究难以长久。

经过上述调查分析，我们建议有关管理部门对店名予以审核，已有的不良店名勒令更改，错误的英文翻译责令改正，还市民、还城市干净的语言面貌。

第四节　户外广告语言现状调查

户外广告是在建筑物外表或街道、广场等室外公共场所设立的霓虹灯、广告牌、海报等。户外广告面向公众，所以比较难以选择具体目标对象，但是户外广告可以在固定的地点长时期展示企业的形象及品牌，因而对于提高企业和品牌的知名度十分有效。户外广告也属于城市语言景观的一部分，所以，对其进行考察，规范其所为，这对于城市形象的提升无疑也是至关重要的。

随着受教育程度的提高，人们的语言规范意识日益增强，对广告语也能做到规范制作和使用。为达效果，部分广告语言求新求异，在为市民所接受的同时，收到了应有的效果。如湘潭盘龙大酒店棋牌室广告：

图 2-13　户外广告示例 1

该广告利用谐音仿拟，仿成语“排忧解难”“乐在其中”，拟产生出新的语言表达方式。该广告将意欲表达的内容——“棋牌”，巧妙地融入原有成语中，并且为了凸显效果，同时也为了与原有成语区分开，特地加了引号，可以说语言巧妙，效果绝佳，此类广告我们认为是成功的。但是，根据所搜集到的语料，也发现存在不少问题：

一、粗俗封建

千年的封建思想残余和商品社会不应有的奢靡思想，有时也反映到部分广告语言当中。如湘潭市宝塔路与福星中路交叉口、木鱼湖公园对面一夜宵店打出一则广告：

图 2-14　户外广告示例 2

该广告话语粗俗。“天王盖地虎”为《智取威虎山》之土匪头子座山雕所说黑话，与现代文明社会格格不入，此其一；其二，言必称“老子”，此乃封建思想之糟粕，应该摒弃。

又如韩国 JJ 时尚女装广告：“漂亮的女人爱 JJ”和一则电杆广告“有奶不一定是娘，但有钱一定是爷”，其语言粗俗不堪。“漂亮的女人爱 JJ”有两个不妥之处：一是容易将人往尴尬处联想，给人以粗俗之感；二是语言歧视，将相貌一般的女人排除在外，这也是不妥的；有钱一定是爷，将人们往拜金主义方向引导，不值得提倡。如图 2－15：

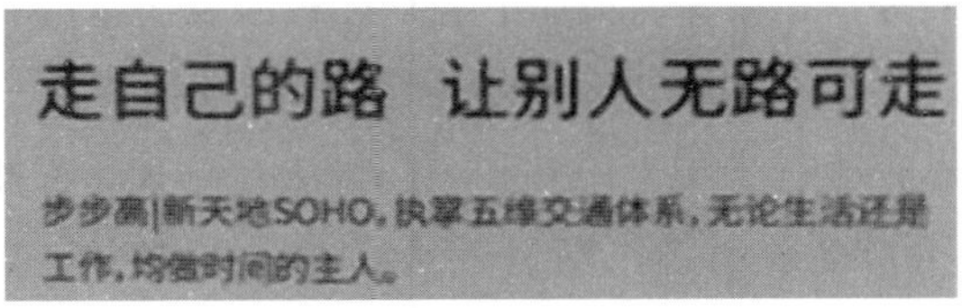

图 2-15　户外广告示例 3

这是湘潭九华步步高新天地楼盘广告，该广告词仿自名言“走自己的路，让别人去说吧”。将其更改为“让别人无路可走”，明显是一种粗俗的表现。你按照自己的思路建房和销售，这无话可说，可为什么要让别人无路可走呢？你又有何能力与本事让别人无路可走呢？此类广告印在宣传纸上到处散发，只能让人们平添几许厌恶，感到倒胃口，非但收不到应有效果，反而容易产生负面影响。

二、夸大其词

根据《中华人民共和国广告法》① 中“广告内容准则”之第三条：广告不得使用“国家级”“最高级”“最佳”等用语，而湘潭县易俗河凤凰城楼盘公交站广告则明显违反了这一条例，该广告右上角文字“学跆拳道来尚德，是您最正确的选择”（着重号为笔者所加）使用了最高级，明显违背了广告法，故需要纠正。

三、错误英译

有些广告印在车身上，形成流动广告，部分存在误译，如：“马迭尔冰棍”车厢广告中，将“手工制造”译成英文 FOOD HAND MADE，属于英译错误，其正确译文应为 hand – made food。

四、随意散发

以上我们从广告的内容上分析了广告语言问题，生活中还有与广告相关的另一问题，那就是广告的随意散发。走在街上，我们经常可以碰到发放医疗广告杂志、房产销售广告纸等，私家车窗玻璃上经常插有涉及快速贷款等内容的小卡片。对于此类广告，我们要么不接，要么接了后瞄一眼，然后随手一扔。这有损城市文明形象，此外，也有违《中华人民共和国广告法》中关于发小广告规定：

新法规：滥发小广告最高罚 3 万。新《广告法》规定，任何单位或者个人未经当事人同意或者请求，不得向其住宅、交通工具等发送广告，也不得以电子信息方式向其发送广告。利用互联网发布、发送广告，不得影响用户正常使用网络，确保一键关闭。违反以上两种者，将对广告主处 5000 元以上 3 万元以下的罚款。

所以，为了与文明城市相适应，建议相关部门对上述户外广告中的不良现象加以重视，坚守《广告法》底线不动摇，对于违反法律的广告语言和行为，发现一起，查处一起，坚决一查到底。

① 编写组．中华人民共和国广告法［Z］．法律出版社，2015.

第五节　户外标语现状调查

户外标语是语言生活的一个方面，和谐语言生活的构建离不开规范的户外标语，其建设水平的高低关系到社会的建设优劣。对一个城市、地区而言，户外标语直接关系到该城市、地区的外在形象，因此，分析当前户外标语存在的问题具有一定的现实意义（李衍明、丁安英，2017）。

考察发现，长株潭城市群户外标语总体情况非常好，图文并茂，文字工整对仗，读起来朗朗上口，给人以满满的正能量。如图 2－16：

图 2–16　户外标语示例 1

不过，有些户外标语也存在这样或那样的问题，具体有：

一、用语不文明

我国是一个文明古国，礼貌用语是每个公民应该遵守的美德，人人都要讲求语言文字文明，这也是良好素养的一种体现。但是，在某些标语中，存在语言不文明现象。如：

（1）时间和乳沟一样，挤一挤还是有的

（2）乱丢一下你试试

（3）停车放气

（4）消防通道 禁止停车 扎胎

（5）乱放垃圾不是人

（6）零消费抽大奖 全城裸奔 万商惠民

中国人讲求含蓄内敛。将配以低胸美女图片之“乳沟”堂而皇之展现在公众面前，对青少年难免产生不良影响；劝阻人们不乱扔垃圾，本来是一件好事，但示之以威胁口吻，让人产生一种恐惧心理，此乃语言不文明现象。例(3)－(5)属于户外非商业性标语中发表个人观点的个人性标语，多以手写体形式出现。这 3 例标语都表达了发布者对停车和乱倒垃圾现象的强烈愤慨之情，但发布者对这一现象的处置方式却显得过于极端，与社会主流价值观相违背；例(6)属于户外商业性标语。这是一场五金采购大会的宣传标语的部分内容。用“裸奔”一词，本意是想突出其影响力之深远，然而“裸奔”一词与采购会之间的关联度为零，这种情况下就只有搞笑取乐的效果，与实际购物的氛围不相符，有违人们的价值观（ibid）。

二、对名人名言的胡乱更改

习近平总书记的名言“绿水青山就是金山银山”可谓是家喻户晓，然而湘潭市 102 路一公交车车尾户外标语：“青山绿水就是金山银山”，恰好是对习近平总书记关于生态文明重要论述原话的误用。我们认为，伟人话语应保持其本真，不宜随便更改，而且光从语言形式上说，这种表达也不构成押韵，如图 2－17：

图 2–17 户外标语示例 2

附：习近平总书记“绿水青山就是金山银山”溯源：

2005 年 8 月 15 日，时任浙江省委书记的习近平总书记到安吉县天荒坪镇余村考察。在座谈会上，村干部介绍了关停污染环境的矿山，然后靠发展生态旅游借景发财，实现了“景美、户富、人和”。习近平总书记听了高兴地说：“我们过去讲，既要绿水青山，又要金山银山。其实，绿水青山就是金山银山。”

二〇一三年九月七日，习近平总书记在哈萨克斯坦纳扎尔巴耶夫大学发表演讲并回答学生们提出的问题，在谈到环境保护问题时他指出：“我们既要绿水青山，也要金山银山。宁要绿水青山，不要金山银山，而且绿水青山就是金山银山。”

十年后的 2015 年 3 月 24 日，习近平总书记主持召开中央政治局会议，通过了《关于加快推进生态文明建设的意见》，正式把“坚持绿水青山就是金山银山”的理念写进中央文件，成为指导中国加快推进生态文明建设的重要指导思想。

对名人名言、特别是伟人的话语引用，不宜随便更改，必须保持其原汁原味。一来是对伟人的尊重，二来也是语言严肃性的需要。

三、错误翻译

有的户外标语配上了英文翻译，但仔细一看，有些英文翻译存在错误，如图 2－18：

图 2-18　户外标语示例 3

上面这则户外标语的英文应该是机器翻译而成，“信”被误译为 letter（书信），“有信”被译为“有一封书信”，属于错译，正确的译文应该是：The conutry is strong and impartial. 又如下列两则标语及译文：

（1）一碗好面 温暖中国 A BOWL OF GOOD SURFACE WARM CHINA

（2）关爱未成年人 Beeter City，Better lufe

“一碗好面 温暖中国”的正确英译为 A bowl of good noodle warms China.。“关爱未成年人”下面的英文翻译文不对题，且译文本身存在错误，正确译文为 Take care of the under – aged people.

图 2–19　户外标语示例 4

图 2 –19 这则武陵源区户外标语明显存在英语胡乱翻译现象。首先，语法存在严重逻辑错误，其次，对于“红旗飘万代”限于字面理解。这其实是一个隐喻，具有特定的文化内涵，那就是坚持社会主义道路。如果直译成“red flag”，显然没有将其文化内涵翻译出来。在此，我们提供正确译文为：The adhering to the socialist road depends on the care of next generations.

户外标语关乎城市形象与居民素质。针对上述问题，我们认为，首先，要提高市民语言文化素养，确保文明用语，以高质量的语言示人，给城市干净、文明的语言形象；其次，要提升外语水平，确保户外标语的英文翻译正确无误。户外标语没有硬性规定必须加上英文翻译，但是一旦配以英文，必须确保其正确，错误的英文翻译，实乃画蛇添足，而且是错误之“足”，这是要避免的；最后，有关部门要提高管理意识和管理水平。低劣的户外标语，有时是市民无意识所犯，所以，高质量的户外标语，还需有关部门保驾护航，提升管理意识和管理水平，确保城市户外标语干净、整洁、高雅。

第六节　公示语现状调查

关于公示语语言问题专家学者已有较多论述，存在的主要问题是英译的不规范，长株潭城市群也存在少量公示语翻译不规范问题，如图：

图 2-20　公示语示例 1

图 2-21　公示语示例 2

“小卖部”直接译成 small buy（小小的购买），“请勿靠坐护栏”译为“不要依赖护栏”，图 2 - 22 为湘潭窑湾湘江河畔公示语，简直就是胡乱翻译。以上译文，贻笑大方，建议有关部门对公示语的英文翻译加以注意，要请英语专家过目审定后方可标上，否则让外国友人嘲笑国人英语水平，造成不良国际影响。

图 2-22　公示语示例 3

调查发现，公共场所标识语的英文翻译普遍存在的问题，在株洲也不少见。调查组来到位于株洲市的中南地区最大服装批发市场——株洲芦淞服装批发市场和“中国城”服装批发市场实地调研，发现部分公共场所标识语英文错译现象。如某服装店将“品牌介绍”译为 BRAND ABOUT，这恐怕是机器翻译出来的，稍微请教一下专业人士，应该不会范如此低级的错误。其正确译文应为 BRAND INTRODUCTION。最让人不能容忍的是服装城电梯口的经营指南，上面的英文几乎全错，令人汗颜，如图 2－23。

图 2-23　公示语示例 4

服装城公共卫生间的提示语，中文“来也匆匆，去也冲冲”，利用叠音词，以生动有趣的方式，善意提醒人们便后要冲水，以保持干净、卫生。然而，市场管理方将其误译为 Rush to have in，纯属胡乱翻译，我们宜将其译为“Flush after use”（便后请冲水）。英译虽然缺少中文的生动，但言简意赅，意思表达出来了，总比胡乱翻译要强。

图 2-24　公示语示例 5

图 2－24 是一则宾馆警示语，“小心烫伤”英译为 CAUTION SCALD，回译成汉语的意思是：小心伤疤。诚然，热水可能会烫伤，留下伤疤，但是这样翻译有失偏颇，不如译为：CAUTION//hot（小心烫）。又如图 2－25、2－26：

图 2-25　公示语示例 6

图 2-26　公示语示例 7

这是医院两则警示语。“小心地滑”译为 Take care your step（当心你的步伐），译文不准确，且存在语法错误；“料理间”其本意是用于整理的房间，误译为 Among the dishes（在盘子中间），简直就是胡乱翻译，让人难以容忍，建议分别翻译为 CAUTION//Slippery Surface 和 Sorting Room。

此外还有逐字翻译等问题。如株洲火车站的一块公示语牌将“下客处”译为 Bottom Guest，译文的意思是“底层的客人”，而中文公示语要表达的意思应该是 Set Down（在此下车）（刘丽珍、胡玢，2012）。笔者在某医院拍摄到两条标识语：“为了他人健康 请勿吸烟”和“谨防医托、小心受骗”，分别译成了 Do not smoke in order to other people’s health 和 Beware of Yituo careful。

此二则标识语存在英文语法错误，前一则宜改为：Do not smoke for the sake of other people’s health，或干脆就是 No Smoking 即可，因为包含二手烟在内的吸烟危害众所周知，没必要过多解释。在后一则中，医托是医疗骗子，是指经常出没于医院挂号处、医院大门附近、地铁口、火车站、汽车站、各大网络论坛、健康交流网站、正规医院及周边旅馆，用欺骗的方法引诱患者及家属，向患者及家属推介医疗服务或骗患者到一些无医疗资格的小诊所去看病，对患者进行恐吓、敲诈，甚至抢夺财物，从而牟取利益的人，他们往往诱骗患者乱服药。此警示语中将其译为汉语拼音 Yituo，显然没有将原意翻译出来，且此文还存在语法错误，应改为 Beware of hospital scalper。

图 2–27　公示语示例 8

图 2 –27 是笔者在湘潭乘坐出租车时拍摄的一条公示语。公示语的翻译也存在错误，应改为：Please make sure it is safe before opening the door.

由此可见，公示语英译错误现象，在长株潭城市群依然存在。此外，也有部分公示语存在语言过激现象，如“爱护公共卫生长年百岁 随地乱丢垃圾死儿绝女”。讲文明是应该提倡的，但应该是善意提醒为主，不应该恶语相加，以伤感情。整体而言，长株潭城市群公示语的主要问题在于翻译错误，这同时也是公示语的一个普遍问题，需要引起重视。

调查发现，长株潭城市群公示语主要问题在于其翻译不规范，这也是其他城市公示语中存在的通病。为此，我们强烈建议，采取必要措施，杜绝公示语翻译不规范现象，这需要齐抓共管才行。首先，源头杜绝。我们建议相关单位和个人在翻译公示语时，一定要请翻译专业人士把关，从源头上杜绝其翻译不规范问题，不能简单敷衍，随便在网上借助机器翻译而成；其次，措施弥补。作为补充，所在城市高校外语专业师生可以成立“城市语言景观翻译纠错小分队”，搜集、整理公示语中的外文错误，利用专业知识加以纠正，并提交给相关部门，要求其改正。我们相信，只要采取双管齐下的措施，公示语的问题一定会大为减少。

第七节　旅游景区标识语翻译现状调查

旅游景区标识语作为公示语系统的重要组成部分，体现了城市的国际形象，同时也是一座城市的名片，是国际友人获取信息的重要途径。公示语翻译水平的高低直接反映了一座城市国际化水平的高低。然而目前长株潭地区旅游景区标识语系统并不完善，翻译存在很多的问题，在一定程度上会给湖南省国际化发展带来一定的负面影响。因此规范旅游景区内标识语系统的中英翻译，对提高我国旅游景区标识语翻译质量，树立良好景区印象，打造良好国际形象具有举足轻重的作用（吴广等，2018）。为了解长株潭城市群旅游景区、特别是红色景区标识语翻译现状，我们特地做了调查，发现问题并提供参考译文。

一、湘潭市“三馆”文字介绍英文翻译考察

湘潭市博物馆、党史馆、规划展示馆为“三馆”合建，这一模式开创了国内展馆建设的先河。建筑设计立足于湘潭的地理环境和人文历史，以“山连大岳”为主题，寓意湘潭“格物致知”“经天纬地”的厚重文化和特色。红色的基座寓意红色的文化底蕴，白色的主体寓意厚重的湖湘文化内涵，外露的架构寓意湘潭人民敢于担当的精神，整体造型恰似一艘启航的航船。

博物馆定位为城市综合型博物馆，分湘潭故事、湘潭人物、湘潭风物、馆赏珍藏 4 个主题展区。党史馆位于湘潭市博物馆三楼，是集展览、征集收藏、研究、宣传教育、文化交流于一体的综合性展览馆。馆内分为序厅、觉醒、革

命、建设、改革、筑梦、湘潭群英谱7个部分，通过图片、文物和雕塑，并适当运用声、光、电等多种方式，全面再现了中国共产党在湘潭的发展历史。规划展示馆上下三层共15个展厅，通过城市概况介绍、总体规划、城市专项规划、互动体验等，全方位、多角度地展示了城市建设历史、城乡经济、文化成果和光明前景。这里拥有全国最大的CAVE三折幕剧场，在这里，不仅可以透过总规沙盘看到湘潭城区全貌，还可以参与各种互动体验，畅想湘潭城市远景。

湘潭“三馆”文字解说多为中英文双语，其语言现状如何？笔者做了实地调查，发现存在不少英文误译现象。如图2－28：

图2–28　旅游景区标识语示例1

在这幅《湘潭党史馆参观导览图》中，误译十分严重。如“序厅”译成了ORDER HALL（顺序大厅），“觉醒区”译成了WAKE HALL（wake为动词，不能修饰名词，而且须跟up搭配），“革命区”成了LEATHER LIFE ZONE（皮革生命区），“建设区”（BUILT AREA）的误译跟“觉醒区”相似，“改革区”变成了CHANGE AREA（变化区），如此等等，整个导览区，只有最后两个的译文是正确的，其他都是错误翻译。我们将其一一纠正如下：

序　厅：HALL FOR THE PREFACE

觉醒区：HALL FOR THE AWAKENNG OF THE PARTY

革命区：HALL FOR THE LIBERATION

建设区：HALL FOR THE CONSTRUCTION

改革区：HALL FOR THE REFORM

筑梦区：HALL FOR DREAM－BUILDING

人物区：HALL FOR THE REKNOWNED PEOPLE

尾厅：HALL FOR THE ENDING OF THE INTRODUCTION

下面，我们将所发现的湘潭“三馆”错误译文挑出来并提供正确译文。

（1）县治迁徙

宋元时期，中原和北方人口大量南迁传递来先进的观念和文化，经邦济世的学风推动了湘潭社会经济快速发展。至北宋中期，湘潭县治已由洛口迁入今市区城正街，由于交通日辟，商贸日繁，商税日增，商人队伍日益壮大，富室大族接踵继起，湘潭城区作为商业城市开始兴起，百姓生活趋于都市化。

Relocation of the County Seat

In the Song and Yuan①dynasties, the southward migration of a great number of people from the Central Plains and the northern China brought along advanced concepts and culture, and the academic atmosphere of administrating the state and benefiting the world propelled the rapid socio – economic development Xiangtan. By the ②mid – Song dynasty, the county seat of Xiangtan was moved from Luokou to ③the thoroughfare in the urban area of the present – day Xiangtan city. With the constant development of transportation, boom of commerce and trade, increase of commodity taxes, and the influx of merchants, wealthy and great families ④came one after another, the urban area of Xiangtan began to prosper as a commercial city, and people' s life gradually became urbanized.

此文有四处错误：①改为 Dynasties，因其为专名；②改为 Northern Song Dynasty，因为是“北宋”；③改为 Chengzheng Street，因“城正街”为专有街道名；④去掉此部分，因做 with 的宾语，共用 the influx。

（2）鸦片战争后

鸦片战争后，中国逐步沦为半殖民地半封建社会。在 1905 年，中国被辟为帝国主义的“寄港地”。民族工商业受挫，农村土地兼并加剧，军阀混战，社会动荡。富于革命传统和爱国主义精神的湘潭人民奋起抗争。以毛泽东为代表的先进青年，走出湘潭，接受新文化的洗礼，在寻求救国救民的真理中，接触和接受马克思主义，并向家乡传播，为中共湘潭地方组织的诞生提供了思想基础和组织条件。

After the Opium War

After the Opium War, China gradually became a semi – colonial and semi – feudal society. After being selected to be used as①a port of call by the imperialism, ② Xiang Tan witnessed a huge setback in its industry and commence, more intensive land merge in rural areas, warlords fighting and social unrest. Due to their tradition in revolution and patriotism, Xiangtan people rose up against them. Lots of young pioneers like Mao Zedong went out of Xiangtan ③to learn more cultures. They began to seek the truth that could save the country and the people, during which process, they got to know and accepted Marxism, and spread the knowledge to their homeland. It contributed to the birth of branches of CPC in Xiangtan with thoughts and strength. During this process, they got to know and accepted Marxism, and spread the knowledge to their homeland, which contributed to the birth of branches of CPC in Xiangtan with ④Ideological basis and Organizational conditions.

此文有四处错误：①中文“寄港地”加了引号，所以英语“a port of call”也需要加引号；②此处应改为 Xiangtan；③应改为 to study in New Culture Movement；④应改为 ideological basis and organizational conditions.

（3）金湘潭

明末清初的连年战争，给湘潭经济以毁灭性破坏。直至清代中后期，湘潭方又“富甲全省”，商业繁荣，赋税居全国之冠。江中帆樯林立，城区沿江码头近 40 处，店铺 4500 余家，街市鳞次栉比，日可获利五六百万。汇兑业、钱庄业、典当业发达，银票流通频率甚高，仅钱庄年汇兑以白银千万两计，故有“金湘潭”之称，世称“天下第一壮县”。

Golden Xiangtan

Successive wars at the end of the Ming dynasty and early Qing dynasty caused fatal damage to Xiangtan' s economy. It was not until the mid and late Qing dynasty that Xiangtan became the “wealthiest place in Hunan” again, with a great boom of commerce and tax revenues topping the whole country. Xiangtan was alive with sails and masts standing in great numbers in the river, nearly 40 docks dotted the riverside in the urban area, more than 4500 stores operating in the city, and streets running in close lines. The daily profit of Xiangtan reached 5 to 6 million taels of silver. Financial industry including remittance, banking and pawnbroking was highly developed, with a high circulation frequency of Bandar' s note. The remittance of private banks alone amounted to millions of taels of silver. This is why the place got its elegant name of "Golden Xiangtan" and was known as "the most powerful county in the world".

此介绍英文错误较多，就不一一列举，将错译修改后用划线标记。

（4）湘学崛起

宋至清代，湘潭不仅是四方货物云集之埠，也是文化思潮竞相激荡之地。南宋末年，为避战乱，江浙闽学者纷纷内迁湖南等内陆省份。胡安国、胡宏父子从荆州迁居湘潭碧泉，建碧泉书院，开坛讲学，招收门徒，首开“湖湘学派”之风。湖湘学派重修身之道，传经济之学，育济世人才，对湘潭文化教育的发展功勋卓著，促进了湘潭人才辈出，享誉全国。

From the Song dynasty to the Qing dynasty, Xiangtan was not only an important goods port but also a place where different cultural thoughts vied with each other. At the end of the Southern Song dynasty, to escape from the chaos caused by ①war, many scholars migrated from Jiangsu, Zhejiang and Fujian to inland provinces like Hunan. ②The father and son Hu Anguo and Hu Hong moved from Jingzhou to Biquan in Xiangtan and established the Biquan Academy of Classical Learning, where they recruited students, taught them classics, and began the "Huxiang School of Thoughts". This school of thoughts ③emphasized ways of cultivating one' s moral character, propagated economic theories, and nurtured talents who would benefit mankind. It has made outstanding contributions to the development of culture and education of Xiangtan, ④resulted in the emergence of a great number of talents from Xiangtan, ⑤and enjoyed fame throughout the whole country.

此段有五处错误。① 改为 the wars；②改为 The father Hu Anguo and his son Hu Hong；③改为 emphasized the moral character cultivation；④改为 resulting；⑤改为 who have。

(5) 结束语

湘潭，这方神奇的土地上，孕育出一代又一代伟人贤士，创造出风姿卓越的地域历史文化，彰显出敢为人先，务实图强，经邦济世的不懈追求。湘潭人酷爱莲花，养成中通外直的性格；兼容并蓄，迎来八方商贾的汇聚；务实图强，造就莲城的烟雨繁华；崇文尚教，滋养湖湘文化的传承。俱往矣，湘潭历史已成静影陈壁；看今朝，湘潭未来必将再续辉煌。

Conclusion

Xiangtan, this miraculous land, has nurtured generations of great people and distinguished talents, given birth to numerous legends about this wealthy and magical land, created uniquely charming local history and culture, and born witness to the constant pursuit of such spirits as broad - mindedness and moral integrity, ①daring to the first in the world, ②perseverance, and making contribution to the world. The people of Xiangtan love the lotus flower and have developed the personality of broad - mindedness and moral integrity. They are highly inclusive and tolerant, and are eager to see the congregation of merchants from all directions. They are down - to - earth and constantly strive for their goals, thus creating the prosperity of the City of Lotus. They advocate culture and education. And have nourished the continuity of Huxiang culture. When we look back, ③the past history of Xiangtan has become a jade under calm water; when we ④look at see the present, Xiangtan will surely continue its glory in the future.

①改为 daring to be the first；②改为 being perseverant；③改为 the past 或 the history；④改为 look at。

以上还只是一小部分，还有一些错误英译例子，囿于篇幅，不一一列举。

二、韶山旅游景区标识语英文翻译考察

距湘潭市 40 公里、长沙 100 公里的韶山，是一代伟人毛泽东的故乡，传说舜曾在这里演奏过韶乐，韶山因此而得名。现在，包含毛泽东同志故居、毛泽东同志纪念馆、毛泽东铜像广场、滴水洞等在内的韶山旅游景区，成了中外游

客瞻仰一代伟人的打卡圣地，也是国内红色教育基地。

为方便中外游客游览，景区景点介绍多采用中英双语。为了解这里的景区介绍语言情况，笔者拍摄了83幅图片，分析发现，其中没有语言问题的65幅，有语言问题的18幅，多为英译失误所致，现一一指出，并提供正确译文。

1. “毛泽东广场介绍”中“自建成开放以来”，译为since from the completion and opening to the public，应改为since the completion and opening to the public.

2. 旅游景点公示语：垃圾不落地 文明在手中，译成了Don’t throw rubbish on the ground in the hands of civilization，改为No littering for the sake of civilization.

3. 导向牌：毛泽东同志故居，译成了Comrade Mao Zedongs Former Residence。译文专有名词的所有格错误，宜改为Comrade Mao Zedong’s Former Residence.

4. “韶山全域旅游简介”中：

（1）韶山，位于湖南省中部，面积243.7平方公里，总人口12万。该句译成了Shaoshan is located in the centre of Hunan Province，covers an area of 243.7 km2，and has a population of 120，000。

这里有两处错误，一是语法问题，二是“平方公里”标识有误，宜改为：Located in the centre of Hunan Province，Shaoshan covers an area of 243.7 km^2 with a population of 120，000。

（2）韶山是全国人民和世界友人心驰神往的旅游胜地，译成了Shaoshan is a tourist attraction where people in China and friends from the world have a deep longing for.

该译文存在语法错误。根据英语语法，where不能作为介词for的宾语，宜将其改为which。

5. 路牌：迎宾路：Yingbin Rd. 宜改为Yingbin Lu。

6. 韶山宾馆提示牌：防滑，译成了：aroid slippery 应为CAUTION//Slippery Surface；小心烫伤：be careful of scald（小心伤疤）应为CAUTION//Hot。

7. 提示语：一枝一叶总关情，译为Keep Your Hands Of Branches And Leaves. 介词of错用，应为off。

8. 提示语“小心路滑”译为 Slippery When Wet，改为 CAUTION//Slippery Surface。

9. 景点介绍：1921 年春，毛泽东在火塘旁召开家庭会议，教育亲人投身中国人名的解放事业。It was by the side of the kit chen fire that Mao Zedong had gathered the whole family together for meetings. He encouraged them to devote the mselves to the cause of liberation of the Chinese people.

正确译文：It was by the side of the kitchen fire that Mao Zedong gathered the whole family together for meetings. He encouraged them to devote themselves to the cause of liberation of the Chinese people.

10. “横屋”介绍：毛泽东 1925 年在韶山开展农民运动和 1927 年考察韶山农民运动时，在这里召开过小型会议。

原译文：There were two small – scale meetings had been held here. the former took place when Mao Zedong launched the peasant movement at Shaoshan in 1925; the latter took place in 1927 when the Investigation of Peasant Movement of ShaoShan was carried out by him.

正确译文：Two small – scale meetings had been held here. The former took place when Mao Zedong launched the peasant movement in Shaoshan in 1925; the latter took place in 1927 when the Investigation of Peasant Movement of ShaoShan was carried out by him.

11. 提示语：参观故居 请走正门：Please Enter the Main Entrance to Vistit Mao Zedong’ s Former Residence。Vistit 单词拼写错误，改为：visit。

12. 指路牌：毛泽东同志故居：Comrade Mao Zedongs Former Residence，改为 Comrade Mao Zedong’ s Former Residence。

13. 韶山宾馆提示语：请勿吸烟，译为 Please don’ t smoking。对于如此常见的标识语，其翻译已经约定俗成了，译为 No Smoking 即可，译文错误简直不可容忍，严重影响了国人的外语水平。

14. 导向牌：滴水洞景区，译成了 Drip Cave Scenic spot。“滴水洞”为地名，不需要翻译，直译为 Dishuidong 即可；景区，宜用大写。该导向牌应译为 Dishuidong Scenic Spot，如图 2 – 29。

图 2-29　旅游景区标识语示例 2

15. 图片解说词：“毛泽东给在苏联学习的儿媳刘思齐写信，希望她注意身体……”。“注意身体”被译为 look after her health，应该译为 take care of herself。

16. 图片解说词：

He had a good penmanship and his calligraphy is unique. He loved watching operas, enjoyed snow, and observed plum blossoms... All these impersonal interests re ect he was forthright, sincere, and romantic great man.

图 2-30　旅游景区标识语示例 3

如图 2－30，最后一句表达错误，改为：All these impersonal interests reflect that he was a forthright and romantic great man.

17. 图片解说词：“毛泽东用过的北京牌黑白电视机”中，“电视机”译成“TV”，应该为 TV set。

18. “韶山毛泽东纪念馆研学旅行课堂分布图”中，如图 2－31：

我们随时为您提供服务，遇到突发事件，请及时与我们联系
In emergency,p;ease contact us without delay and we will right here fopr your service at any time.

图 2-31　旅游景区标识语示例 4

应改为：In emergency，please contact us without delay and we will right be here for your service.

三、刘少奇同志故居景点标识语英文翻译考察

刘少奇同志故居位于湖南省宁乡市花明楼炭子冲。1898 年 11 月 24 日，刘少奇诞生于此，并在此度过了童年和少年时代。故居在一座盖有茅草的栅栏门内的四合院中，为土木结构，泥砖墙上粉饰着糠壳泥，屋面是一半小青瓦、一半茅草。门前有清澈的池塘，屋后是山峦。刘少奇 1916 年去长沙读书以后，寒暑假回家居住。1961 年 5 月，他回家乡进行调查研究工作时，曾在此居住一周。“文化大革命”期间，故居被毁坏。1980 年对故居按原样进行了修复。当

年的卧室、书房、开调查会的横堂屋内展出了实物、照片数百件，重新对外开放，供人瞻仰参观。2016 年 12 月，湖南刘少奇故居被列入《全国红色旅游经典景区名录》。

调查组拍摄了刘少奇同志故居景点中英文介绍图片 116 幅，发现其中部分图片存在翻译错误，具体如下：

1. 图片介绍中：20 多年前，译成了 20 years before，应为 20 years ago。

2. 刘少奇伯父刘秉林故居，译成了 LIU SHAOQI UNCLE LIU BINLIN FORMER RESIDENCE，正确译文为：THE FORMER RESIDENCE OF LIU SHAOQI'S UNCLE LIU BINGLIN。

3. 图片：

图 2–32 旅游景区标识语示例 5

图 2 –32 中，直接译成：CAUTION//Deep Water（水深注意）即可。

4. "白区"不能直接译成 White Area，应该采用加注方式：White Area (the Kuomintang – controlled area during the Second Revolutionary Civil War, 1927 – 1937)

5. 图片介绍：

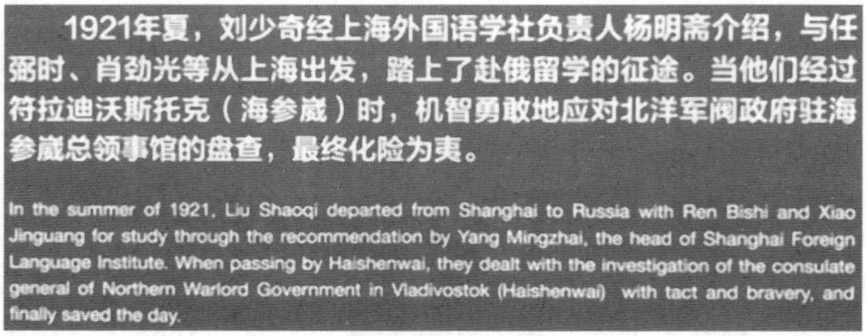

图 2–33 旅游景区标识语示例 6

图 2 –33 中，介绍的第一段出现语法错误，改为：In the summer of 1921, recommended by Yang Mingzhai, the head of Shanghai Foreign Language Institute, Liu Shaoqi departed from Shanghai and went to study in Russia.

6. 文字介绍：刘少奇率中国工会代表团出席

译文：Liu Shaoqi leading a delegation of Chinese Trade Union attended the congress.

问题：语法错误。

改译：Liu Shaoqi led a delegation of Chinese Trade Union and attended the congress.

7. 文字介绍：在中共七大上，刘少奇作《关于修改党章的报告》，对毛泽东思想作出科学概括，提出毛泽东思想就是马克思列宁主义的理论与中国革命实践之统一的思想。

此译文有两处错误：一是 thought 重复使用，二是动词短语时态和搭配错误，宜改为：

At the Seventh National Congress of the CPC, Liu Shaoqi delivered the "Report on the Revision of the Party Constitution" . In the report, he gave scientific summary of Mao Zedong Thought and defined the thought as the one that integrates the theory of Marxism – Leninism with the practice of the Chinese revolution.

8. 文字介绍中，"参军支前" 译为 joined the army 不完整。"支前" 为支援前线的简称，宜译出来。故本短语可以译为 joined the army and gave support to the battle

9. 文字介绍：他平易近人、和蔼可亲。利用开会、调查、视察、参加劳动和休假的机会，深入基层，了解人民群众的生活状况和劳动状况，与人民群众保持着休戚与共的血肉联系。

译文：As a leader of the Party and state, Liu Shaoqi always bore the people in mind and faithfully performed his powers and duties of a people' s servant. He was amiable and easy of approach. He attended meetings, conducted tours, and participated in labor even used vacations to get in touch with the community, find out more about the people' s living and working conditions, and stay in close touch with the people.

问题：①"利用……机会" 没有译出来；②even used vacations 前面缺主语；③"深入基层" 译文不准；④"休戚与共" 的感情色彩没有译出来。

划线部分改译为：Taking the opportunity of attending meetings, making investigations, conducting inspections and participating in labors, he went into the midst of the common people to find out more about the people' s living and working conditions, sharing weal and woe with the people.

10. 1936 年，刘少奇以“K. V.”、陶尚行、莫文华、吕文等笔名，在党内刊物“火线”及其他公开出版物上发表一系列阐述党的抗日民族统一战线政策和指导白区工作的文章。

译文：In 1936, under the pen names like “K. V.”, Tao Shangxing, Mo Wenhua and Lv Wen, Liu Shaoqi published a series of articles ①that discussing the policy of establishing the national unified front against Japanese aggression and guiding the work of ②White Area on the ③intraParty periodical *Fire Front* and other publications.

问题：①that discussing 语法错误；②White Area 译文错误；③intraParty 大写错误。

改译：In 1936, under the pen names like “K. V.”, Tao Shangxing, Mo Wenhua and Lv Wen, Liu Shaoqi published a series of articles on the intraparty periodical *Fire Front* and other publications to discuss the policy of establishing the national unified front against Japanese aggression and guiding the work of White Area (the Kuomintang – controlled area during the Second Revolutionary Civil War, 1927 – 1937).

11. 北京《晨报》：1922 年 9 月 18 日，刘少奇与路矿当局的谈判取得完全胜利。这是北京《晨报》对刘少奇与路矿当局谈判相关情况的报道。

译文：*Moming News* in Beijing: On September 18, 1922, Liu Shaoqi achieved a complete success in the negotiation with the Authority of Railways and Mines. This is the report from *Moming News* in Beijing revealing the relevant details of the negotiation between Liu Shaoqi and the Authority of Railways and Mines.

问题：单词错误。

改译：Morming 宜改为 Morning。

12. 标识语：水深危险 当心跌落

译文：DEPTH OF DANGEROUS BEWARE OF DECLINE

问题：用词不当，胡乱翻译。

改译：Danger//Deep Water

13. 炭子冲民俗文化陈列室介绍：……“吃毛家饭，喝刘家酒”是游韶山、花明楼时一种独特体验。刘少奇祖上酿造的酒品质极佳，当地享有盛名。

译文：“Have ①meal in the ②Mao family, ③have drink in the ④Liu family” is a kind of unique experience to travel around Shaoshan and ⑤Huaming Tower. The wine brewed by ancestors of Liu Shaoqi ⑥and enjoys great prestige locally.

问题：①meal 应该用名词复数形式；②“毛家饭”“刘家洭”没有译出本意。吃“毛家饭”是指在毛泽东故居品尝传统美食，喝“刘家酒”是指品尝刘少奇故居酿造的独特美酒；③“喝酒”表达有误；④表达不准；⑤“花明楼”为地名，应直译；⑥“当地享有盛名”译法有误。

改译：“Having traditional meals in the hometown of Mao Zedong，and drinking particular wine in the neighborhood of Liu Shaoqi” is a kind of unique experience while traveling around Shaoshan and Huaminglou. The wine brewed by ancestors of Liu Shaoqi enjoys great prestige locally.

14. 正堂屋介绍：……正堂屋设有神龛、上香凳、勤凳等物品。

译文：The articlea such as baldachine，stool for offering incense to buddha，hard stool and etc. are set up in the central room.

问题：①“物品”译文单词错误；②“佛像”翻译不准确。

改译：The articles such as baldachine，stool for offering incense to the statue of Buddha，hard stool and etc. are set up in the central room.

15. 1919 年 9 月，刘少奇在保定育德中学附设留法高等工艺预备班第三期学习，半工半读，为留法勤工俭学做准备。图为保定育德中学旧址。

译文：In September 1919，Liu Shaoqi went from Beijing to ①studiedy in Phase Three，Study – in – France Higher Craft Preparation Class，②Baoding Yuede Middle School with work – study program to make preparations for study in France. The photo shows the former site of Baoind Yude Middle School.

问题：①studiedy 单词错误；②“保定育德中学附设”翻译错误。

改译：In September 1919，Liu Shaoqi went to study in Phase Three，Study – in – France Higher Craft Preparation Class attached to Baoding Yuede Middle School，with work – study program to make preparations for study in France. The photo shows the former site of Baoind Yude Middle School.

16. 这块门匾是原花明楼公社炊事员在“文革”期间冒着风险保存下来的。

译文：This gate signboard was kept by a cook of the former ①Huaming Tower Commune ②through taking a risk during the Cultural Revolution.

问题：①“花明楼”为地名，应直译；②through taking a risk 译法有误。

改译：This gate signboard was kept by a cook of the former Huaminglou Commune by taking a risk during the Cultural Revolution.

17. 图为汉冶萍总工会成立大会合影。

译文：It' s the group photo taken at the founding conference of The photo shows the site of the Hanyeping Federation of Trade Unions.

问题：译文不通。

改译：It' s the group photo taken at the founding conference of the Hanyeping Federation of Trade Unions.

18. 1898 年 11 月 24 日，刘少奇出生在湖南宁乡花明楼炭子冲。出生时按家谱排字辈取名绍选，字渭璜。图为刘少奇故居全貌。

译文：On November 24, 1898, Liu Shaoqi was born in Tanzichong Village, Huaminglou Town, ① Ningxiang Town, Hunan Province. ② After born, he was named Shaoxuan according to the generation names on family tree, with a style name, Weihuang. The photo is about the full view of Liu Shaoqi' s former residence.

问题：①宁乡为县，不能译为 Ningxiang Town（宁乡镇）；②“出生时”英译错误。

改译：On November 24, 1898, Liu Shaoqi was born in Tanzichong Village, Huaminglou Town, Ningxiang County, Hunan Province. After his birth, he was named Shaoxuan according to the generation names on family tree, with a style name, Weihuang. The photo is about the full view of Liu Shaoqi' s former residence.

19. 随着华北抗日救亡运动的日益高涨，刘少奇深感迫切需要大批有丰富斗争经验的干部。

译文：Along with that the emotion of anti - Japanese movement ①rose, Liu Shaoqi felt that ②it urgently need a large number of carders with rich experience in fighting.

问题：①“高涨”译文错误；②“迫切需要”译文有误。

改译：Along with the high rise of the emotion of anti - Japanese movement, Liu Shaoqi felt that a large number of carders with rich fighting experience were urgently needed.

20. 修养亭：有两种不同译名：Cultivation Pavilion 和 Xiuyang Pavilion，建议统一改为：Cultivation Pavilion

21.《论共产党员的修养》有两种不同译文：On the Cultivation of Party Members 和 On the self - cultivation of a Communist，且英文都没有用斜体，建议

统一，改译：*On the Cultivation of Party Members*

22. 1945 年 12 月 10 日，刘少奇为柳亚子先生题词。

译文：Liu Shaoqi writing on inscription for Mr. Liu Yazi on Dec. 10，1945.

问题：所有格错误，用词错误。

改译：Liu Shaoqi’ s inscription for Mr. Liu Yazi on Dec. 10，1945.

23. 1939 年 7 月，毛泽东在给《解放日报》总编辑吴黎平的信中指示，尽快刊登刘少奇《论共产党员的修养》一文。

译文：In July 1939，Mao Zedong ①gaye instruction in his letter to editor – in – chief Wu Liping of ②Liberation Daily that Liu Shaoqi’ s On the Self – cultivation of a Communist be published as soon as possible.

问题：①单词错误。gaye 应为 gave；②报刊名未用斜体；③书名未用斜体。

改译：In July 1939，Mao Zedong gave instructions in his letter to editor – in – chief Wu Liping of *Liberation Daily* that Liu Shaoqi’ s *On the Self – cultivation of a Communist* be published as soon as possible.

24. 在此期间，他及时总结工人运动经验，撰写了《工会代表会》《工会基本组织》和《工会经济问题》等一系列关于工会建设的著作。

译文：During this period，he timely summarized the experience of the workers’ movement，wrote ①Trade Union Congress，②Trade Union Basic organization，③Trade Union Economics and a series of books on the union construction.

问题：书名未用斜体。

改译：During this period，he timely summarized the experience of the workers’ movement，wrote *Trade Union Congress*，*Trade Union Basic organization*，*Trade Union Economics* and a series of books on the union construction.

25. 他参加长征到达陕北后，组建中华全国总工会西北执行局并任委员长，有力地加强了陕甘宁边区的工会工作。

译文：After he participated in the Long March and arrived in northern ①Shaanxi，he established the Northwest Executive Board of the All – China Federation of Trade Unions and served as Chairman，effectively strengthening the work of the trade union in the ②Shaanxi – Gansu – Ningxia border region.

问题：地名错译。

改译：After he participated in the Long March and arrived in northern Shanxi， he established the Northwest Executive Board of the All – China Federation of Trade Unions and served as Chairman，effectively strengthening the work of the trade union in the Shanxi – Gansu – Ningxia border region.

26. 刘少奇工运历程专题馆建筑面积 330 平方米，馆内“中国工人运动的杰出领袖刘少奇”专题馆于 2019 年 11 月 24 日正式对社会公众开放。

译文：The area of theme exhibition hall of Shaoqi Liu’s workers’ movement is 330 square meters. The theme exhibition hall will be opened to the public on November，24th，2019.

问题：刘少奇姓名翻译不统一。

改译：The area of theme exhibition hall of Liu Shaoqi’s workers’ movement is 330 square meters. The theme exhibition will be opened to the public on November，24th，2019.

四、彭德怀同志纪念馆景点标识语英文翻译考察

彭德怀（1898—1974），原名得华，号石穿，1898 年 10 月 24 日出生于湖南省湘潭县石潭镇乌石寨彭家围子，1974 年 11 月 29 日 14 时 25 分在北京含冤辞世。彭德怀同志是伟大的无产阶级革命家、军事家、政治家、中国共产党、中华人民共和国与中国人民解放军的卓越领导人之一，中国人民解放军的缔造者之一，中华人民共和国的开国元勋之一。1955 年被授予元帅军衔和一级八一勋章、一级独立自由勋章、一级解放勋章。

彭德怀纪念馆位于湘潭县乌石镇彭德怀故居对面卧虎山，占地面积 8 公顷。其位置坐西朝东，背依乌石峰，前瞰广阔的田野，远眺起伏的群山，视野开阔，气势磅礴。纪念馆采用中国传统式庭院布局，富有浓厚地方色彩的马头墙门廊、青灰瓦屋顶以及灰白墙镶着的仿宋窗棂，既有古老的楚湘神韵，又有较强的时代感。序厅为一个宽敞的八边形，正墙由三组暗红色高浮雕组成，分别表现血战罗霄、百团大战、抗美援朝主题。正中是一座半身圆雕，塑造了解放战争时期的彭德怀。两侧是两组壁画，主题为“致力于军队革命化、现代化、正规化建设”“与人民群众心连心”。整个序厅以极富感染力的艺术作品，高度浓缩了彭德怀史诗般的英雄业绩和伟大的人格魅力。

调查组拍摄了彭德怀同志故居景点中英文介绍图片 38 幅，发现其中 3 幅存

在翻译错误，具体如下：

1. 参观须知：言语要文明礼貌；陈列室内不得摄影、摄像。

译文：Be ①Civilized；No photographing and camera shooting are prohibited in the ②Exhibition Hall.

问题：大写错误。

改译：Be civilized；photographing and camera shooting are prohibited in the exhibition hall.

2. 路牌：求是楼

译文：Qiushi Buliding

问题："求是"错译。

改译：Truth – seeking Building

3. 第一组：元帅挂甲 初心不改。始终坚信党、坚信人民。

译文：He still ①believed the ②party and the people.

问题：①动词 believe 误用；②"党"为专名，用大写。

改译：He still believed in the Party and the people.

五、湖南雷锋纪念馆标识语翻译考察

湖南雷锋纪念馆是全国爱国主义教育示范基地、国家 AAAA 级旅游景区。纪念馆由雷锋故居、雷锋生平事迹陈列馆、领袖名人题词碑廊、长沙国防人防教育馆、雷锋塑像、湖湘魂浮雕等景点组成，是一个集参观学习、主题教育、红色旅游于一体的综合性纪念馆。

调查组于 2020 年 9 月 12 日前往雷锋纪念馆参观，学习之余，拍摄景区介绍图片 62 幅，其中 18 幅存在英语误译现象，具体如下：

1. 过去的生活，把我折磨得人不像人，鬼不像鬼……伟大的共产党和英明的毛主席把我从苦海中拯救，给我吃的、穿的，送我读书，给我带来了无穷的温暖和幸福，党像慈母一样，哺育着我长大成人。——摘自《雷锋日记》

译文：Life in the past，tortured me people are not people，unlike ghost ghost. The great Communist Party and Chairman Mao put me wise from sea to save，give me to eat，wear，send me to school，bring endless warmth and happiness to my party，as a mother，I grew up to be nurtured people. ——From the "Lei Feng's diary"

问题：这段摘自雷锋故居的译文完全是机器翻译成的，词法、语法全部不对。

改译：The life in the past tortured me into a nonperson or a non – ghost. The great Communist Party and Chairman Mao saved me from the sea of bitterness by giving me food and clothes as well as sending me to study, which brings me endless warmth and happiness, the Communist Party nurtured me, like a loving mother, to grow up.

2. 苦难的童年

雷锋，原名雷正兴，乳名庚伢子。1940 年 12 月 18 日出生于湖南省长沙县望岳乡（今雷锋镇）一户贫苦的农民家庭。在黑暗的旧中国，雷锋一家上无片瓦、下无寸土，受尽了地主阶级的剥削和压迫。从 1943 年至 1947 年，雷锋的祖父、父亲、哥哥、弟弟、母亲五位亲人先后惨死，不满 7 岁的小雷锋孤苦伶仃的在死亡线上挣扎。

译文：childhood sufferings

Lei Feng, is formerly known as Lei Zhengxing, whose ①nickname is ②yazi. ③Born in December 18, 1940 in a poor peasant family Wang Yue Xiang (now ④Le Feng) Changsha County, Hunan province. In the darkness of ⑤the old Chinese, without a roof over their heads, a Lei Feng, suffered the oppression and exploitation of the landlord class. From 1943 to 1947, Lei Feng´s grandfather, father, brother, mother and five relatives died, leaving a lonely and helpless 7 – year – old Lei Feng.

问题：这个译文有五处错误：①“乳名”译成了“绰号”，显然不对；②“庚伢子”译文不全；③“望岳乡”译文错误；④“雷锋镇”译文错误；⑤“黑暗的旧中国”译文错误，等等。

改译：Lei Feng, with an infant name of “Geng yazi”, was called Lei Zhengxing by the primitive name. On December 18, 1940, he was born into a poor peasant family in Wang Yue County (now called Lei Feng County), Changsha, Hunan. In the darkness of the old China, suffering the oppression and exploitation of the landlord class, the family of Lei Feng had neither house to live in nor land to till. From 1943 to 1947, five relatives of Lei Feng, namely, his grandfather, father, elder brother, younger brother and his mother died in succession, leaving the lonely and helpless 7 –

year – old Lei Feng struggling on the dead line.

3. 碗筷柜：雷锋家的餐具。这些碗都是地主唐四滚子家用坏丢弃后捡来的。

译文：Tableware cabinet：The Leifeng family tableware. The bowl is to pick the four roller Tanghome bad discard after.

问题：此句纯属胡乱翻译。

改译：The tableware of the family of Lei Feng. The bowls were picked back and reused after they were worn out and discarded by the landlord of Tangsigunzi.

4. 雷锋故居平面示意图

1950 年，在土地改革中，党和政府将没收的地主庄屋中雷锋一家佃住的三间茅草房分给了雷锋。图中浅黄色区域为雷锋故居，灰色区域为地主唐四滚子的庄屋。

译文：Note：①in 1950，in the land reform，the party and the government ②will Lei Feng confiscated landlords Zhuang Wu a tenant living three thatched cottages to Lei Feng. In pale yellow area is the former residence of Lei Feng，gray area for the landlord ③four roller Tang Zhuang wu.

问题：①介词 in 首字母应该大写；②句法有误；③译名错误。

改译：In the land reform of 1950，the party and the government allocated to Lei Feng three thatched cottages which were rented by the family of Lei Feng and later confiscated from landlords. In pale yellow area is the former residence of Lei Feng，and gray area，the house of the landlord of Tangsigunzi.

5. 万恶的旧社会，把穷人逼成鬼，凶恶的三大敌人，害得人民妻离子散，家破人亡……我的爸爸就是被日本鬼子毒打后死的，我的母亲是被地主迫害而逼得自杀的，我的哥哥死在反动的资本家手里，弟弟被活活的饿死……这个血海深仇，使我永远铭记在心。　摘自《雷锋日记》

译文：①The evil of the old society made the poor ghosts. ②Three fierce enemy force many families to break up. ③My father died after being beaten by the Japanese. ④My mother was forced to kill herself by the landlords. My elder brother died in the hands of reactionary capitalists，and my younger brother was starved to death…I will always bear the blood feud in mind.

问题：①evil 应用作形容词；②enemy 应用复数；③表达不准确；④“迫

害”未翻译出来。

改译：The evil old society made the poor ghosts. Three fierce enemies force many families to break up. My father was beaten to death by the Japanese. My mother was persecuted to kill herself by the landlords. My elder brother died in the hands of reactionary capitalists, and my younger brother was starved to death…I will always bear the blood feud in mind.

6. 从 1943 年到 1947 年，祖父、父亲、哥哥、弟弟、母亲相继离世，不满七岁成为孤儿。先后被六叔祖父等亲属收养。

译文：①Between 1943 and 1947, his grandfather, father, elder brother, younger brother, and mother passed away ②in this order. He ③was an orphan at seven years old. He was adopted by relatives ④including his granduncle.

问题：①从……到……，应译成 from…to…；②相继：应译成 in succession；③“成为孤儿”动词错译；④“六叔祖父”错译。

改译：From 1943 to 1947, his grandfather, father, elder brother, younger brother, and his mother passed away in succession. He became an orphan at seven years old. He was successively adopted by his relatives such as his sixth uncle, his grandfather and so on.

7. 四到五月，为迎接解放，在长沙市溁湾镇一带，张贴革命标语。

译文：April – May: He posted revolutionary slogans near Yingwan Town, Changsha city to celebrate liberation.

问题：“溁湾镇”地名错译。据记载，溁湾镇位于湖南省长沙市岳麓区湘江西岸，东起老码头，西接溁湾桥，南至橘子洲大桥通程广场，现属于望月湖街道。据《长沙府岳麓志》：“溁湾水出麓山左自之字港来，曲折数十里为溁湾港，可通舟。滨江三里穿孔，道绕溁湾市北以出，将入大江。”如今溁湾水早已淤塞，溁湾桥也已不存在，桥为明嘉靖元年（1522）吉简王所建。镇南周家台子为新民学会旧址。溁湾镇古称溁湾市，是长沙古代最早形成的集市之一，今溁湾镇为岳麓区的商业中心区。2009 年开工，2014 年 4 月 29 日运营的长沙地铁 2 号线已在溁湾镇设有溁湾镇站（与长沙地铁 4 号线换乘）。由此可见，溁湾镇属于望月街道，不是一个镇，因此不能译成 Yingwan Town，宜直译。

改译：April – May: He posted revolutionary slogans near Yingwan Zhen, Changsha city to celebrate liberation.

8. 春：参加团山湖农场的开垦建设工程。在团山湖农场学开拖拉机。

译文：Spring：He participated in ①Tuanshanhu Farm reclamation and construction and learned to ②operate tractors.

问题：①语序不对；②“开拖拉机”动词错用。

改译：Spring：He participated in the reclamation and construction of Tuanshanhu Farm and learned to drive tractors.

9. 10 月：参加望城区（1954 年 5 月由长沙县析出建县）安庆乡扫盲运动，到农民夜校当“小先生”。

译文：October：He participated in an Anqing Township，Wangcheng County literacy campaign. In May 1951，the Wangcheng area，was detached from Changsha County to become a separate county. He attended peasant night school as a “small tutor”.

问题：此译文用词不准，存在逻辑错误。

改译：October：He participated in the literacy elimination campaign in Anqing Township，Wangcheng County，which was detached from Changsha County to become a separate county. At the same time，he worked as a “small tutor” at the peasant night school.

10. 雷锋故居参观须知

译文：Tips to Visit the Former Residence of Lei Feng

问题：介词搭配错误

改译：Tips on Visiting the Former Residence of Lei Feng

除了对雷锋纪念馆和雷锋故居的考察外，我们还考察了湖南党史陈列馆。该馆紧邻长沙市雷锋纪念馆，建筑面积 15000 平方米，展厅面积 6000 平方米，总投资 1.5 亿元。湖南党史陈列馆设计为一座大型省级综合性展览馆，于 2011 年 12 月开工建设，功能主要包括陈列展览、宣传教育、资料文物存储、研究培训等方面。陈列馆重点展示中共湖南地方组织的发展历程和湖南党史军史人物的光辉业绩，展现党在湖南领导人民进行革命、建设和改革所取得的辉煌成就和宝贵经验。对湖南党史陈列馆介绍英译现状进行调查，发现整体情况不错，但也存在少量误译。如下：

1. “红旗卷起农奴戟，黑手高悬霸王鞭。”

译文：“The red ①fag roused the serf，halberd in hand，②While the…”

问题：①单词拼写错误；②字母大写误用。

改译："The red flag roused the serf，halberd in hand，while the …"

2. ……开创富民强省的新局面。

译文：…All this made the people richer and the problem stronger.

问题：problem 用词不当。

改译：…create a new situation for enriching the people and strengthening the province.

六、湘西部分旅游景区标识语英文翻译考察

以上，我们对长株潭地区旅游景区标识语作了考察，然三地以外的情况如何？我们也略作涉及，算是为后续研究作铺垫吧。

作为湖南西部一颗璀璨明珠，湘西人杰地灵，是红色教育基地。这里有芷江抗日受降纪念坊、粟裕同志故居和纪念馆、通道转兵纪念馆和湘鄂川黔革命根据地。2020 年 7 月初，笔者利用参加湖南省高校工委党校异地教学和党性锻炼的机会，参观了上述地区，并搜集了一些景区图片。与其他纪念馆介绍稍有不同的是，这些红色景区英文介绍很少，但是也发现不少问题。

1. 芷江受降纪念坊：总司令何应钦曾在此多次主持召开了重大的中国陆军高级军事会议：General He Yingqin conducted many important high－level military meeting of China army here. meeting 应为复数 meetings。

2. 景点标识语：残疾人厕所：The special toilet。译文意思是"特殊的厕所"，与原意不符。根据《公共服务领域英文译写指南》中关于"同一功能设施不同场合不同处理"办法，应译成 Disabled Only，因为这个标志就设在厕所附近，"厕所"就不必译出，可以直接译为 Disabled Only，以表示残疾人专用；同理，"残疾人电梯"也宜采取类似方法。

3. 地面标志："出口"，译成 export，应为 Exit。

4. 游客止步：visitors to stop，改为 No Open to Visitors 或 No Visitors Allowed。

5. 小心地滑：Be careful slide，改为 CAUTION//Slippery。

6. 公示语：环境美如画 全靠你我他，译为 I rely on you as the environment，he。这属于胡乱翻译，可以译成 The beautiful environment depends on us。

7. 公示语：爱护公物 人人有责：Take good care of public property，is everyone' responsibility 语法错误，改为 Please Show Respect for Public Facilities，如图 2－34：

图 2-34　旅游景区标识语示例 7

8. 粟裕同志故居简介：

粟裕同志故居和纪念馆位于会同县坪村镇枫木村，距县城约 8 公里，距 209 国道 0.5 公里、包茂高速怀通段坪村出口 2.5 公里，交通极为方便。旅游区分为粟裕同志纪念馆、粟裕同志故居两部分。纪念馆原馆建于 1987 年 4 月，馆名由原国家主席杨尚昆题写，2014 年 9 月搬迁落成于现址，占地面积约 2600 余平方米。故居现存房屋为东院正屋，建于清光绪年间，占地约 416 平方米，分为"品"字形前厅、"一"字天井、正屋和横仓楼，1907 年 8 月 10 日，粟裕就出生在横仓楼的一间房屋。故居现为湖南省重点文物保护单位，故居和纪念馆现为国家国防教育基地、湖南省爱国主义教育基地、湖南省廉政文化教育基地。

这段文字原译文错误多多，主要错误类型有：①标点错误；②空格缺失；③英文大小写错误；④单词拼写错误。勘误后的译文为：

Located in Fengmu Village，Pingcun Town，Huitong County，8 kilometers from the county seat，0. 5 kilometers from the National Highway 209，and 2. 5 kilometers form Pingcun exit of the Huaihua－to－Tonogdao section of the Baotou－Maoming Expressway，the tourism area，which consists of two parts：Su Yu' s memorial Hall and Su Yu' s former residence，has very convenient transportation. With its predecessor built in April 1987 and its name inscribed by former State President Yang Shangkun，the memorial hall was relocated here in September 2014，covering an area of about 2，600 square meters. The Former Residence at present is the existing house ——the main house in the east courtyard，which，built in the Guangxu reign of the

Qing Dynasty, covers an area of about 416 square meters and is divided into the "品" shaped lobby, the "一" shaped patio, the main building and the Hengcang house, in one room of which, Su Yu was born on 10, August, 1907. Now, the Former Residence is a major historical and cultural site under special protection in Hunan Province. The Former Residence, together with the Memorial Hall, is national defense education base, the patriotism education base, as well as the base of the education of a clean and honest administration.

9. 《何应钦办公室旧址简介》为标题，实词应该大写：A Brief Introduction to He Yingqin' s Office

10. 通道转兵纪念馆有一则提示语：小心台阶，译成了 Be careful steps，宜改为：Caution//Steps。

11. 1945 年 8 月 9 日，毛泽东在《新华日报》发表《对日寇的最后一战》申明……原译文为：On August 9, 1945, Mao Zedong published his statement form the report of the *Xinhua Daily* "The Last Round with the Japanese Invaders" …

正确译文：On August 9, 1945, Mao Zedong published in *Xinhua Daily* his statement of "The Last Round of Battle against the Japanese Invaders" …

七、阳朔地区标识语英文翻译考察

以上，我们对长株潭及周边地区旅游景区标识语作了考察，作为对比，我们对桂林阳朔地区标识语英文翻译现状也作了考察。

随着中国加入世界贸易组织和对外开放的进一步深化，我国经济迅速发展，并逐步与世界接轨。中国人要了解世界，世界要了解中国，从某种意义上来讲，对外宣传在这一过程中起着不可替代的作用。而翻译作为对外宣传的重要途径，在这一过程中起着桥梁和纽带的作用，它的效果的好与坏，直接关系到中国和世界相互了解的程度，效果好，了解就深，效果不好，了解就不会多，甚至容易产生误解，给双方带来负面影响。

"桂林山水甲天下，阳朔山水甲桂林"。作为享誉全球的风景旅游名胜区，桂林阳朔成了国内外游客竞相前往参观之地，尤其是在阳朔的西街上，每天来自不同国度、有着不同肤色的外国友人摩肩接踵，购物、旅游度假、休闲。当地旅店、商店招牌、产品介绍都是中英双语，浓郁的乡土气息、令人怀旧的古香古色和灯红酒绿的酒吧文化交相辉映，独特的异域风情令人流连忘返，西街成了一条名副其实的“洋人街”。当地一些旅游景点为了推广旅游项目，也不失时机地纷纷印制《旅游景点小指南》，上面中英文兼有，图文并茂，印刷精美，一般置于旅店供客人自取，也有人在街上散发。利用在西街带英语专业学生进行英语口语实习机会，我们收集了不少此类小指南。在欣赏指南上美丽风景的同时，发现不少翻译文本很不规范，存在许多错误，某些翻译漏洞百出，给对外宣传造成不良影响，有损中国形象。

我们认为，出现这些误译的主要原因是由于译者忽略了汉语和英语在语言文化上的差异，忽略了受众的文化心理和审美习惯，一味地将汉语思维模式和审美要求强加于英译文之上，按照汉语字面意思和语法结构对号入座，牵强附会地“套译”（万正方等，2004）。这种现象反映到语言表层形式上，表现为语法错误、用词不当、中式英语、文化误解、译名不统一等错误翻译。当然，这些错误的翻译中有相当一部分是由于疏忽大意造成的拼写错误或遗漏。通过考察，我们指出错误并提供修改意见，以期引起有关部门的重视。具体错误类型如下：

（一）无英文译文

一些旅游小指南上只有中文，没有相应的英文译文，这样一来，信息传递就存在障碍，外国游客由于语言问题无法理解上面的内容，小指南也就达不到向外国游客宣传介绍旅游景点的目的。这样的指南有：《龙颈河漂流》《漓江古东景区》《世外桃源》等。鉴于此，我们建议在上面加上相应的英语译文。

（二）中文介绍和英文译文不一致

有的小指南看似中英文都有，但仔细一瞧，二者完全是两码事。如《遇龙河竹筏漂流》中是这样介绍的：

《遇龙河简介》

遇龙河景区是阳朔最大的纯自然山水公园，是漓江在阳朔境内最长的一条支流，全长43.5公里，河水清澈见底，游鱼可数；两岸石山林立，奇峰环抱，碧水索回，和着天光云影倒影水中，形成了一幅幅美丽的立体自然景观。风光迷人，素有“小漓江”之称，不是漓江，胜似漓江。而遇龙河漂游，被视为挡不住的诱惑，在这里定让您一生都无法忘怀……

Foreign investors in Guilin will enjoy not only the preferential po - ices stipulated by the state granted to foreign investors, but so the prefer - ential policies for Western China Development and the special policies granted to the minority autonomous regions. Investors who invest in Guilin New and High - tech Development Zone will enjoy the preferential policies for New and High - tech Development Zone.

景点中文介绍成了投资广告，完全文不对题。不是说不能写投资广告，但作为景点宣传，左侧的中文介绍和右侧的英文译文应该保持一致，相互对应，投资广告可以另写的。

（三）译文不全

翻译讲究的是忠实、通顺，但有的小指南却没有做到这点。如《碧莲峰》中，“……留下了大量的锦绣诗文墨宝”就缺乏英文译文；《遇龙河》译文过于简单，且没有突出景点介绍；《桂林导游图》中的《漓江介绍》一部分中有一句：“唐代大诗人韩愈曾以‘江作青罗带，山如碧玉簪的诗句来赞美这条如诗似画的漓江”。与之相对应的英文翻译为：

Hanyu, a great poet in Tang Dynasty, had written a hymn to praise the beautiful scenery.

大诗人的佳句显然没有译出来，无法让外籍游客从文字中领略到自然的优美风光，从而缺少一种诱惑力，宣传的效果，要逊色不少。

（四）中式英语，不伦不类

中式英语即“望文生义，不符合英语表达习惯的翻译”（丁衡祁，2002：44）。这在小指南中随处可见。例如《山水园》中有一句：“……数十位国家领导人都曾到山水园游览”，此句的英译文是：

…there are hundreds of famous people and state leaders visited the garden.

这是典型的中式英语的句子，应改为 dozens of State leaders have visited the Garden.

（五）景点名翻译不准

阳朔属于喀斯特地貌，岩洞颇多，洞内经千万年生成的钟乳石奇形怪状，甚为有趣，人们假以想象，给它们取了一个个名字，这些名字的翻译往往存在不少问题，主要还是不准确，达不到传神目的。如漓江的一座山上有一块岩石，其形像一少妇背着小孩在翘首观望，取名“望夫石”。该导游图将它翻译为“Wangfu Rock"，这显然不妥，还不如译为 Husband – yearning Rock；另一景点“浪石烟雨”的译文是“ Langshi Scenery”，这令人费解，Langshi 是什么意思？地名吗？不是，原来它是因“浪与石交融且烟雨朦胧，仿佛海边奇景”而得名，所以它的翻译就不能借鉴汉语拼音来翻译，那样译是不对的。

《蝴蝶泉》中一景点“蝶缘”译为 The Garden of Butterfly，变成了“蝶园”，“梁祝化蝶”译为 Liangzhu become the Butterfly change into。抛开语法错误不说，中国传统爱情悲剧中的主人公梁山伯与祝英台的故事虽然不能在这小小的文字中翻译出来，但是外籍游客并不知道 Liangzhu 是谁，翻译时碰到文化障碍了，可以采取加注的办法来译：Two lovers – Liang and Zhu Changing into Butterflies.

类似的景点翻译不准确的问题在其他许多地方都存在，如《龙门水岩》中，“雷锋塔”译为 Tower（塔），“寡妇申冤”译为 Widow with child（带小孩的寡妇），“野猪出洞”：Wild pig（野猪），“屈原投江”：Qu Yuan Diving into the river（屈原潜水），“玉蝶展翅”为 Butterfly spring（蝴蝶泉），“梁山 108 好汉”是 Liang shan 108 brothers（梁山 108 个兄弟）。以上种种译文将中国的传统文化丢失殆尽，外国游客看了之后一头雾水，茫然不知所措，哪里还谈什么宣传效果。

如果说景点名因为文化差异而不好翻译而情有可原的话，那么在许多小指南中出现的各种各样的语法、用词、句法等错误则太不应该了。归类如下：

（六）单词大小写错误、拼写错误，单词遗漏及标点错误

1. 单词大小写错误

旅游小指南上有许多地名，它们都是专有名词，按理都应该大写才对，但是上面用小写的情况比比皆是。如：

中：乐满地主题公园

英：Guilin Merryland theme Pack.（ theme→ Theme）（Pak→Park）

中：流经桂林、阳朔、平乐至梧州

英：passing through Guilin，Yangshuo，Pingyue and wuzhou（wuzhou → Wuzhou）

在《龙门水岩》中的《龙门水岩游览示意图》上所列的 67 个景点里面，其中有 42 处英译地名没有用大写。

2. 单词拼写错误

这类错误有错用连字符、多加字母、字母遗漏、单词拼错等。

中：四个主要少数民族

英：four main local minority nati – onalities（nati – onalities→nationalities）

中：秦代著名的水利工程

英：the famous watter conservancy ot Qin Dynasty（watter→water）（ot→of）

中：从桂林至阳朔

英：form Guilin to Yangshuo（form→from）

中：乌龟爬山

英：Tortoise Climing up the Hill（Climing→Climbing）

中：金桔和板栗

英：Chestnut and Ku – m quat（Chestnut and Kumquat）

中：九曲桥

英：Winding Bridge（ bridge→bridge）

中：金鸡山

英：Gold Cock Hill（Gold→Golden）

中：一个真正的冒险者的天堂

英：A ture adventurer' s paradise（ture→true）

3. 单词遗漏

《山水园》之《珍奇赏玩》中有一句：

In the garden，there are rare stone gallery and mini scape rooms，where you can see a lot strange stones and flowers. 此句中 a lot 后面漏写介词 of。

《天下第一泉》中一句：You can the story of Liang – Zhu – Romeo and juliet in China，其中 the 前面遗漏了 listen to；另一句 It is really a place you to feel the nature. "you" 前面少了介词 "for"。

4. 标点错误

《渔鹰捕鱼生态游》中一句：

Fishing with cormorants, Is a traditional and ancient fishing fashion. 句中的逗号不应该要，Is 改为 is。

像这样的标点错误只要稍加仔细检查就可以避免，但是由于粗心，给印刷精美的小指南平添了一点瑕疵，实属不该。

（七）语法错误

常见的语法错误有单词错用、词性滥用、错用名词单复数、时态错用、语态错用、使用错误的动词形式等。

1. 单词错用

例："在空中停留时间约为 10 分钟左右"被译为：It will take about 10 minutes in the sky。我们认为应该用动词 stay，句式也略做调整，建议改为：It will stay in the sky for about10 minutes.

2. 词性滥用

例：《梁祝》歌舞实景演出，让您远离喧嚣，回归自然。此句译成了：

You can butterfly Lover – Romeo and Juliet in East, it is a really a place you to feel the nature.

句中 butterfly 一般不作动词使用，此外，a really a 存在拼写错误和用词不当的问题。建议改为：

The song and dance performance of Liang shanbo and Zhu yingtai given in the real natural scene keeps you away from clamor and brings you back to the nature.

又如：较具代表性的有佛学大师鉴真和尚五次东渡日本时驻足的鉴真寺。被译成：

One of most representative sites is Jian Zhen Temple, where Great Buddhism Master stayed on his fifth traveled to Japan.

显然，此句有两处错误，按题意，fifth 应改为 five，traveled 改为 travels。

再如：广场位于市中心，占地 51400 平方米，是桂林市人民节假日欢聚之场所。其英文译文为：

Located in the city center and covers 51400 square meters, the City Center Square is a public place for Guilin people to happy gather in festivals and holidays.

covers 应改为 covering，happy gather 应改为 gather happily。

3. 错用名词单复数

中：阳朔名果特产有：沙田抽、金桔、板栗和柿子，被誉为“阳朔四宝”。

英：The agricultural famous products is：Shatian Pomelo，Chestmut，Ku – mquat，Dried Peraimme.

此处错误有二，单词拼写错误和名词单复数错用，建议改为：

The agricultural famous products are：Shatian Pomelo，Chestnut，Kumquat and Dried Persimmon.

4. 时态错用

在 Bamboo – rafting will take 2 to 2. 5 hours 中，我们应该使用一般现在时来表示一个经常发生的动作或客观事实，建议将 will take 改为 takes。

在《菩萨水岩》中有一句：…and the inside cave still included more inner caves。句中不能用过去时，表示客观事实用一般现在时。

5. 语态错用

《桂林阳朔飞翔热气球俱乐部》中有一句：“系留飞行即是垂直起降”，它被译为：Tethered fly also call vertical takeoff and landing，将 also call 改为 is also called。

6. 使用错误的动词形式

1）Free night is fly away over the sky 句中的 fly 改为 flying。

2）Butterfly Spring also has natural waterfall，good melodies echoed among mountains. 句中的 echoed 应改为 echoing。

在《菩萨水岩》中有一句：You can boating or swimming and enjoy a shower under the waterfall. 句中的动名词 boating or swimming 要改为动词原形 boat or swim。

（八）错误百出的翻译

有些翻译错误百出，我们甚至不知该如何明确定义它们，现一一罗列出来。

《银子岩—世外桃源》

世外桃源景区游览主题源于陶渊明之《桃花源记》，集风光、民俗、民寨大观为一体。整个景区没有围墙、篱笆，完全与良田、村舍连在一起，形成一个天然的悠闲田园风光，无废气污染、都市喧嚣，有的是青山绿水、桃花影目、芳草萋萋。新开发的渊明山庄富含精辟的古文化，让自然环境与历史文化得到更完美的结合。

Homelandforgotterr – Land of Peach Blossoms When we live noise and excitement, in the mediocre, cold and detached. False greedy environment, Always expeet the world to become more beautiful. Then, please don't forget, once a great poet Tao Yuanming told us before 1600 years, In a remote place – The Land of Peach Blossoms, there are mountains, there is water, people there live satisfied tolerant, respect, quiet life, Sharing all happiness.

《龙门村水岩》

在阳朔，以某某水岩命名的岩洞颇多，他们都是利用水岩的名声，人为修建水岩特征的“乘船入洞”洞口，利用水岩名誉的照片作演讲宣传，再仿造水岩石洞内景点命名，引客上当受骗!!

InYangsuo, a certain Water Cave called by some caves, Whom makes use of the reputation of Water cave, man – mading the waterway entrance of Water Caves feature, and following the Water cove's scenery name, and so on, cause you take a mistake to tour

以上两译文文字不通，错误比比皆是。究其原因，或逐字翻译，或干脆利用英文翻译软件来翻译，没有经过专业人士认真仔细的校对检查，就印在指南上，让外国游人莫名其妙，这样做不但起不了宣传作用，反而让人觉得我们没有好的英文水平，这样的做法很不严肃，会起到负面效应，如《桂林阳朔飞翔热气球俱乐部》的中英文：

阳朔风光以秀美闻名天下，清江绕城过，碧峰环城立，然而只因身处其中而不能尽揽其貌的感叹也实为一种遗憾！桂林阳朔飞翔热气球俱乐部为此特意推出了搭乘热气球高空观览风光的飞行活动，乘上热气球，周边风光尽呈眼下，你不仅可以领略到“江作青罗带，山如碧玉簪”的美景，更可全揽“碧莲峰里住人家”奇观。

Yangshuo is a world well – know tourist county for its beautiful landscape with clean rivers winds its way around the county and a thousand hills around the county. However it maybe a real pity for unable to appreciate the whole scenery as one personally on the scene Guilin Flying Balloon Club serve tourists with taking hot balloon for sightseeing, taking into the hot balloon you can enjoy yourself among the beautiful landscape of Yangshuo county.

明眼人一下就能看出该译文存在至少六处以上的错误，区区一小段文字就有这么多错误存在，外国人哪里还敢坐你的气球？万一你在气球上弄出个什么错误来，岂不送了卿卿性命？

翻译的目的在于实现跨文化交际，用另一种语言文字形式来再现原作者的写作内容和写作意图。因此，译者应根据具体译文，抓住作者意图，灵活采用适当的翻译策略。“翻译必须‘忠实’，这是共识。但是忠实是什么？‘忠实’应该是原文的内容意旨和风格效果，而不是原文语言表达形态。”（冯国华、吴群，2001）。在小指南的翻译上，我们一方面要忠实于原文，对上面景点的名称、历史、简介等须如实翻译，但是这并不等于逐字逐句直译。所以，另一方面，我们可以对译入语进行一定调整，使之符合译入语的语言和文化习惯。我们认为，不同的文体文本，因其语言形式、语言风格、交际功能以及目的不同，在翻译中应采取相应不同的翻译策略。

上面我们主要针对长株潭等地旅游景区标识语翻译现状做了考察，发现其中存在较为严重的翻译不规范问题。为此，我们首先要找到外宣翻译的理论依据，然后发掘问题存在的原因，最后提出相关修改建议。

就外宣汉译英而言，由于翻译的目的是让受众明确无误地理解和把握译文所传递的信息要旨，因此外宣英译要以目的语为归宿，使其受者在摄取信息的过程中不遇到障碍。德国翻译理论家诺伊贝特（Neubert）就不同文本的翻译，划分了四种情况，认为对外宣传主要或完全以译文为重点。纽马克（Nermark）也认为：对于以目的语文化为归属的信息型和诱导型的文体如广告、通知、报告旅游宣传手册、技术资料等，则应采取交际翻译方法，注重读者的理解和反映，在表达方式、格式措辞等方面，应尽可能符合该文体在译入语中的习惯。他们这一观点符合外宣英译工作的实际情况，为我们在这一领域的翻译工作提供了理论依据。

但是，为什么会出现这些不规范的翻译呢？大概有四种原因：1）没有请专业英语翻译人员来翻译，直接借助翻译软件来翻译；2）翻译人员专业素质不高，实际运用英语的能力不强；3）责任心不强，翻译之后没有进行认真校对；4）译文质量没经严格把关。劣质译文是文化垃圾，给对外宣传造成危害，有损地方形象，这个问题亟待解决。要有效解决这一问题，应采取有力措施。首先，译者要有强烈的工作责任心和认真负责的工作态度，翻译时勤翻有关资料，翻译中要做到字典、参考书不离手，字斟句酌并向有关专家虚心请教。其次，我们呼吁当地有关文化主管部门专门指派英语专家对此类翻译严格把关，对该地此类译文进行收集，发现一起，查处一起，纠正一起，从根本上杜绝类似现象，还旅游指南一个干净、漂亮的面目，也给外国友人一个正确无误的指导，让“指南”真正起到应有的作用。总之，只要多方共同努力，翻译的质量是能够得到有效保证和提高的。

小　结

在本章，我们对长株潭等地的地名、道路交通指示牌、店名、户外广告、户外标语、公示语、旅游景区标识语等语言景观进行了调查，发现其中的问题，并提出改进建议，为建立语言景观的评估与规范体系奠定了基础。

本章参考文献

1. Newmark. A Textbook of Translation [M]. New York: Prentice Hall, 1988: 5051.

2. 丁衡祁．对外宣传中的英语质量亟待提高［J］．中国翻译，2001，(6)：44 -46.

3. 冯国华，吴群．论翻译的原则［J］．中国翻译，2001（6）：16 -18.

4. 郭建中．街道路牌书写的国家标准与国际标准［J］．中国翻译，2007（5）：68 -72.

5. 李衍明，丁安英. 山东地区户外标语存在的问题及对策［J］. 聊城大学学报（社会科学版），2017（6）：54－60.

6. 刘慧梅. 从文化角度看旅游资料的翻译［J］. 中国翻译，1996（5）：10.

7. 刘丽珍，杨永和，李进. 道路交通公示语汉英翻译研究——以长株潭城市群为例［J］. 湖南工程学院学报，2011（1）：58－61.

8. 刘丽珍，胡玢. 目的论视角下的道路交通公示语汉英翻译研究——以长株潭城市群为例［J］. 牡丹江教育学院学报，2012（1）：60－61.

9. 罗胜杰. 英汉仿拟研究［M］. 西安：西北工业大学出版社，2010：7.

10. 金燕. 长株潭城市群一体化旅游区生态空间结构优化研究［J］. 城市旅游研究，2012（24）.

11. 万正方等. 必须重视城市街道商店和单位名称的翻译［J］. 中国翻译，2004（2）：72.

12. 吴广等. 旅游景区公示语汉英翻译错误分析及规范化研究——以长沙地区为例［J］. 度假旅游，2018（3）：91－95.

13. 杨永林，程绍霖，刘春霞. 北京地区双语公共标识的社会语言学调查［J］. 语言教学与研究，2007（3）：1－6.

14. 袁晓宁. 外宣英译的策略及其依据［J］. 中国翻译，2005（1）：75.

15. 中国地名委员会、中国文字改革委员会、国家测绘局. 中国地名汉语拼音字母拼写规则（汉语地名部分）［S］. 北京：中国标准出版社，1984.

第三章　长株潭城市群语言景观评估体系

上一章我们对长株潭城市群语言景观现状进行了调查，发现其中存在不少问题，这些问题急需得到解决。为此，我们需要建立一个衡量语言景观的标尺，即评估体系。我们希望这个针对长株潭语言景观现状所建立的评估体系，具有一定的普适性，同样也能适用于其他城市语言景观的评价。

本章立足于评估体系的构建，分别从思想内涵、语言表达、外文翻译、地方文化、语言顺应和礼貌原则等六个方面入手，为语言景观的规范提供标准与范式。

第一节　语言景观的思想内涵

俗话说“言由心生”。语言反映着人们的思想，语言是思想的外在表现形式。语言是思想的传递者，这在瑞士语言学家费尔迪南·德·索绪尔（Ferdinand de Saussure，1857—1913）的论述中有说明。作为现代语言学的重要奠基者和结构主义的开创者之一，他被后人称为现代语言学之父与结构主义的鼻祖，其代表作《普通语言学教程》（Cours de Linguistique Generale）集中体现了他的基本语言学思想，对二十世纪的现代语言学研究产生了深远的影响。索绪尔语言思想的全部基础在于：语言是一种特定的符号系统，这种符号系统能够表达出特定的观念，这种符号系统能够传达出一个完整的链条。索绪尔的语言思想更强调思想，内部很多不同的部分之间相互依赖且密不可分。每一个不同的系统内部都有自己特有的发展规律，每一个不同部分都能够与其他部分连接起来，共同组成一个独特的语言价值（张利伟，2020）。索绪尔的这一观点在语言景观中也适用，语言景观传递一定的思想，健康的思想是语言景观所要突出与强调的。

一、语言景观的思想性要求遵循语言的思想性

透过文字和图片这一符号和图片系统，语言景观表达出创作者意欲表达的特定概念，这些概念具有指示（路牌、道路交通指示牌）、警示（公示语）、宣传（广告语）和提供信息（旅游景点介绍）功能，这些信息的载体，共同组成了语言景观，语言景观要反映和强调思想性，并且，作为对外宣传与交流的媒

介，必须保持思想内涵的纯洁性。

语言景观的实质仍是语言，是语言运用者——人对客观事物的反映，也是人的思想的具体文字体现。因此，对于语言的普遍规则与要求，同样适用于语言景观。洪堡特认为：对某个现存事物作“单纯接受性”的观察，是难以产生表象的。观察必须与“精神的内部行为”相结合，这样产生的“客体”，既对立于人的主观精神，又回到人的主观中来。因为人的思维依靠语言才能“开辟通往外部的道路”，同样，被语言化了的思维结果又通过耳朵返回说话人的精神世界。所以说，语言是精神不由自主的流射（申小龙，2014）。语言是思维的外化形式和具体反映，同时语言又反作用于人的思想与精神。时代的进步性要求语言景观也要遵循语言的思想属性，反映人类的精神世界。

然而，生活中一些语言景观不但不能正确反映人们健康向上的精神性，反而打着语言创造的幌子，游走在语言垃圾的边缘，传递着暧昧的思想信息。如下列楼盘广告：

（1）太小了男人没面子

（2）小了女人不舒服

（3）穷人玩鸟富人玩岛

（4）妇儿医院旁 尽享百万人流

（5）老公我要高巢（源丰·上城高巢楼盘广告）

（6）雪山凤凰山 双峰之间，尺寸刚好（配以女性低胸图片）

上述楼盘广告，为了吸引客户，玩起了文字游戏，打起了语言擦边球，利用汉语的谐音，故意曲解，以此低劣广告吸引受众，让人三观尽失。此类思想上不健康的广告语言，或许一时间能吸引住观众，但相信大部分人对其持厌恶态度，由此产生负面广告效果。

语言健康的思想性要求传递和强化以马克思主义为指导思想的社会主义核心价值体系，形成全社会奋发向上的精神力量和团结和睦的精神纽带，树立社会主义荣辱观，培育文明道德风尚，坚持正确导向，营造积极健康的思想舆论氛围（向守俊、杨小蓝，2011）。

二、语言景观的思想性要求利于人类交流与健康成长

语言景观是人类之间进行交流的媒介之一，人们通过交通标志与路牌来认

路，通过广告来了解产品，通过店名知晓商品，等等。这就要求语言景观在形式上要直观明了，避免使用晦涩难懂的语言，利于人们了解与交流。此外，语言景观在思想内容上要健康，不能让不健康的语言垃圾影响青少年儿童，因为在儿童成长为社会人的过程中，语言发挥着核心作用。儿童通过语言这个主要途径，接触到生活的方方面面，并通过语言学习扮演社会成员的角色——参与各种社会团体、家庭和街坊邻居等——并接受该社会团体的“文化”：思维和行为方式、信仰和价值观，这些都以语言为中介完成。但该语言不是指教室里的语言，更不是指法庭、道德契约，或者社会学课本上的语言，而是指最平凡的日常语言，儿童的确是在街道上、公园里或者是商店里、汽车、火车上等平常对话中学习到社会和“社会人”的本质和特点（韩礼德，2015）。因此，语言景观，尤其是广告、店名等不能有暧昧等色彩在里面，要注重思想内涵，不能让青少年的健康成长受到影响。

而纵观店名等语言景观，新新人类为追求新奇特，不在产品质量和服务质量上下功夫，而是在广告包装上瞎琢磨，一味以怪异语言或行为吸引大众。如2019年11月11日，江西宁都一家酒吧以女性下体模型作拱门，引发众怒，受到处罚①，这种行为对青少年的健康成长严重不利，令人震怒。无独有偶，2021年2月19日，湖南长沙茶悦餐饮管理有限公司旗下的茶饮品牌——茶颜悦色就其侮辱女性的广告词在微博公开道歉②，起因是茶颜悦色一个印有“捡篓子”字样的马克杯上面的广告词戏称，顾客来买奶茶或能“捡篓子”——认识美女。“捡篓子”是长沙方言，有“得便宜、占便宜”的意思。将女性比作“篓子”，含有侮辱女性的成分，容易引起女性反感。该事件网上报道如下：

2月19日晚，茶颜悦色在其微博致歉：就茶颜悦色长沙话主题贵胄杯上因“捡篓子”这句长沙俚语的不妥造句，给大家带来的糟糕观感，我们在此真诚地给各位朋友道歉。

茶颜悦色在19日晚的致歉文字中称，工作人员在创作中使用“捡篓子”时，想搞得特别一点，结果造了一个非常不得体的句子，“连长沙人都不认可”，但当时没有细想就投入产品设计和生产了，上市后发现不妥，迅速进行了

---

① 江西一家酒吧设女性下体模型作拱门 网友：恶心_ 新闻频道_ 中华网 https：//news. china. com/social/1007/20191113/37393503. html。

② 杯上广告词“捡篓子”被网友指责侮辱女性，茶颜悦色公开致歉_ 新闻频道_ 中国青年网 http：//news. youth. cn/sh/202102/t20210220_ 12719375. htm。

自查和修改，将杯上的相关文字进行了处理。他们称：“我们的整个修改过程没有做好内部共识，导致新出的一批长沙话主题马克杯没有进行相应修改。”

“我们绝对没有任何不尊重女性的意思。”茶颜悦色称，这次事件的发生，“的确是我们在创作过程中没有把握好尺度”，将进行认真整改，立即召回这一批长沙话主题马克杯。

2月20日，人民网网络评论部官方微博@人民网评，对茶颜悦色这一广告事件发表评论《品牌营销也要把握好幽默的边界》，评论称在营销上搞创意、抖机灵无可厚非，但不可破了底线。全文如下：

品牌在做宣传营销时，都有其想要表达的主题，但广告是面向所有人的，自然要考虑绝大部分人的感受。不能为了宣传效果，而忽略可能会造成的社会影响。在营销上搞创意、抖机灵无可厚非，但不可破了底线。守法遵规，尊重公序良俗是红线也是底线。任何试图挑战公众底线、突破幽默边界的手段、套路，不仅添不了彩，反而会起到反作用。

其实，茶颜悦色这种打广告“擦边球”现象不止一次，他们还设计过一个茶包，上面广告字眼也含有暧昧色情味道。广告词故意放大“官人我要”四个字，人为缩小“饮茶”二字，其目的是凸显“官人我要”，有意引导顾客不去注意“饮茶”，加之配有小蝌蚪图片，其意十分暧昧，内容有不健康之嫌，不利于人们的健康交流，上述两幅广告不值得提倡。

另外，有的语言景观片面追求文字上的博眼球，出现诸如“无发无天”（理发店名）、“无饿不坐”（饭店名）等现象，这在一定程度上对青少年的文字认识起到了错误引导作用。此外，有一些路牌名也容易引起误导和反感，这也是要尽量避免的。据漳州新闻报道，武汉有一条“黄泉路”，引起了市长和市民的反感与怒斥[①]。

在中国神话和宗教典籍中，黄泉路是指人死后到阴曹地府报到时走的路。有人认为，人的阳寿到了就会死，这是正常的死亡，正常死亡的人首先要过鬼门关，过了这一关，人的魂魄就变成了鬼，接下来就是黄泉路。在黄泉路上还有很多孤魂野鬼，他们是那些阳寿未尽而非正常死亡的，他们既不能上天，也不能投胎，更不能到阴间，只能在黄泉路上游荡，等待阳寿到了后才能到阴间

---

① 武汉惊现黄泉路市长直斥路名太没水平－黄泉路－新闻中心 http：//www. zznews. cn/news/system/2008/12/12/000079854. shtml。

报到，听候阎罗王的发落。以这样的文字来命名道路，容易引起人们的恐慌心理，既是取名过于随意，又是政府职能部门在审批时把关不严等原因造成的。

再如，位于北京市门头沟区雁翅镇西北、永定河官厅山峡中段的主河道上，有一个名为“珠窝村”的村庄。较之于“黄泉路”，该名还比较能接受。不过“珠窝”与“猪窝”谐音，容易引发联想，听闻这个名字，人们第一反应就是将该村与肮脏不堪联想在一起。地名的制作是非常严肃的事，需要经过严格的程序，包括问卷调查、网络民意调查、省政府批文、公示等，所以，在命名之初就应当慎重考虑。

此外，还有个别路名也容易引起人们的反感。广西北海有一条火遍了全国的巷子，每年都有很多人为这条巷子慕名而去，这条男人说不出口、女人说了会脸红的巷子名曰“摸乳巷”。

为什么要取这样一个听起来很污的名字呢？原来，这条巷子十分狭窄，宽度只有 70 公分左右。如果两人同时要过这条巷子的话，即使侧身，也难免会发生身体上接触，特别是一男一女迎面相见，女孩子肯定要吃亏的，感觉被占了便宜一样。

路名首先是地址指示系统，告诉人怎样找到一个地址。路名也是城市历史和文化的负载品，而且是最经常与市民发生联系的城市标记系统，一条路不管叫什么名字，都可以实现指示位置的功能。但是，一个有历史感的路名，足以让人们体味城市发展的时序脉络；一个有文化味的路名，也能够潜移默化地给人以美的熏陶。

文化品位的缺失，在长株潭城市群语言景观中也存在，如我们在第二章所提到的湘潭“绯闻酒吧”和株洲“小三不等位”两则店名，丧失了文化品位，不利于社会主义核心价值观的弘扬，不利于人们，特别青少年的健康成长，是需要唾弃的。

三、语言景观的思想性要求与政治性相吻合

Joseph（2006）认为，“我们曾逐渐意识到语言作为政治活动的过程的基本地位，以及在那些被我们曾认为‘政治的’各种活动和实践的语篇当中，语言所处的低位”（转引自杨敏，2015）。可见，无论在西方还是东方，语言具有政治性，某种程度上服务于政治。在社会主义国家，我们在提倡语言的思想性的

同时，更要注重语言的政治性，要使语言的思想性与政治性相吻合。

中国特色社会主义文化积淀着中华民族最深沉的精神追求，代表着中华民族独特的精神标识，是激励全党全国各族人民奋勇前进的强大精神力量。中国特色社会主义文化，源自中华民族5000多年文明历史所孕育的中华优秀传统文化，熔铸于党领导人民在革命、建设、改革中创造的革命文化和社会主义先进文化，根植于中国特色社会主义伟大实践（中共中央宣传部，2018）。传承和弘扬中华优秀传统文化，要认真汲取其中的思想精华和道德精髓，深入挖掘中华优秀传统讲仁爱、重民本、守诚信、崇正义、求大同的时代价值，使之成为涵养社会主义核心价值观的重要源泉。语言，特别是对于具有提示性、展示性和诱导性功能的景观语言而言，尤其要体现充满正能量的社会主义核心价值观思想，拒绝封建主义、崇洋媚外等思想糟粕。

语言景观，特别是其中的店名和广告语等，随着时代的变化而呈现出多姿多彩的局面，这是人们因追求差异化而标新立异的结果，这在包容性更大的当今社会，是可行的。但是，在追求差异的同时，必须将人们的思想始终置于人类的思想道德体系之下，对差异化的过分追求，某种程度上，是人们思想上“黔驴技穷”的一种表现。

爱因斯坦说过：“改善世界的根本并不在于科学知识，而在于人类的传统和理想”；范玉刚（2008）认为：实践表明：越是在经济科技大发展之际，就越要关注人和人类的精神状态。一句话，“如何安顿现代人的焦躁不安的灵魂”？对大众文化撩拨人的欲望和制造的欲望奇观是遏制还是引导？一方面要加强文化创新：内容、形式和业态的创新，使之更贴近当下人的精神需求和消费方式；另一方面要积极推进社会主义核心价值体系建构，在全社会梳理普遍可参照的价值尺度，守护人文理想。

衡量语言景观的一个重要尺度，就是其思想内涵。语言的思想性给语言景观提出有内涵和正确的价值观要求，健康性是语言景观遵循的法则，对于人类交流与健康成长有益的语言景观是我们所要追求的。此外，语言景观也要讲政治，要发扬语言景观对社会主义核心价值观的弘扬作用。

第二节　语言景观的语言表达

中外学者对语言的得体性问题早有论述。得体就是恰当，得体就是用语规范，得体就是礼貌，得体就是达到最佳交际效果。

《现代汉语词典》对“得体”的解释为：“言语、行动等得当恰当恰如其分。”此外，何自然（1997）也曾提出：“要语言合适、得体说话时就要注意分寸，该说的就说，不该说的不说”。得体是语言交际过程中的语言规范，恰如其分地使用语言，不使用伤害性等容易给他人情感带来不适的话语，从而达到交际效果。此外，Leech 的礼貌原则对于得体也有论述。礼貌原则包含六条准则：得体准则、慷慨准则、赞誉准则、谦逊准则、一致准则和同情准则。在这六条准则中，各准则和其所包含的次则并不具有同等的重要性，不过最根本的一条就是第一条准则——得体准则。因为第一条准则用于指令，指令在言外行为中最需要讲究礼貌，也是最能体现礼貌的一种行为，而且第一条准则对会话行为具有更强的制约作用。因此，得体准则是应用最广、最不可缺少的一条准则（赵博颖，2008），语言景观得体与否，可从以下三个方面加以衡量。

一、真实的语言描述

得体的语言景观，必须做到语言的“真善美”。“真”要求做到用词准确，“善”指注意礼貌，不能伤害语言景观受众，“美”是指语言艺术。

汉语博大精深，语言景观在用词方面需要注意准确，不当的用词，会让人怀疑语言景观制作者的文化水平，从而引发人们对所指产品和服务的质疑，产生负面效果。真实的语言描述，首先要做到谦恭得体。如某投资咨询公司的一则广告：

本公司欢迎各界朋友前来请教，我们将不吝赐教，在提供投资策略方面鼎力相助，并惠赠《实用投资指南》一册。

宣传性广告主要目的是吸引投资方，所以在用词上一定要谦恭得体。此广告中，“请教”一般指自己向别人请教，应改为“垂询”；“不吝赐教”是向别人请教时说的话，这两个正好说反了，改为“竭诚为您服务”；“鼎力相助”是希望对方给自己以帮助，此处宜改为“全（大）力相助”；“惠赠”用得也不合适，应该改为“敬赠”。

其次，得体性要求恰当选用褒义词、贬义词和中性词，学会面陈与转述，正确使用谦词与敬词。再如下列广告：

各位莘莘学子：为庆贺本店乔迁新址，从即日起至本月20日，凡在本店购书满一百元者，本店将惠赠一份精美礼品。本店员工虚位以待，恭候你的驾临。

本广告中，“莘莘”已有“各位”的意思，语意重复，应删除；“乔迁”本来就有到新址的含义，重复使用；“惠赠”语气太强烈，应改为“赠送”；“虚位以待”是指空出好的位置等人来，用在员工身上不得体；“驾临”是古代皇帝的到来，用在这里不合适，应改为“光临”。

最后，准确用词须根据目标差异、场合对象和感情分寸来识别或调整语言，否则将造成语言失真，而夸大的广告用语，也属于语言失真之类。如笔者在湘潭街头采集到的一则水果广告，如图3－1：

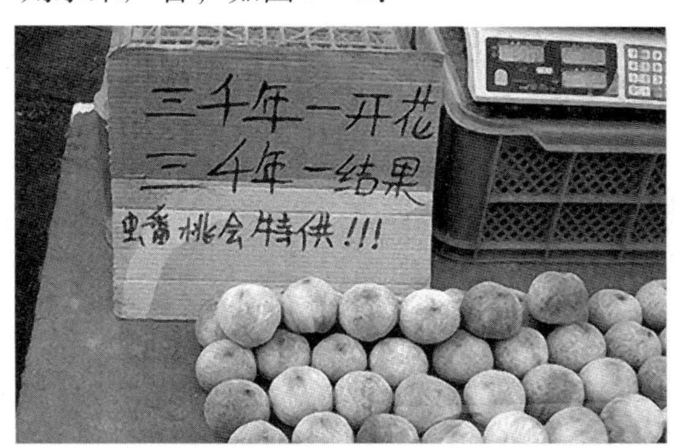

图3-1　广告示例1

卖家借用《西游记》台词，为自己的产品打广告，让人忍俊不禁。但明显的言过其实了，属语言失真。

二、善意的语言表达

公示语在我们生活中应用广泛，几乎随处可见，例如路标、广告牌、商店招牌、公共场所的宣传语、旅游简介等等。公示语是国际化都市、国际旅游目的地语言环境和人文环境的重要组成部分，作为一种特殊的应用文体，常出现于公共场所，为了方便公众，以展示性文字或图片为主，其功能在于传达各种信息，起到提醒、劝慰等作用。由于表达空间有限，这就要求语言必须简洁、直接，强调客体意识，表达突出客观性、公正性，同时注意语气委婉，不伤害受众。如："小草微微笑，请您旁边绕""凶猛野兽，请勿靠近""业精于勤，荒于嬉，行成于思，毁于随""轻轻地是一种习惯，更是一种美德"。

上述公示语或用"请"字来提醒大众，或将名人名言加以展示，文字充满善意，易为大众所接受，不会产生不适感。

然而，有些包含公示语在内的语言景观中，其语言表达却往往不那么善意，有时还有威胁、攻击意向，这是我们需要避免的。

此外，还有些广告语言故意模糊，以哗众取宠，甚至还有的采用威胁字眼，丝毫体现不出制作者的善意。如：

（1）我靠近火车站日赚人流十万（某商铺广告）

（2）我炒!!!（某饭店广告）

（3）乱丢一下 你试试（某餐饮店广告）

（4）垃圾丢垃圾，丢在车厢里，人渣丢残渣，丢脸丢到家——你缺爹少娘没教养。（某公交车公示语）

例（1）故意将"近"字用小号字表述，不仔细看会误以为是"我靠 火车站"；例（2）故意采用谐音模仿，取名"我炒!!!"，此二例文字俗不可耐；例（3）语气充满威胁；例（4）则是赤裸裸的骂人语气。此类语言景观非但没有善意可言，反而让其制作者背后的狡黠与怨恨心理跃然纸上。

我们认为，在大力提倡精神文明的今天，语言景观应率先垂范，其语言文字应该充满善意，而非恶意，宜透过善意的语言表达，来传递一份温情，唤起人们的社会公德，而不是激发人们的逆反情绪。

三、美丽的人文情怀

语言是一种载体，是人们思想的表达方式，承载着一定的内容。但是，语言不只是一种单一工具，应具有一定的人文情怀。语言具有人文性，可以平等待人，强化亲和力；具有人文性，能够激活良知，显化人的善性（刘愫贞，2014：118）。

语言是能打动人的表达工具，具有美丽情怀的语言，最容易引起人们思想上的共鸣，产生很好的表达效果。2021 年央视春晚上，歌手王琪的一首《可可托海的牧羊人》，瞬间红遍全国大地。除优美动听的旋律、歌手投入的演唱、美好的舞台效果之外，歌词中酝酿的美丽的人文情怀，恐怕是最为关键的因素。歌词如下：

那夜的雨，也没能留住你
山谷的风，它陪着我哭泣
你的驼铃声仿佛还在我耳边响起
告诉我，你曾来过这里
我酿的酒，喝不醉我自己
你唱的歌，却让我一醉不起
我愿意陪你翻过雪山穿越戈壁
可你不辞而别还断绝了所有的消息
心上人，我在可可托海等你
他们说，你嫁到了伊犁
是不是因为那里有美丽的那拉提
还是那里的杏花
才能酿出你要的甜蜜
毡房外又有驼铃声声响起
我知道那一定不是你
再没人能唱出像你那样动人的歌曲
再没有一个美丽的姑娘让我难忘记

这是一个关于牧羊人和养蜂女的故事。一个是追逐草场的更替，赶着羊群以草场为家的男子，一个是追随着花开花落，赶着骆驼驼着蜂箱哪里开花哪里就是家的女子。两个同样漂泊的人在草原野花盛开的季节相遇了。善良的牧羊人觉得女人不容易，于是经常送一些羊奶过来，而养蜂女也会把香甜的蜂蜜放到牧羊人的毡房门口。

在这个花开草长的季节，两颗漂泊的心渐渐互生了爱意。可是时间从来就不会为谁而停留，花落了，草黄了，养蜂女选择默默地离去，而牧羊人却没有离开枯黄的草场，他选择了等待。可他等来的是养蜂女嫁人的消息，他不知道养蜂女为什么要嫁给别人，他明明清楚地表达了自己的爱意，也说过他不在乎她有两个孩子，他愿意像亲生父亲一样照顾他们。

可他不知道的是，养蜂女在乎。自从她的丈夫去世后，她就一个人带着两个孩子追随着花开花谢以养蜂来养家。当她遇到牧羊人的时候，那颗死寂的心仿佛又被唤醒了，她也爱上了这个开朗善良乐于助人的男人。也正是因为爱，她选择默默离开。她没有忘记她是两个孩子的母亲，她不想拖累这个男人。那夜的雨下得很大，她还是倔强地带着孩子，赶着驼队悄悄地离开了，脸上冰冷的是雨水，而滚烫的是泪水。当她听说牧场的草都黄了而牧羊人还没离开，说要等她回去时，她哭了，她托人带来了消息，告诉牧羊人说她嫁人了。

《可可托海的牧羊人》，用平实无华的文字，讲述了男主人公爱而不得、心痛欲绝的故事，因其触动了人们内心最为柔软的部分，唤起了人们内心的共鸣，不知道唱哭了多少人。由此可见，美丽的人文情怀，最能打动人们并易于接受。

起到提示、告知、宣传等作用的语言景观，理应具备一定的人文情怀，而这一点，在公示语和广告中尤为凸显。诸多提示语使用“禁止”“严禁”“不得”等字样，给人一种冷冰冰的感受；相反，使用“请勿”“劝君”等字眼，给人们的感受就好多了，容易为人所接受。比如，公示语“严禁践踏草坪，违者罚款”，换成“小草微微笑，请您旁边绕”，礼貌而不失押韵，充满浓浓的人文情怀，见此，人们会自觉遵守。还有一种劝慰式的公益广告如“城市清洁你我他，优美环境靠大家”，在起到警戒作用的同时，以暖人的口吻，将美丽的人文情怀加以展示，在人文素质不断得以提升的今天，此类语言景观应成为城市人文景观的主流。

语言景观讲求真诚、真实，不能欺骗读者，同时也要注意语言的内涵，要关注读者的接受度，不能恶语相加。最后，也要充满人情味，以暖人的话语，去温暖、而不是伤害人心。

第三节 语言景观的外文翻译

随着我国国际化程度的进一步加强，以及“一带一路”倡议的推进，国外来华投资和旅游人数的与日俱增，城市语言景观少不了与国际接轨，采用汉语+外语组合。作为全世界使用范围最广的英语，理所当然出现在语言景观标牌当中。当然别的国家的语言，比如日语、韩语、德语、西班牙语等也有出现。在众多语言景观中，城市路牌、道路交通指示牌、旅游景区标识语、店名等，外文出现的频率最高，这与城市的开放度紧密相关。那么，将中文语言景观翻译成外文，成为必然。翻译过程中，我们一定要注意规范，要准确将中文译成外文，避免出现不正确现象。否则，将给外国友人造成误解，极大影响国民形象。

一、信息准确

翻译是借助语言媒介，将一种语言文本译成另一种语言文本。翻译讲求“信达雅”，信即是讲信用，是指正确地将信息从一种语言传递到另一种语言当中，这是翻译应当遵守的基本准则。如果未能做到这一点，那么传递的将是错误的语言信息，会起到误导的作用。

反之，如果路牌、道路交通指示牌等的译文出现错误，那将产生负面效果。

图 3-2　路牌示例 1

图 3-3　路牌示例 2

如图 3－2、3－3，湘潭县易俗河金霞山指路牌英译："天易大道" 译成 Day Easy Avenue，"后山" 变成 Behind The Mountain，让人无所适从，不知所云；此外，在第二章我们提到，桂林阳朔旅游景点小指南中的部分英译与原文严重不符，有的旅游景区英文介绍由机器翻译而成，这都是应该避免的。总而言之，信息的准确传递，是语言景观外文翻译应该遵循的首要原则。这就要求语言景观制作者在翻译时，具备一定的外语水平和功底，要抱着一颗认真负责的心，履行翻译职责。此外，相关管理部门也要肩负起从严把关的责任，认真审核，确保语言景观准确的信息传递。

二、译语规范

对长株潭语言景观翻译现状的考察发现，部分语言景观的翻译，特别是英译，极不规范。常见错误类型有：语法错误、拼写错误、胡乱翻译、文化内涵没有准确译出，等等。为此，《公共服务领域英文译写规范》国家标准（GB/T30240）（简称《国标》），对公共服务领域英语翻译做了规范。《国标》分为：通则、交通、旅游、文化娱乐、体育、教育、医疗卫生、邮政电信、餐饮住宿和商业金融等 10 部分。

在《国标》中对公共服务领域英语译写提出了四条规范原则：

（一）合法性

公共服务领域英文译写应符合我国语言文字法律法规的规定，在首先使用我国语言文字的前提下进行；党政机关名称的英文译写用于对外交流，不得用于机关名称标牌；地名的罗马字母拼写应符合我国语言文字和地名管理法律法规的规定。作为公共服务设施的台、站、港、场，以及名胜古迹、纪念地、游览地、企业事业单位等名称，根据对外交流和服务的需要，可以用英文对其含义予以解释。地名标志应执行 GB17733；公共服务领域英文译写应符合我国标准化法律法规的规定，公共信息服务在 GB/T10001 中已经规定了图形符号的，应首先按照标准的规定，使用公共信息图形标志；汉语拼音的使用应符合《汉语拼音方案》及 GB/ 16159 的规定，可以不标声调符号。

（二）规范性

公共服务领域英文译写应符合英文使用规范以及英文公示语的文体要求；公共服务领域英文译写应准确表达我国语言文字原文的含义；公共服务信息应根据信息的内容和意图等意译，并尽量使用英语国家同类信息的习惯用语，一般不按原文字而直译。如“安全线”应译作 Yellow Line 或 Red Line，“油漆未干”应译作 Wet Paint。

（三）服务性

公共服务领域英文译写应根据对外服务的实际需要进行；公共服务领域英文译写应通俗易懂，便于理解，避免使用生僻的词语和表达方式。

（四）文明性

公共服务领域英文译写应用语文明，不得出现有损我国和他国形象或有伤民族感情的词语，也不得使用带歧视色彩或损害社会公共利益的译法。如“老弱病残孕专座”应译作 Priority Seating 或 Courtesy Seat（其中 seat 应视情况选用单数或复数形式）。

此《国标》为公共服务领域语言景观英译提供了标准和模板，是语言景观制作者应该遵循的。规范的外文翻译，是我国与其他国家对接的语言先锋，对树立国家形象、开展对外友好交流的窗口。

三、译本统一

语言的商讨性，决定了翻译文本的译入语可以有多重选择，而且这也是语言生命力的体现。但是，一些常见的公示语在长期使用中，已经产生约定俗成的翻译文本，这时，我们建议译本统一。如“禁止吸烟”，其译文多为“No Smoking”，此时我们不必大费周章，直接采用该译文即可。

此外，在同一个旅游景区，我们建议对相同地名或人名，采用统一的译文。如我们在第二篇提到的刘少奇同志故居景点介绍英译中的情形：“修养亭”有两种不同译名：Cultivation Pavilion 和 Xiuyang Pavilion，建议统一改为：Cultivation Pavilion；《论共产党员的修养》有两种不同译文：On the Cultivation of Party Members 和 On the self－cultivation of a Communist，且英文都没有用斜体，建议统一为：*On the Cultivation of Party Members*。

在正确表达的同时，语言景观外译当然可以求同存异，不过我们在翻译中最好能采用统一标准和版本，尤其是在同一景区语言景观中，相同的、数次出现的人名、地名等专有名词，最好能采用统一译本。

语言景观的翻译须谨慎，信息的准确表达，这是首要原则，规范的译文是衡量国人外语水平高低的标尺，关乎城市形象，而译本的统一问题，也是语言景观翻译应该要注意的。

第四节　语言景观的文化传承

诸多语言景观如店名、商标名等，蕴含着深厚的传统文化，传统文化的传承与发展，语言景观肩负义务与责任，这应成为衡量语言景观的标准之一。

一、传统文化的传承

语言景观要注重传统文化的传承。中华民族传统文化源远流长，有着厚重的历史积淀，涌现出一大批具有民族特色的商品品牌，如“全聚德”“同仁堂”“狗不理”等，这些语言景观反映着厚重的传统文化，这些传统文化值得继承与发扬。因此，对于具有深厚传统文化特色的语言景观，我们应尽可能保持原样，不擅自做更改，甚至不必译成他国语言，因为这些民族瑰宝，是我们民族的骄傲，不一定要为了迎合外国友人而作改变，要树立民族自信和文化自信，让外国友人来适应中国特色的传统文化。

如中国驰名商标“全聚德”“同仁堂”“狗不理”这三幅招牌有如下几个共同点：第一，采用从右至左的阅读顺序，与目前通行做法不一致；第二，都为传统商标，历史悠久；第三，都没有译成他国语言；第四，书写独具特色，特别是“全聚德”三字，使用传统文字书写体，宣扬传统文化，吸引更多的关注。这首先就体现了他们想要借助传统文化吸引更多的有着相同文化认同的人的关注以及对中国传统文化有兴趣的国外人群，体现了他们的文化认同、文化自豪感以及商业头脑（张琳，2019：35）。此外，长株潭也有一些具有浓郁传统文化特色的百年老店，如“火宫殿”和“杨裕兴”。

火宫殿是湖南长沙集传统民俗文化、火庙文化、饮食文化于一体的具有代表性的大众场所，特别是火宫殿的风味小吃享誉三湘。作为湖南省长沙市的著名特色景点，位于长沙市坡子街。火宫殿同时也是一家驰名中外的“中华老字号”企业，在这里可以吃到各种长沙和湖南小吃，比如长沙臭豆腐、正宗红烧肉、糍粑等。声名遐迩的百年老店“杨裕兴”面馆，由店主杨心田创建于清光绪二十年（1893 年），至今已有两百多年的历史。他最初在三兴街租一铺面，经营米粉及汤圆，为图利市大吉，店主取“富裕兴盛”之意，冠名“杨裕兴”。此外，还有一些中外驰名商标如“三一重工”“九芝堂”“中国中车”“千金药业”“胖哥槟榔”等，这些店名或商标名，蕴含了独特的传统企业文化，是语言景观中的靓丽瑰宝，值得保护与传承。

二、传统文化的传播

语言景观要注重传统文化的传播。在第一篇，我们提到语言景观具有文化交流与传承功能，刘悦淼、谢林（2020：69－70）将语言景观的文化功能细分为文化教育功能、文化传承功能和文化交流功能。长株潭红色旅游文化资源丰富，作为了解红色文化与红色文化传播的主渠道，语言景观，尤其是红色旅游景区标识语英文翻译，起着至关重要的作用，衡量长株潭语言景观规范与否的标准之一，便是传统文化的传播问题。

然而，在第二篇长株潭城市群语言景观现状调查中，我们发现旅游景区标识语翻译现状不容乐观，大量的误译、漏译充斥其中，外国友人不能通过文字翻译了解红色文化，没有起到应有的文化传播作用，反而容易起到一定的负面作用，让他们对国人英语水平产生怀疑。因此，传统文化的正确、规范传播，应该纳入长株潭城市群语言景观的评价标准。

第五节　语言景观的语言顺应

我们发现，语言景观中存在各种各样的表达方式。比如“长江路”路牌，有的译成 CHANGJIANG LU，有的译成 CHANGJIANG ROAD。又如劝慰人们不要践踏草坪的公示语，有人说成“小草亦有生命，请足下留情!”，有的说成“请勿践踏草坪”，有的说成“践踏草坪可耻!”。还有广告语，其表达方式亦有多种。为何出现这种现象呢？我们认为这首先是语言的某种特性使然，其次是各种场合的需要驱使。具体而言，体现了语言的顺应性，顺应论为此提供解释，语言景观中的语言文字要遵循顺应原则，要做到规范的语言顺应。

一、顺应论概述

顺应论由比利时语用学家耶夫·维索尔伦（Jef Verschueren）于 1987 年首次提出。他（2000：58－65）认为，使用语言的过程就是选择语言的过程。语言具有一系列的特性：变异性（variability）、商讨性（negotiability）和顺应性（adaptability）。

其中，变异性决定了语言结构各个层次可能选择的范围。多样化的表达方式，就意味着语言具有多种选择性，即变异性。商讨性指的是语言选择是基于高度灵活的原则和策略，并非机械进行的。究竟采用何种表达方式，是有原则可循的。顺应性则是语言的表达方式要根据不同语境做出选择，而这种语境是动态的，不是一成不变的，即人们常说的“看菜吃饭”。这几个方面是一个相互制约的有机整体，从不同的角度对语言现象作出语用分析，揭示了语言使用实际上就是人们在不同的意识程度下在语言结构和语境之间作出动态顺应的过程（徐芳，2017）。

以上特性为语言景观多种方式的选择提供了可能性。首先，语言景观（以公示语为甚）有多种表达方法，如“禁止踩踏草坪”“草坪勿入”等，这是景观的语言选择变异性的表现；其次，采取何种语言表达形式，是劝慰？是禁令？可以根据情形商讨，这是商讨性；最后，基于语言内部结构和语言间的转换（即翻译），要对本身语言、译入语的语言方式，以及语言接受者的心理世界等做出选择，即顺应。

二、语言景观中的语言层面顺应

语言顺应分为语言层面和非语言层面顺应两种类别，语言景观中的语言层面顺应，主要体现在词汇、句法和文体等三方面。

（一）词汇顺应

词汇层面的顺应，首先，应考虑用词的选择，不能出现词汇误用、引起歧义等现象。如某理发店招牌“无发无天”，谐音仿拟自成语“无法无天”，我们认为此店名没有很好地做到词汇层面的顺应。其一，该名容易引起小学生对成语的误解；其二，读音与具贬义的“无法无天”相仿，容易对人们产生心理误导。所以，从这一层面而言，词汇选择考虑不当；其次，应根据英汉两种语言词汇的不同，在翻译中要注意两种语言的翻译对等问题，对词汇加以选择。

（二）句法顺应

句法层面的顺应，对于汉语而言，讲求的是语句通顺、语法正确，不出现语言不通现象。对于中文语言景观英译而言，则要考虑到两种语言在句法结构上的差异，顺应英语语言表达习惯，作出合理的语言选择。中文和英文在语言结构和具体表达上有着众多区别。如中文讲究“形散神不散”，讲究诗情画意的审美效果，主观抒发往往多于客观描述；而英文用词简约，重逻辑理性，需要考虑形式上的连贯性。英文表达中，在很多情况下，景物描写往往用客观的具象罗列来传达实实在在的景物之美，力求忠实再现自然，让读者有一个明确具体的印象（方梦之，2013）。如福建一旅游景点介绍（吴晶晶、徐琪，2018）：

林进岛屿上，到处是火山喷发形成的石头，千奇百怪，形态各异，鬼斧神工，惟妙惟肖。

译文：On Linjin Island，volcanic boulders in various sizes and shapes are everywhere. They may look like anything if you use your imagination.

这段中文导游词运用了四个四字短语对火山喷发形成的石头进行描述，没有使用任何的连接词，读起来朗朗上口，而英文导游词则采用缩减法，做出了适当的调整，选择了语义简洁的表达方式，对原文本内容进行取舍，传达出源语中的主要内容。可见，中英两种语言句法的不同，决定了其语言景观译本的语言结构顺应。

（三）文体顺应

英汉公示语在文体上有着明显的区别。汉语公示语用词考究，言语华丽，带有一定意境，让人在愉悦的心情中不知不觉得到接受；而英语公示语以信息告知为目的，语言简洁明了，不做过多修饰。因此，汉语公示语译成英语时，我们也要根据这一特点，顺应英文文体。如：

《每日邮报》中列举了这么一个误译例子："小草微微笑，请你旁边绕"的译文是"the grass is smiling at you. Please detour"。

这种"Chinglish"是翻译的大忌，疏忽了翻译在社会生活中的应用目的。如上所示，公示语的文体特点是言简意赅，因此不需要翻译得这么累赘，顺应英文文体，翻译成"Keep off the grass"更加符合英语使用习惯。

又如公示语"湘潭是我家，清洁靠大家"。汉语工整对仗，如果译成"Xiangtan is my home，and its cleanness depends on all of us"则不简洁，没有顺应英语文体特征，建议改为"Keep Our City Clean"或"Keep Xingtan Clean"。

综上所述，语言景观应遵循语言内部结构的自有规则，语言要顺应自身结构，不能违反。同时，在英汉两种语言转换过程中，也要顺应译入语的特点，采用适当的翻译方式。

三、语言景观中的非语言层面顺应

上面我们讨论的是语言层面的顺应，语言在使用过程中，与人所处的时代、地域、场合以及心理活动等因素有关，因此，语言景观还需在这方面加以顺应，这就是语言层面之外的顺应，即非语言层面顺应。因为公示语汉英翻译是一个语言结构客体与语境之间动态顺应的过程，译者必须动态地顺应语境，不仅要顺应语言语境，还要顺应交际语境所涉及的物理世界、社交世界、心理世界等因素（徐芳，2017）。关于语境顺应，Jef Verschueren（2000）的语境相关顺应图可提供解释（见图3－4）。

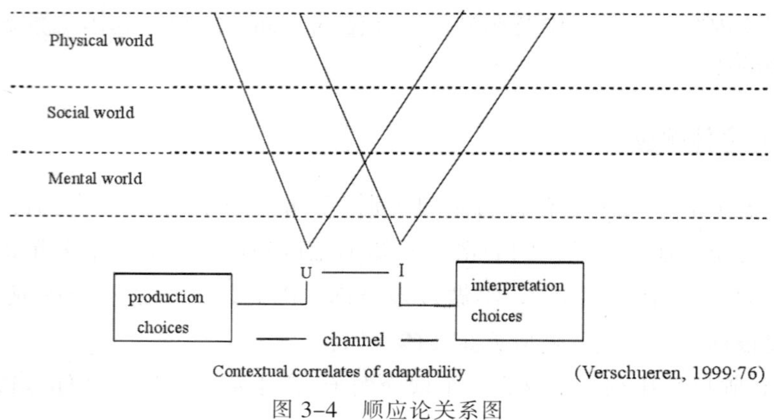

图 3–4　顺应论关系图

上图显示：语言发出者U产出语言时要根据物理世界、社交世界和心理世界做出选择，话语解释者I同样也要根据物理世界、社交世界和心理世界做出选择。

物理世界主要包括时间和空间指示关系。语言景观，尤其是旅游景点标识语翻译时，要根据所指对象所处的时间和空间做出选择，要根据译入语读者已有和未知的知识图谱，做出适当顺应，必要时加以解释和说明。如长沙市岳麓山上著名的爱晚亭指示牌上的中文介绍只是简单说明了爱晚亭建于何时，形状大小如何，并未说明该亭名字的由来，这是因为国内已经十分清楚“爱晚亭”取自唐代诗人杜牧的诗句“停车坐爱枫林晚，霜叶红于二月花”，但对外国游客来说，这一文化信息是空缺的。因此，该公示语的英文译文为“It was renamed the Autumn－admiring Pavilion，which alludes to Du Mu’s lines‘I stop， just conquered by the woods in later autumn, when maple leaves are more crimson than flowers in February' '"。译者巧妙地补充了源文的文化信息，赋予了这座亭子浓厚的文化底蕴，也让外国游客了解了其名字的由来，有助于唤起国外游客心中的美感与向往，吸引他们领略华夏文明的醇厚魅力（杨慧、李白清，2014：148）。译作者将古代的人和事搬到现在，让外国读者对此景观有了更深厚的了解，此可谓物理世界顺应的案例之一。

社交世界指与语言选择构成相互顺应的社会场景、社会环境，以及制约交际者言语行为的社会和文化规范。语言景观中的劝慰式标语，常常用来劝说人们遵守某些社会规范。这其中，较少用“你”字，而改用“您”，表示对读者的尊敬，或者用“我们”“你我他”等字眼，表示包含说话人、听话人在内的所有人都应该遵守，这样一下子拉近了与读者的社会距离。如：“校园是我家，爱护靠大家！”“让我们携起手来，共创文明城市！”“卫生你我他，爱护靠大家！”此类语言充分考虑社会场景，以读者能接受的委婉语气，表示了对读者的尊重，这是社交世界顺应的结果。

心理世界包括交际双方的情感、信念、意图等内容，这些是促使其进行语言选择的重要因素。语言景观，尤其是其中的公示语和广告，在制作中，应该注意顺应消费者和受众的心理世界，以能够引起他们的共鸣为最佳，这样就有利于读者更好地理解其内涵，容易为人所接受，收到应有效果。如广告语：

孔府家酒，叫人想家。

家，是最令人神往的地方，也是亲人团聚和休养生息的栖身之所，最能够触碰人内心脆弱的灵魂。孔府家酒广告抓住了人们这一心理，广告语一打出，马上引起消费者的内心共鸣，想家、归家之心跃然纸上，因此，这则顺应消费者心理世界的广告也收到了应有的效果。又如“足力健”老人鞋广告语：

专业老人鞋，认准足力健！

尊老爱幼是中华民族的优秀传统，关爱老年人是一种广为推崇的社会习惯。看到此广告，儿女们不禁想为自己的父母购买一双。父母，最容易触发人们内心的亲情，顺应这种亲情的广告语，理所当然收到了良好的广告效果。

综上所述，语言的商讨性、变异性和顺应性，决定了语言景观在语言结构上必须对用词加以选择，不能出现歧义和容易引起读者误解的现象，同时，在译成英语时，要注意两种语言在结构上的不同，译入语要采用合适的句式和文体。此外，还要考虑景观存在的时间与空间，译入语表达必须要顺应这一因素，进行适当的增减；社交场合也是值得注意的，景观语言的选择，必须顺应人们的社交行为，在用词上加以选择；最后，语言的选择必须考虑人们的心理因素，契合消费者和受众心理的语言，方是最佳选择。从以上分析可以看出，规范的语言顺应，应成为语言景观的评价标准。

第六节　语言景观的礼貌原则

礼貌是人类文明的标志，是人类活动的一条重要准绳。作为人类活动的一种，语言活动也同样受到这条准绳的约束（王娴贤，2010）。公共场所语言景观作为展现一座城市形象的窗口，其语言文明程度直接关系到城市语言生态和谐的程度，应该受到关注。

语言景观中的警示警告信息的语气一般十分强硬，对于不能做的，一般采用“禁止”“当心”“小心”等字眼，如“禁止吸烟”“禁止拍照”“当心绊倒”“小心滑倒”等，这些信息往往不容置疑，译成英语，也多保持这种语气不变，英语对应为 No Smoking，No Photographing，Mind Your Step，CAUTION // Slippery Surface 等。

但是，语言景观中除了路牌、道路交通指示牌、店名、警示警告信息等之外，其他语言现象如广告、指示指令信息、公示语、户外标语等，还是可以讲求礼貌的，必须遵循礼貌原则。一定程度上，礼貌原则运用的好与坏，能体现一座城市的文明程度，因此，礼貌原则的使用与否，成了语言景观评估体系中的又一环。

一、礼貌原则概述

礼貌是语言的一大特色，可以让会话双方避免冲突（Gabriele Kasper，2001），礼貌由对听众以及听众权利的认可两部分组成（Politeness consists of this recognition of the listener and his or her rights in the situation）（Bernard Spolsky，2000）。P. Brown 和 S. Levinson 认为人有两种面子：一种是正面的（positive face），就是希望自己的性格、职业等受到他人的赞扬，另一种是负面的（negative face），就是希望自己的人身、财产等不受到他人的侵犯（刘润清，1987）。后来，在这两位学者基础上，Leech（1983）提出了“礼貌原则”，涉及一系列准则，主要有：

得体准则：他人的付出最小化，他人的利益最大化。

慷慨准则：自己的利益最小化，自己的付出最大化。

赞誉准则：他人的贬损最小化，他人的赞誉最大化。

谦逊准则：自己的赞誉最小化，自己的贬损最大化。

一致准则：尽量减少双方的分歧，尽量增加双方的一致。

同情准则：尽量减少双方的反感，尽量增加双方的同情。

以上六则归纳了礼貌语言遵循的如下几点：得体、慷慨、赞誉、谦逊、一致、同情，具有实用价值与学术意义，应予以充分考虑（徐盛桓，1992）。

礼貌原则研究多见于理论与实践两个层面。理论上，对礼貌原则进行理论探讨（向明友、贾勉，2020）和中西方礼貌观对比（段嘉敏，2020）等；实践中，多见于用礼貌原则分析文学作品，如冯圆媛（2020）等，对语言景观中的礼貌研究少见。我们认为，作为人类交流的方式之一，语言景观同样也要讲求礼貌，换言之，语言景观也要遵循礼貌原则，礼貌原则的遵守与否，应是衡量语言景观得体性的标准之一。

二、语言景观中礼貌原则的遵守

礼貌原则在语言景观，尤其是广告中，得到普遍使用。在“顾客就是上帝”这一原则的指导下，商家遵循着赞誉准则，将他人的贬损最小化，他人的赞誉最大化。如：台湾味全 AG 婴儿奶粉的广告词（方伟琴，2003）：

（写在两只胖乎乎的小脚下面）：将来这双小脚，定会踏出康庄大道！什么意思？没有别的意思，你给你的小宝宝喂味全 AG 婴儿奶粉的话，小宝宝长大了一定会取得很大的成就。

商家深谙父母望子成龙这一普遍心愿，对顾客的宝宝大加赞赏：喝了 AG 婴儿奶粉，将来必定会大有出息。这样一来，在取悦了顾客的前提下，收到了应有的广告效果。再如广告词：

我就是您的秘书（某电话广告）

这则广告遵循了谦逊准则。将顾客置于高高在上的老板位置，赋予自己为老板提供服务的秘书身份，对自己的赞誉最小化，贬损最大化。这样的广告，理应受到顾客的喜欢。

此外，在部分公示语中，也遵循着礼貌原则。如公交车上的“老、弱、病、残、孕”专座，没有译成 the seats for the old，week，sick，handicapped and pregnant，而是译成 Courtesy Seats（礼貌座位），充分体现了对上述五类人群，尤其是老年人的尊重，因为人们普遍不喜欢被称为老年人，所以，这则公示语遵循了同情准则，减少了五类人群的反感，增加了乘客对他们的同情。同样，公示语“不要让花草哭泣 不要让树木叹气”也遵循了同情准则。劝告人们爱惜花草树木的公示语十分常见，此公示语采用拟人手法，赋予花草树木以生命，随意采摘花草，随便践踏树木，就是对它们生命的一种践踏，引发人们对生命同情的共鸣，可收到应有的效果；反之，同样的劝慰，用“严禁践踏草坪、攀爬树木”的话，其效果就逊色很多。盖因人们对此类禁令多持一种反感态度，甚至还会产生逆反心理：你不是不让我采花爬树吗？我偏要做给你看！

以上分析显示，语言景观，特别是广告和公示语，应当遵循礼貌原则，对语言景观的评价，应该考虑是否体现了对礼貌原则的遵守。

三、语言景观中礼貌原则的违反

然而，并不是所有的语言景观，都必须遵循礼貌原则，这其中也有例外，我们称之为礼貌原则的违反。礼貌原则的违反，分合理违反与不合理违反两种情况。

（一）礼貌原则的合理违反

遇到特殊情形，尤其是涉及生命安全等严重性问题时，如果仍然采用温和的言语口吻，可能收不到应有的效果，这时候，可以不按照礼貌原则行事，我们称之为礼貌原则的合理违反。

比如一些禁令性标志，就可以适当违反礼貌原则。笔者去过十三陵景区，里面不允许拍照，一来是出于对文物的保护，二来据说陵区拍照不吉利。出于事情的严重性考虑，此处就可以打破对礼貌原则的遵循，采用“景区严禁拍照！”等标识。此标识违反了得体准则，他人（违反后）的付出最大化（可能要被罚款），他人的利益最小化（根本无利益可言）。

又如某些游客不听劝阻，冒险爬到悬崖峭壁上摆出 pose 拍照，稍有不慎就会造成生命危险，景点树立“严禁攀爬，后顾自负！”等警示类标识，目的在于强调危险性。这种情况下，就不宜过多考虑游客的接受度，因为在生命面前，任何事情都是小事，何况语言的礼貌性呢？

以上是对礼貌原则的违反。可以看出，违反礼貌原则必须有一个前提，那就是在将带来严重的、不可挽回的损失面前，可以对礼貌原则稍加违反。

（二）礼貌原则的不合理违反

相反，有些行为并不危及生命安全，只是出于泄私愤或别的什么原因考虑，以警示语形式出现，违反了礼貌原则，我们称之为礼貌原则的不合理违反，甚至可以称为“语言暴力”。比如笔者在网上[①]看到这样一则消息（着重号为笔者所加）：

2018 年 1 月 10 日，贵州省贵阳市，在花溪大道中段灯笼坡的一个移民村庄里，一处道路边堆满了各种生活垃圾无人清理。路边上还立着一块木板，上边写有“下面是坟山，乱倒垃圾全家死光光”的警示语。附近村民告诉记者，这种用不文明的语言制止不文明行为，这样的“以暴制暴”方式实在不妥，让人感觉很不舒服。

我们认为，该警示语将他人的贬损最大化，他人的赞誉最小化，严重违反了礼貌原则之赞誉准则。其次，恶毒的语言不但没有减少，反而增加了双方的反感度，也不能引起双方的同情，这又是对礼貌原则之同情准则的违反。从这两个角度看，该警示语是对礼貌原则的违反。

诚然，有些居民素质十分低下，乱扔垃圾，破坏环境卫生，这种行为可能屡禁不止，在忍无可忍的情况下才出此下策，设立此警示牌。然而此类诅咒语的作用到底如何？我们不得而知，毕竟这还是一个素质问题，谈不上对生命的威胁，用不着以此恶毒语言加以威胁。所以，我们认为这是对礼貌原则的不合

① 贵州一村庄现“乱倒垃圾全家死光光”标语 - 搜狐大视野 - 搜狐新闻 https://www.sohu.com/picture/215945324.

理违反。

那么，我们应该如何规劝乱倒垃圾行为呢？不妨根据礼貌原则的得体、赞誉等准则，采用不那么暴力的语言形式。如劝慰式语言“爱护环境你我他，举手之劳靠大家”“拣回垃圾分类老传统，倡导绿色文明新时尚”等。总之，在不涉及生命危险和危及国家机密泄露等严重情形时，我们要尽量不引起双方的反感，要尽量博得双方的同情，换言之，多采用礼貌语言，减少对礼貌原则的不合理违反。

四、语言景观中的礼貌层级

礼貌程度不一样，我们称之为礼貌的层级性。礼貌的层级性问题，国外学者以利奇为代表，他（1983）将礼貌层级分为损益层级（cost benefit scale）、选择层级（optionality scale）、间接层级（indirectness scale）、社会距离层级（social distance scale）和权力层级（authority scale），这是针对礼貌层级的一般性论述；国内学者唐志钦（2005）认为，判断礼貌的级别可以参照利奇的礼貌层级，但还应充分考虑交际所涉及的各种因素，包括交际场合、交际对象、交际双方之间的关系以及其他文化和社会的因素，只有这样，才能做出准确的判断，也只有这样，才能促成和谐的人际交往；李宝芳（2013）构建了汉语礼貌层级，分析了场合、与对话者的关系及信息三个因素对礼貌层级的影响。以上都是对礼貌层级的普遍描述，针对语言景观如公示语等的礼貌层级研究不多。

我们认为，包括路牌、道路交通指示牌、店名、广告语、公示语、户外标语等在内的语言景观，也应注意礼貌层级问题，而这方面的研究目前只有陈顺意（2019）做了尝试。他以广州城市轨道交通公示语英译为例，对轨道交通公示语翻译的礼貌层级对等问题进行了研究。他在大量搜集英语国家轨道交通公示语实例的基础上，研究发现，其礼貌层级由低到高大致可分为以下四种：“不礼貌”层级、“欠礼貌”层级、“较礼貌”层级和“礼貌”层级，并提出：根据礼貌的四层级，轨道交通公示语英译时亦需在相应层级实现礼貌对等。换言之，轨道交通公示语英译不仅要实现语义对等，而且要实现语用对等。我们拟对上述语言景观礼貌层级一一分析如下：

（一）路牌和道路交通指示牌的礼貌层级

路牌与道路交通指示牌起着提供信息的作用，其特点就是道路指引，不存在过多信息交流，在任何交际场合中，无论交际对象，还是交际双方之间的关系，都不存在过多解释，因而这方面的礼貌层级属于中性。

礼貌是针对不同场合与不同交际对象而言的。就路牌而言，观者一看到它，就知道所处何地，去往何地，没有过多信息在内，不用掺杂任何语气在内。比如，我们不用说：请知晓：这是五卅街；板五路请往左拐，高新路请右拐，因为路人一看便知，所以，此场合下，礼貌层级为中性。

（二）店名和户外广告语的礼貌层级

首先是店名。店名是店主根据所售商品特色，为商店所取的名字，起着辨识的作用，方便顾客记忆。那么店名是否也存在礼貌问题？如果有，是否也存在礼貌层级呢？通过分析，我们认为，店名存在礼貌与礼貌层级问题。如仿拟自成语“胡思乱想”的发艺工作室店名“胡丝乱想”，我们认为是不礼貌的，“胡思乱想”为贬义词，细细品味，此商家是想表达什么意思呢？来我们店可以让你胡思乱想，还是因为你胡思乱想，所以来我们店？不管哪种情形，都是对顾客的不尊，因此可以归为“不礼貌”层级。相反，有的商家迎合顾客，在商店命名上下了一番功夫，如图 3－5：

图 3-5　店名示例

关于“么么哒”，《新华字典》的解释是：“么么哒”一般用于恋爱的情侣或闺蜜之间，只有感情深厚才会频繁使用，常出现于 QQ、短信、微信等聊天工具中，在情侣之间常用来代替接吻一词，以显示亲昵。以亲昵语“么么哒”作店名，将顾客置于亲近地位，无疑拉近了与顾客的距离，这也是对顾客尊重和礼貌的表现。因此，我们认为，该店名属于礼貌层级。

其次是户外广告。较之于店名，户外广告多用，而且也常属于“礼貌”层级。如“美宜家居 只为您制作精致独一的窗帘家纺”，尊称“您”体现对顾客的尊重，十分有礼貌；又如“尚德跆拳道天易示范馆即将盛大起航，敬请期待”中用了“敬请”，同样也属于“礼貌”层级。广告目的在于让顾客知晓商品和服务内容，如果采用“不礼貌”或“较礼貌”用语，试想谁还会对该产品和服务产生兴趣呢？如果那样，将是“搬起石头砸自己的脚”，得不偿失。因此我们认为，户外广告多属于“礼貌”层级。所以，语言景观中的广告宜注意礼貌原则，因为广告语的核心目标是劝说消费者购买商品或服务，因此广告语中使用礼貌用语显得尤为必要，在内容上应表现出对消费者的关注，形式上显示出语言的文明高雅（代丽丽、王丽，2017）。

（三）公示语的礼貌层级

公示语的礼貌层级就要根据不同场合加以考虑了，存在“不礼貌”“欠礼貌”“较礼貌”和“礼貌”四个层级，这一方面陈顺意（2019）分析较为到位：

一般而言，“不礼貌”层级普遍存在于一些危及生命安全或十分机密的场合，毫无商量余地，必须严格遵守，违者必受惩罚。如：禁止吸烟、禁止游泳、禁止攀爬等，对应英文一般采用 No + n./v - ing 或 not allowed/not permitted/strictly prohibited 等结构，表达的多为法律禁止的行为，这属于“不礼貌”层级。

“欠礼貌”层级也表示一种劝说，一般用“请勿”字样表示。如“公共场所，请勿吸烟”“请勿倚靠”“请勿扶门”等标识，英译一般采用 Warning/Danger, Do/Do not + V., Danger! NP. 或 Caution! ... 的结构，表示提醒乘客危险或紧急情况。

“较礼貌”层级涉及一般性规范或要求，是出于行业标准要求与常识所制作，汉语多用“请”“注意”等提示词语。如“请在黄线外等候”“注意站台与列车之间的空隙”等等，英译一般采用 Do/Do not + V. 结构。

“礼貌”层级也属于劝慰性质，只是语气十分委婉。如下列请勿践踏草坪警示语：

（1）小草给我一片绿，我给小草一分爱。

（2）绕行三五步，留得芳草绿。

（3）当你昂首阔步时，我在你脚下呻吟。

（4）鲜花还需绿叶扶，学校更需同学护！

（5）爱无限，绿无边

（6）除了足迹，什么都不能遗留；除了回忆，什么都不要拎走。

（7）多一声谢谢，多一个朋友，多一声抱歉，多一分宽容。

（8）人人参与环境保护，个个争当绿色天使。

（9）保护环境从我做起，爱护学校从学生做起。

（10）小草青青，脚下留情。

（11）你珍惜我的生命，我还你一片绿荫。

（12）踏破青毡可惜，多行数步何妨。

（13）爱护一片绿地，拥有清新空气。

（14）距离产生美，谢绝亲密接触。

（15）爱无限，绿无边。

此类劝慰语没有使用“禁止”等强制性口气，语气十分柔和，更加关注与读者（观众）之间的互动，将读者（观众）置于平等地位，含有“让我们一起……”的意思，而不是单方面的强制性行为，因此，我们认为此类公示语属于“礼貌”层级。

以上我们简单分析了路牌、道路交通指示牌、店名、广告语和公示语的礼貌层级问题，知晓语言景观的礼貌层级，对其正确使用有很大帮助，我们就能因此根据不同场合与事情的严重性，采用不同层级的语言景观标识语，克服语言不礼貌现象，还语言景观以干净、绿色、文雅、礼貌！

作为城市文明的一部分，城市语言景观的礼貌与否，关系到一座城市公民的素质问题。中国是礼仪之邦，公共场所用语与创建和谐的社会语言生态环境紧密联系在一起。公共场所用语的得体性问题，一方面在于礼貌得体的言辞可以让公众更乐意接受和执行指令，增加完成指令的机会；另一方面也体现了管理者乃至整个社会语言文明的手段，从而能够促进和谐的社会主义语言生态文明建设（孙小春、何自然，2019）。为此，语言景观应遵循礼貌原则，根据场合，对语言的得体性做出选择，和谐语言生活，减少语言冲突。这一角度而言，礼貌原则的遵循度，成了语言景观评估的标准之一。

小　结

以上我们从语言景观的思想内涵、语言表达、外文翻译、地方文化、语言顺应和礼貌原则六个方面分析了长株潭城市群语言景观的评估标准，构建了一个评估体系。在六个评估标准中，第一，正确的思想内涵是根基。思想不正确，再好的语言景观也是空中楼阁，丧失了存在的依据。第二，妥善的语言表达是根本。作为语言景观的外显形式，语言表达是衡量语言景观好坏的基础，要注重语言的得体性，要以善意的语言，辅以美丽的人文情怀，彰显语言的文字魅力与作者善意，让阅读者能通过语言景观，感受到作者的浓浓爱意。第三，正确的外文翻译是必须。译文必须做到准确、规范，常用公示语的翻译，必须遵循约定俗成的统一版本。第四，浓烈的地方文化的传承与传播是关键。传统湖湘文化的对外传播，能否通过语言景观得到实现，这是衡量长株潭城市群语言景观的标准之一。第五，良好的语言顺应是必要。词汇、句法和语体的正确性，是语言景观所遵守的必要原则，此外，必须考虑语言景观受众的物理世界、社交世界和心理世界顺应。第六，对礼貌原则的遵守是基础。语言景观中的店名、广告语等，必须充分体现对消费者的尊重，在语言使用中要注意礼貌原则的合理使用。以上六个方面，共同构成了长株潭城市群语言景观的评估体系。

本章参考文献

1. Josep，Soler – Carbonell. Complexity Perspectives on Linguistic Landscapes：A Scalar Analysis ［J］. Linguistic Landscape，2016（1）：1 –25.

2. Kasper Gabriele. Linguistic Etiquette ［A］. Florian Coulmas. The Handbook of Socialinguistics ［C］. Beijing：Foreign Language and Research Press，2001：374 –377.

3. Leech G. Principles of Pragmatics ［M］. London：Longman，1983.

4. Spolsky，Bernard. Socialinguistics ［M］. Shanghai：Shanghai Foreign Language Education Press，2000.

5. Verschueren Jef. Understanding Pragmatics ［M］. Beijing：Foreign Language Teaching and Research Press，2000：58 –65.

6. 陈顺意．轨道交通公示语翻译的礼貌层级对等——以广州城市轨道交通公示语英译为例［J］．西华大学学报（哲学社会科学版），2019（4）：24－28.

7. 代丽丽，王丽．语言主观性视角下的商业广告语研究［J］．盐城师范学院学报（人文社会科学版），2017（4）：34－37.

8. 段嘉敏．中西方礼貌原则及其差异分析［J］．文学教育（下），2020（7）：62－63.

9. 范玉刚．欲望修辞与文化守夜——全球视域中的中国大众文化研究［M］．北京：中国文联出版社，2008：6－7.

10. 方梦之．应用翻译研究：原理、策略和技巧［M］．上海：上海外语教育出版社，2013：308.

11. 方伟琴．从 Leech 的礼貌原则看商业广告［J］．阜阳师范学院学报（社会科学版），2003（5）：64－66.

12. 冯圆媛．礼貌原则视角下女性委婉的使用——以《倾城之恋》为例［J］．青年文学家，2020（17）：26－27.

13. 何自然．语用学与英语学习［M］．上海：上海外语教育出版社，1997.

14. 李宝芳．从西方的礼貌原则看汉语的礼貌层级［J］．河北联合大学学报（社会科学版），2013（6）：71－73.

15. 刘愫贞．刍议唐代判词语言表意模式的人文情怀［J］．平顶山学院学报，2014（4）：116－118.

16. 刘润清．关于 Leech 的“礼貌原则”［J］．外语教学与研究，1987：41－46.

17. 刘悦淼，谢林．基于语言景观文化功能的汉语文化传播路径［J］．武汉冶金管理干部学院学报，2020（4）：69－71.

18. 申小龙．汉语与中国文化［M］．上海：复旦大学出版社，2014：23.

19. 唐志钦．礼貌级别的判定层级［J］．邵阳学院学报（社会科学版），2005（3）：100－102.

20. 王娴贤．Leech 礼貌原则的适用性［J］．河北理工大学学报（社会科学版），2010（5）：115－117.

21. 吴晶晶，徐琪，顺应论指导下的导游词英译策略研究——以福建主要旅游景点导游词为例［J］．武夷学院学报，2018（1）：46－50.

22. 徐盛桓．礼貌原则新拟［J］．外语学刊，1992（2）：1－7.

23. 孙小春，何自然．公共场所用语得体性研究刍议［J］．语言文字应用，2019（2）：70－75.

24. 向明友，贾勉．Leech 的语用语言礼貌观［J］．外语教学，2020（4）：1－6.

25. 向守俊，杨小蓝．论大学生心理健康教育的思想道德内涵［J］．重庆科技学院学报（社会科学版），2011（19）：161－162.

26. 徐芳．顺应论视阈下的公示语汉英翻译研究［J］．蚌埠学院学报，2017（3）：122－124.

27. 杨慧，李白清．接受美学视域下公示语言翻译提升策略——以长沙市主要旅游景区公示语为例［J］．长沙理工大学学报（社会科学版），2014（6）：144－148.

28. 易小明．文化差异与社会和谐［M］．长沙：湖南师范大学出版社，2008：48.

29. 张琳．语言景观的三维空间探析——以北京市四条街道为例［D］．北京外国语大学，2019：35.

29. 张利伟．索绪尔语言思想的认识论研究［J］．黑河学院学报，2020（9）：120－126.

30. 赵博颖．得体性在饭店服务语言中的体现［D］．黑龙江大学，2008：7－8.

31. 中共中央宣传部．习近平新时代中国特色社会主义思想三十讲［M］．北京：学习出版社，2018：25.

第四章　长株潭城市群语言景观规范研究

第二章，我们对长株潭城市群语言景观现状进行了调查，指出了其中存在的不足；第三章，我们提出了语言景观评估体系的六大原则，本章中我们针对这些问题，用建立起来的评估体系，就九种不同类型的语言景观一一展开研究，讨论如何实现语言景观的规范问题。

第一节　路牌及道路交通指示牌名规范研究

我们对长株潭路牌及道路交通指示牌语言进行了考察，就路牌问题提出了“三地必须统一标准，采用‘绝对拼音化’的路牌标识方法”的建议；就交通指示牌名提出采用“相对拼音化”措施，即专名采用汉语拼音大写，属名采用英语方式。以上只是规范的一个方面，这里，我们进行详细阐述。

一、译名规范化

长株潭路牌英译有两种主要情形：一是全部采用汉语拼音方式，如 BAOTA NANLU（宝塔南路）、LINYIN LU（林茵路）、DA JIANG ZHONG LU（大将中路）；二是汉语拼音 + 英语路名，且汉语拼音有的采用全大写，有的首字母大写，如 XIAMEN Rd.（厦门路）、YINGXIONG Rd.（英雄路）、Shuixiang Rd.（水乡路）、Zhendong Rd.（振东路）等。

这一情况在全国其他城市也不同程度存在，与李姣姣（2017）对哈尔滨市路牌调查结果基本一致。路牌采用汉语拼音还是汉语 + 英语方式？郭建中（2007）提出：用汉语拼音方案作为中国地名罗马字母拼写法，既是国家标准，也是估计标准，理由如下：

《关于重申地名标志不得采用外文拼写的通知》指出：“用汉语拼音方案作为我国地名的罗马字母拼写统一规范是经联合国第三届地名标准化大会通过的国际标准，也是经国务院批准的国家标准”，“各地在地名标志的罗马字母拼写问题上，必须严格遵守国家的这一规定”。“按照国务院发布的《地名管理条例》规定，中国地名的罗马字母拼写，以国家公布的‘汉语拼音方案’作为统一规范，各城市设置地名性质的路牌应遵守此规定。地名标志为国家法定的标志物，地名标志上的书写、拼音内容及形式具有严肃的政治性。为此，就我国地名标志上罗马字母拼音问题再次重申：各地在设立地名标志时，其罗马字母拼写一律采用汉语拼音字母形式，不得采用英文等其他有损于民族尊严的外文拼写”。

鉴于此，我们认为，长株潭路牌名译名须遵守此规定，采用汉语拼音方式，且必须做到一致，不能出现多种标志。这就要求三地地名管理部门相互沟通，出台一个统一规定，并加以落实，以国家标准为要求，实现译名统一化。

就道路交通指示牌而言，长株潭三地存在“只有中文，没有英文标识”“有中英文标识，但类属名采用汉语拼音方式”和“有中英文标识，类属名采用英译”等三种情况。由于现阶段城市发展定位不明确，导致城市语言使用状况不和谐，交通指示牌中汉语拼音与英语混用，没有统一标准。考虑到现阶段城市规模和城市经济的发展程度，以及城市居民的语言文字接受能力，目前长株潭城市群的发展应循序渐进，把握“三高四新”发展定位，主打历史文化名城和幸福和谐之城的名牌，为城市居民打造一个和谐的语言环境，在此基础上融入必要的英文，为城市的进一步发展奠定基础（程展，2013）。

二、标牌统一化

调查发现，长株潭路牌标牌颜色不统一，多半将路牌分为上下两部分，上部分为中文，下面为汉语拼音。中文部分的背景色有的为深绿色，有的为浅绿色，还有的为蓝色，没有做到统一。

国家对道路交通标志和标线有统一标准，高速公路严格采用此标准，标志牌做到了统一，然而对于路牌的规定却不严格，因此各地路牌制作部门各行其是，没有一个统一标准。我们认为，在尺寸、颜色、字体等方面，长株潭三地应该统一，建议中文背景色为绿色，英文背景色为白色，以示对比与区分。

三、功能扩大化

路牌的主要功能在于传递信息，能给人们以道路指示。然而，在完成这一功能的同时，我们还可以发掘其他功能。具体而言，我们可以巧妙利用路牌的正反面，正面标记路牌信息，反面标记其他信息，以求在这方寸之间，将其功能扩大化。

（一）附加地图信息

陌生人到了一座城市，通过查找路牌可以找到方向，然而对于路牌附近的城市布局，尤其是特色景点等信息，不能通过路牌得知，只能通过别的渠道知晓。如果能将这些信息也标注在路牌上，这样对外地人而言就方便多了。沈阳在这方面开了先河。据了解，目前沈阳市已经有38条街道的100处路牌附有地图功能。今年起，这一范围将继续扩大，在主干路、主次干路、繁华街路、商业区等双立柱路牌灯箱上会增设城区地图。同时，还会增设其所在局部地区的地图。地图的标记，可以让外来游客对该城市状况有大致了解，让路牌在发挥其指路功能的同时，起到一个城市介绍的作用。

（二）附加道路历史信息

城市很多道路，有着悠久的历史渊源，路牌上不妨将其来历介绍一下，方便更多市民了解。如长沙著名美食街——坡子街的路牌上，可以附加如下介绍：

坡子街，西起湘江大道小西门，东到黄兴南路商业步行街，全长1500米。因其地势东高西低，呈斜坡状，故名曰“坡子街”。在有史料考证的记载中，坡子街从诞生到现在，已有1200多年历史。

长沙还有另外一条著名的街道——太平街，网上查询其来历如下：

太平街是长沙古城保留原有街巷格局最完整的一条街，坐落于长沙城区中部，街区以太平街为主线，北至五一大道，南到解放路，西接卫国街，东到三兴街、三泰街；其中重点地段为沿太平街、西牌楼、马家巷、孚嘉巷、金线街、太傅里两侧的历史街区，用地面积5.33公顷。鱼骨状街区200年未变，全长375米，宽不过7米，占地面积约12.57公顷，交通十分便利，是“古老长沙”一缩影。自战国时期长沙有城池开始，是古城的核心地带，历经2000多年没有改变。街区内，小青瓦、坡屋顶、白瓦脊、封火墙、木门窗，是这一带民居和店铺的共同特色。老式公馆则保留了较为原始的石库门、青砖墙、天井四合院、回楼护栏等传统格局。整治后的太平街历史文化街区不仅保留了贾谊故居、长怀井、明吉藩王府西牌楼旧址、辛亥革命共进会旧址、四正社旧址等文物古迹和近代历史遗迹，也给乾益升粮栈、利生盐号、洞庭春茶馆、宜春园茶楼等历史悠久的老字号注入生机。街区沿主街有门店 87 个，经营面积近 3 万平方米，以名老字号、字画、民族工艺品、文化休闲产业、特色旅游产品为主，吸引了西泠印社书法篆刻大师李伏雨、李早父子、脸谱艺术大师曾金贵、书画家陈羲明等一批著名人士入驻设立工作室。2019 年被评选为大众点评必吃街 。

对于这样一条历史悠久的古街，有必要将其来历作出简要介绍，让更多居民，特别是外地游客有所了解，发挥城市的宣传功能，让更多的人了解历史，了解城市。

（三）附加其他信息

除了地图和街道来历介绍等信息外，我们还可以在路牌上附加其他信息。长株潭三地有不少旅游文化景点，我们不妨在路牌上，将位于该路段的历史文化景点标记上，这样便于游客了解该路段都有哪些地方可以参观游览，让人们对当地的建筑文化、民俗文化、商业文化等有一个大致了解，这也是语言景观对历史文化的传播与传承所强调的。

道路交通指示牌上也可以附加文化旅游景点信息。笔者在湘潭九华工业园滨江路发现，在一道路交通指示牌上，除了标注路名外，还标注了“九华湖公园”和“九华德文化园”，用以提示游客这两地的具体位置，便于寻找，这种举措让游客得到了除道路交通信息外的更多信息，此方式值得提倡。当然，道路交通指示牌主要为了便于开车人识别，信息过多不能让司机全部浏览，且影响交通安全，因此，在道路交通指示牌上，不应附加过多的信息。

总而言之，作为语言景观一个重要的组成部分，路牌这一语言景观的制作必须加以妥善考虑。我们在确保路牌名中文及译名正确、规范的同时，对字体、设计、颜色等方面要做到尽量一致，作为庄重、严肃的语言景观，不宜过多拥有个性化色彩，应该做到整齐划一。同时，我们建议路牌在完善信息传递功能的同时，最好能最大限度发挥其作用，尽可能实现地方文化的传递与传承功能。

第二节　店名规范研究

一个好的店名和商铺招牌能够带动企业和店铺的兴旺，带来巨大的经济效益。进一步说，店铺所在的商业区作为城市商品集聚和人口流动最大的区域，是一个社会整体发展的直接“晴雨表”，反映出一座城市的经济发展水平和企业形象（刘双颖，2018：17），研究长株潭三地店名更能体现出湖南的城市文化深度和形象。第二篇中，我们针对长株潭城市群店名现状展开了调查，发现存在篡改成语、语言不健康、错误翻译、采用生僻字、抄袭借用、读音拗口等六大问题，本节，我们重点讨论如何对长株潭店名进行规范的问题。

一、命名规范化

店名常见有：饮食、服饰、美妆、医药、珠宝配饰、百货超市、通信类、教育辅导类、其他等 9 类。不管哪一类型的店名，都应遵循规范原则，俗话说“无规矩不成方圆”，规范，是每一店名应该追求的，具体而言，店铺命名应在文字使用、思想内容等方面符合规范。

（一）用词规范

首先，店铺命名应该符合《中华人民共和国国家通用语言文字法》（以下简称《文字法》）的相关规定，使用规范汉字。《文字法》第十三条和十四条规定如下：

第十三条 公共服务行业以规范汉字为基本的服务用字。因公共服务需要，招牌、广告、告示、标志牌等使用外国文字并同时使用中文的，应当使用规范汉字。提倡公共服务行业以普通话为服务用语。

第十四条 下列情形，应当以国家通用语言文字为基本的用语用字：

（一）广播、电影、电视用语用字；

（二）公共场所的设施用字；

（三）招牌、广告用字；

（四）企业事业组织名称；

（五）在境内销售的商品的包装、说明。

因此，规范汉字，成为店名应该遵循的首要法则。规范汉字，是相对于不规范汉字而言的。一般而言，不规范汉字包括繁体字和异体字两类。2001 年 1 月《中华人民共和国国家通用语言文字法》实施，明确规定中国推行规范汉字，同时也明确保留或使用繁体字的范围。目前仍然使用繁体字的地区有中国港澳台地区，此外，新加坡以及马来西亚等海外华人社区多为繁简体并存，在文物古迹、姓氏异体字、书法篆刻、手书题词、特殊需要等情况下保留或使用繁体字。从规范角度而言，类似于“和平驛站”等采用繁体字的店名就不值得提倡。

此外，异体字也是不规范用语现象之一。异体字是字音字义相同而字形不同的一组字。异体字为不规范字，除姓氏和某些特殊场合外，不再使用，1955 年 12 月，文化部公布了《第一批异体字整理表》，根据从简从俗的原则，规定了 810 个正体字，淘汰了 1055 个异体字。如株洲有一家名为“清真犇羴鱻”的饭店，店名十分费解。该店名笔画繁多（“犇”12 画，“羴”18 画，“鱻”33 画），又都是已废除的异体字、生僻字，这是不应该使用的。

其次，店名应该慎用仿拟造词。仿拟是汉语造词的一种手段，适当运用，能扩大汉语词汇量，丰富语言表达，并收到语言幽默的效果，因此在店名、广告、文学作品中广为使用，如有人仿《陋室铭》拟创造出如下作品：

才不在高，有官则名；学不在深，有权则灵。这个衙门，唯吾独尊。前有吹鼓手，后有马屁精；谈笑有心腹，往来无小兵。可以搞特权，兴帮亲。无批评之刺耳，有颂扬之雷鸣。青云直上天，随风显精神。群众曰“臭哉此翁！”

该文借用《陋室铭》语言风格，对官场中的腐败现象予以辛辣的讽刺，收到了很好的表达效果。

作为店名，也有使用仿拟的。然而，仿拟的使用须慎重，有些仿拟牵强附会，破坏了词、句、篇的原有结构，产生了不良效果。如前面我们提到过的店名：

（1）胡丝乱想（某理发店名）

（2）无饿不坐（某饭店名）

（3）饭醉团伙（某饭店名）

（4）衣目了然（某服装店名）

（5）湘当有味（某饭店名）

我们认为此类店名不妥。例（1）—（3）店名仿拟具贬义的词汇，给人一种厌恶感，人们会联想该店提供的产品一定质量好不到哪里去；例（4）和例（5）勉强可以，不过，仿拟应该讲求所填词汇（模标）与原有词汇（模槽）在词性上相吻合，否则就会产生仿拟词汇不合现象，其结果就是造成中小学生对该成语的误解。为避免此现象，我们不妨加引号，将上述二则店名改为“衣”目了然和“湘”当有味，这样表示该店名是模仿固定词语“一目了然”和“相当有味”而成，并且突出了店铺特色，售卖的是衣服，饭店主打湘菜。我们发现，加了引号，效果截然不同。

仿拟分为谐音仿和语义仿两类，店名多使用谐音仿拟手段，即利用与原有成语同音或近音的手段，巧妙替换其中某个词语，产生新词。好的谐音仿能收到良好表达效果，但是使用不当，容易产生不良后果，对此，单建国律师持批评态度，他在微博《对当前低俗文化现象系列批判之二》① 中写到：

互联网上曾有这样的报道：有小学生因受电视台播出的淋浴热水器广告的影响，而导致在作业中错误地将成语“随心所欲”写成了“随心所浴”。现实生活中这种例子还很多，这都是谐音字惹的祸。

现如今，不论是走在大街小巷，还是看报纸看电视，或是上网，商家招牌和广告中的谐音字比比皆是，使用谐音字成风，而且完全是处于彻底泛滥的状态。这种使用谐音字泛滥现象最初是从广告行业开始的，一些广告商在承接制作广告时，为了标新立异、夺人眼球，不顾语言文化传统和规范，故意篡改成语或词语，故意使用谐音字。比如前面所说的热水器的广告是“随心所浴”，

① 滥用谐音字是破坏、玷污和亵渎传统文化_ 单建国律师_ 新浪博客 http://blog.sina.com.cn/s/blog_ 63000be00102xozv.html。

有的止咳药品的广告是“咳不容缓”，口腔药品的广告是“快治人口”，治胃病的药物广告是“无胃不治、无所胃惧”，自行车的广告是“乐在骑中”，治疗痔疮的药物广告是“有痔之士、痔在必得”，等等。

有些商家在起字号时也使用谐音字。比如前面说的服装店的招牌是“衣衣不舍”，火锅店的招牌是“锅色天香”，酒吧则叫“朝酒晚舞”，餐馆叫“谈骨论筋”，有的电视台的餐饮美食节目的名称就叫“食全食美”！一次我在岳阳出差时，看到一家餐馆的名字竟然叫“无饿不坐”。这种谐音字滥用的现象在住宅小区的名字乃至人名中也同样存在。

汉语语言文化源远流长，博大精深。汉字是汉语语言文化的主要载体，清代《康熙字典》中收录的文字有近五万字，《新华字典》中收录的汉字也有一万字。我们的祖先用这种文字创造了光辉灿烂的中华文化，在历史上却从未有过疯狂滥用谐音字的低俗文化现象。

滥用谐音字，又是一种偏离了传统文化的、低俗的文化现象，毫不客气地说，甚至根本不配称之为文化，完全就是一种玷污传统文化的垃圾。为什么这种低俗文化盛行？不是因为我们的文字数量太少，也不是我们的思想和创造力已经枯竭，我想根本原因应当是：商家和媒体的轻薄浮躁、利欲熏心、不学无术、不择手段和哗众取宠！这种现象不仅在降低公众审美标准和品位，同时也在破坏传统文化，更可怕的是这种现象对正处于求知阶段的未成年人，特别是小学生而言，会造成极为严重的负面影响。在国家经济快速发展、人民生活水平大幅提高、国力明显增强、国际地位显著提高的伟大时代，出现这种低俗的文化现象，是时代的悲哀！虽然一些政府主管部门已经注意到这些问题并开始采取规范措施，但短时间内还难以根治。

有人说使用谐音字有新意、有创意，而且构思很巧妙，然而法国作家巴尔扎克说过：“世界上第一个用鲜花来比喻美女的人是天才，第二个再用鲜花比喻美女的人是庸才，第三个还用鲜花比喻美女的人是蠢才”。

如果使用谐音字仅仅是极个别人的极个别现象，那么我们权且仍然可以说他们是天才或庸才，但是在滥用谐音字的今天，我认为这些人甚至都根本不配称为蠢才，而是蠢货！蠢猪！是破坏、玷污和亵渎传统文化的民族败类！

因此，适当使用仿拟造词手段来命制店名，能收到较好的表达效果。但是使用须慎重，除了要注意词汇的语言色彩外，还要符合语言文字固有规律。

（二）思想健康

生活中往往有些低俗的店名，有损城市形象，影响社会风气和公共秩序。如湘潭市岳塘区检察院旁一巷内有一家名为“叫了个鸡”的店名，就属于此类。

类似例子还有我们前面提到的位于株洲的名为“小三不等位”和“老花甲剽鸡”，这些店名置社会风尚与公序良俗之于不顾，一味追求店名的“新”“奇”“特”，不惜以牺牲社会风尚为代价，对于这种“博眼球”的思想不健康的哗众取宠店铺命名行为，我们应予以批判。《中华人民共和国广告法》第九条明确规定：不得妨碍社会公共秩序或者违背社会优良风尚。据此，有关管理部门完全有理由责令其改正，甚至处以罚款。

店名讲求创意，这无可厚非，好的店名便于人们记忆，引起人们的购买欲，对商品销售起到促进作用，但是，这一切以遵循语言规律和社会风尚为前提，店铺命名，只能在不违背二者的前提下进行。

二、翻译标准化

店名翻译，段胜峰、唐宏敏（2018）提出了三条原则。语言维度：简洁自然，准确统一。即是说店名翻译讲求简单明了，翻译要规范统一，利于指导消费。功能维度：突出信息，兼顾呼唤。这是指向顾客准确传递经营信息，并注意译文对目的语读者所产生的效果与原文对源语读者所产生的效果相同。文化维度：读者优先，易懂为准。店名翻译应将译文读者放在首位，充分考虑译文受众的文化习惯、思维方式和需求，以期原文和译文实现同等的交际功能。我们认为，这可以用来指导店名的翻译。

店名是否使用英文问题，国家没有明文规定。《中华人民共和国国家通用语言文字法》第十三条规定：公共服务行业以规范汉字为基本的服务用字。因公共服务需要，招牌、广告、告示、标志牌等使用外国文字并同时使用中文的，应当使用规范汉字。对长株潭三地店名的调查显示，绝大多数店铺都是中文命名，外文很少，即使有，也以英文为主。然而，既然使用了英文，就必须遵守翻译准则，做到译文准确。

译文准确是翻译的最基本标准。翻译讲求“信达雅”，其中的信就是守信用，就翻译而言，必须与原文保持一致，不能出现错译、误译，否则容易产生负面效应，结果适得其反。比如有人将“太阳花童装折扣店”翻译成为 sunflower，就是误译，sunflower 意思为“向日葵”，“太阳花”的正确译文为 heronsbill。

这种现象在国内其他城市也一定程度上存在。如内蒙古呼和浩特市出现过类似的“神翻译”店名①，例如，“爱尚剪中剪”译成了“Love Cut Cut”，“小徐理发”译成了“Small Xu Li hair”，“上都牛羊肉”则翻译为“All of them are beef and mutton”，这些都属于误译。关于误译产生的原因，呼和浩特住房和城乡建设局工作人员提供的解释具有一定代表性：

该工作人员解释，区住房和城乡建设局联络上一家设计公司，这家公司又将牌匾的翻译工作委托给另一家翻译公司，住建局在前期审核过牌匾排版方案，当时没有问题。“在制作牌匾之前，我们也请了民委的人员审核了蒙文翻译。目前牌匾上出现错误可能有两个原因，一是因为工人不懂英文和蒙文，在安装中出现错误，在蒙文安装过程中，就出现过工人装反了的现象；二是因为呼和浩特市当时大面积做牌匾，制作厂家因为接单量太大，在制作过程中可能出现偏差。”

由此可见，缺乏专业人士认真负责的翻译、审核、校对，是店名误译产生的根本原因。我们认为，要杜绝这一现象，就必须从源头上着手，将店名翻译交由专业人士把关，这样才能将类似问题从根本上消除。

三、功能多样化

现如今，越来越多的商店意识到店名的重要性，如何在激烈的市场竞争中立于不败之地，除了在商品种类、质量和服务等方面加以提高之外，很多商店开始在店名上下功夫，意欲求得一个好的店名，给顾客留下深刻印象。店名承担诸多功能，好的店名应该至少具备两个功能——信息功能和审美功能。因此，在本节，我们围绕这两个功能，就如何进一步规范店名，引导商家命制良好店名提供些许建议。

① 呼和浩特“统一牌匾”行动现大量神翻译店名，官方正逐个审核_ 中国政库_ 澎湃新闻 - The Paper https：//www. thepaper. cn/newsDetail_ forward_ 1765437。

（一）信息功能

信息功能要求店名提供关于所售商品或所提供服务的基本信息，这是店名最为主要的功能。店名本质上也是一个广告，如果没有相关信息，店名也就没有意义，且价值不大。所以，店名最好能将本店经营商品和服务信息体现出来，让人一眼便知店铺经营范围。如“么么哒奶茶”“茶言以沫”“哆哆堡炸鸡汉堡”“蜜雪冰城”等店名均体现了店铺经营商品，以直观手段，呈现商品名，充分体现了店名的信息功能。

然而有些店名没有将商品信息展现在店名上，这有两种情况，一是店铺经营良久，有的甚至是百年老店，经营商品众人皆知，就没有必要在店名上面体现所经营的商品了。如“火宫殿”（小吃）、“杨裕兴”（面食）、“德园”（包子）等店名，在长沙，乃至全省都众人皆知，已经成为饮食知名品牌，其商品信息早已为人所知，此时就没有必要在店名上再费周章了，因此我们认为这类店名仍然有效地执行了店名的信息功能；另一种情况就是商店经营时间不久，人们熟悉程度不高，但是又没有在店名上体现经营商品信息，让消费者感到迷惑，此时我们认为，店名的信息传递功能不强。

总而言之，店名是生意场的名片，浓缩了丰富的商业信息。除却知名商店，一般情况下，店名最好能将商品特色体现出来，有效地执行店名的信息传递功能。

（二）文化功能

语言、文字、文化三者共同承接着一个民族的精神文明之气脉。它们之间息息相关。具体而言，语言通过文字表情达意，文化又以语言文字作载体得以顺利地继承。语言可谓是维系同一民族社会生存发展的重要非物质纽带，通过店名我们既能透视语言现象又能透视文化现象，店名虽小，依然可承载多元文化（龚鹏程，2005），承载中国传统文化、当代流行文化、民族和地域文化等，我们认为，好的店名应该在上述三种文化方面做到有效传承。

1. 传统中国文化

中国传统文化是中华文明演化而汇集成的一种反映民族特质和风貌的民族文化，是民族历史上各种思想文化、观念形态的总体表征，是指居住在中国地域内的中华民族及其祖先所创造的、为中华民族世世代代所继承发展的、具有鲜明民族特色的、历史悠久、内涵博大精深、传统优良的文化（李洪彩，2018）。传统中国文化中的“家文化”在店名中得到体现，长株潭三地大街小巷出现的不少“家菜馆”“私房菜”便是证明。现代社会快节奏的生活，催发了人们归家的渴望，此类家菜馆打着“家”的亲情招牌，力图营造一种家庭氛围，给人以温馨、温暖、和谐的感觉，一下子拉近了与顾客的心理距离。

此外，国人有着对幸福吉祥的心理追求，希望自己一帆风顺，社会安定团结，祈福求吉，渴望太平，有着追求福禄寿喜的心理愿望。顺应此心愿，不少店名纷纷以“福”“祥”“顺”等命名，如“家家福”（超市）、“福满堂”（饭店）、“步步高”（超市）等，以吉利吉祥的店名，求得平安幸福，也顺应了顾客的心理需求。习近平总书记说过：“人民对幸福生活的向往，就是我们的奋斗目标”。通过店名，表达一种对幸福生活的向往，我们认为，这样做是可行的。

2. *浓郁地方文化*

各地都有自己独特的地方文化，店名一定程度上体现了这种地方文化。以西安为例，“唐乐宫”（饭店名）反映了西安古老的历史背景，“皇后大酒店”（酒店名）再现古代帝王及贵族尊贵与豪华的生活，“艺宝斋”彰显西安古朴、高雅的古代文化（宋颖桃，2008）。

长株潭三地都有自己独特的品牌，地方文化凸显。伟人故里湘潭的“毛氏红烧肉”享誉盛名，其来历是因为伟人毛泽东喜欢吃红烧肉，作为毛主席家乡韶山人，当地居民汤瑞仁于1987年在韶山毛主席故居对面创办了“毛家饭店”，其主打的毛氏红烧肉成了“毛家菜”之一，将湖南湘潭地方特色菜发挥至极；又如湘潭的“面面嗦”饭店，作为湘潭知名餐饮品牌，传承了湘潭传统工艺，拥有独创技术，制作的湘潭传统粉面、原味烧麦、脑髓卷、葱油饼、甜酒冲蛋、兰花干子等一系列老湘潭传统小吃，更是湘潭人的舌尖记忆。“面面嗦”是一句湘潭俚语，由来已久，老少皆知，“嗦”是吃米粉和面条时发出的声音，湘潭市民早上喜食米粉，不说去吃粉，而说“嗦粉”，这是湘潭地方文化的体现。简单的“面面嗦”三个字，充满了浓烈的地方气质与民俗趣味。

店名是人类创造化的结果，是个人主体性的具体表现。通过店名，商家给自己建立了一套既感性具体，又超乎之上，具有普遍社会意义的主体力量信息，这种信息是中国店名文化的传承。人创造了店名文化，也在享受着店名文化，最终又要不断改造着店名文化，这就是店名中所蕴藏的创造性特征（王丽梅，2004）。一个店名是否反映着中国传统文化和地方文化，应该纳为衡量店名规范的尺度之一。当然，这并不能作为唯一尺度，不能因此说反映了文化的店名就是好的店名，反之就是不好，应该说传统文化与地方文化在店名中的反映，体现着商家的文化水准和一个城市的文化内涵，既然如此，将丰富、浓烈的地方文化，透过小小店名加以展示，又有何不可呢？

（三）审美功能

店名的审美功能是指该店名能给顾客以美学感受。好的店名应该在给顾客提供商品信息的同时，让顾客感到愉悦。因此，店名必须具备审美价值和记忆价值。审美价值指在审美对象上能够满足主体的审美需要，引起主体审美感受的某种属性。它包括人的美、按照美的规律创造的物质产品美和精神产品美，以及可供人们欣赏的自然景物美。其中审美价值最高的是优秀的绘画、雕塑、建筑、音乐、舞蹈、文学等文艺作品。审美价值观是在历史发展进程中不断变化的。审美价值是客观的，这既因为它含有现实现象的、不取决于人而存在的自然性质，也因为它客观地、不取决于人的意识和意志而存在着这些现象同人和社会的相互关系，存在着在社会历史实践过程中形成的相互关系[①]。记忆价值是指过目不忘，长期存储在人们的记忆当中。具有审美价值的店名就有记忆价值，在众多商店中，如何让顾客能长久记住该商店，是商家所追求的，因此，店名必须讲求审美价值，具有审美功能。

店名的审美价值主要体现在图形美和文字美两个方面，医此，一些店名就以精心设计的图形和文字以达此目的。如下列三个店名：

图 4-1　店名示例 1

图 4-2　店名示例 2

图 4-3　店名示例 3

① 审美价值_ 360 百科 https：//baike. so. com/doc/2003357 - 2119951. html。

图 4－1 为大家非常熟悉的肯德基店名，该 Logo 的来历如下：

1930 年，肯德基的创始人哈兰·山德士在家乡美国肯德基州开了一家餐厅。在此期间，山德士潜心研究炸鸡的新方法，终于成功地发明了由十一种香料和特有烹调技术合成的秘方，其独特的口味深受顾客的欢迎，餐厅生意日趋兴隆，秘方沿袭至今。肯德基州为了表彰他为家乡作出的贡献，授予他山德士上校的荣誉称号。

山德士上校一身西装，满头白发及山羊胡子，一幅和蔼可亲的形象，已成为肯德基国际品牌的最佳象征；图 4－2 为麦当劳店名。大写的字母 M 为 MacDonald' s 的首字母，构成了两个半圆形的拱门，创始人认为，这种造型能够抓住饥饿的开车人的眼球，同时，这个金拱门 Logo 大写的 M 形看上去可以想象为两根弯曲的薯条，很有创意，也具有审美价值；图 4－3 为必胜客 Pizza Hut 标志。必胜客是比萨专卖连锁企业之一，法兰克·卡尼和丹·卡尼两兄弟在 1958 年，凭着由母亲借来的 600 美元，于美国堪萨斯州威奇托创立首间必胜客餐厅，它的标识特点是把屋顶作为餐厅外观显著标志。在必胜客字母设计上，融合了 pizza 的字母和披萨的外观，字母设计风格非常写意，自由奔放，十分符合快餐文化的特点。在配色上不管是哪个版本都将红色元素融入其中，十分醒目、立体，运用了全球化国际化的标志设计言语，以上三图符合具有创意的审美功能。

长株潭三地不乏具有审美功能的店名。如湘潭一家“啤酒配烤肉”的烧烤店，如图 4－4：

图 4–4　店名示例 4

第一，店名色彩搭配适中。“啤酒配烤肉”五个字用红色标识，一来寓意该店生意红火，二来与烤肉的火的颜色相似；“爽”字用蓝色标记，蓝色为冷色调，在夏天喝啤酒给人带来冰爽感受；第二，艺术字体寓意恰当。左上角圆形标志中有“主烤官”三字，让人忍俊不禁。仿“主考”拟“主烤”二字，此乃谐音仿拟。圆形图片下方配有一团火，恰如其分地凸显店家烧烤的主打产品。另外，还有一个点赞的手势，表示该店产品、服务都受到认可。因此，我们认为，该店名具有较强的审美价值。

此外，调查发现，店名多用霓虹灯装点，有的还配有艺术字体，这在大城市中常见，长株潭地区，特别是人流量大的步行街等地，店名常见这种形式。一来因为许多店铺晚间营业，霓虹灯招牌便于顾客识别，二来给招牌带来美感。并且，多加店铺的霓虹灯招牌连在一起，给人以五彩斑斓的感觉，给都市夜生活增添了几分亮色，同时带来光与电的美感，具备一定的审美价值。

不过，我们认为，在带来美感的同时，过多的霓虹灯招牌，难免给城市带来光污染，这个问题也不容忽视。

长株潭店名的规范，要从上述三个方面入手。首先，用词要规范。尽量少用繁体字和异体字，利用仿拟手段造词也要谨慎，滥用仿拟会造成千篇一律的感觉，并带来一定的负面影响。店名从思想上要严加把关，不能有违社会公序良俗，带来精神污染。其次，翻译要标准。店名的翻译要请专业人士把关，相关部门也要肩负起监管责任，不能给外国友人以国人英语水平不高的错觉。最后，店名最好能提供多样化的信息。不但要将商品或服务信息直观体现出来，还要在保留传统中国文化和浓郁地方文化这两方面下功夫，体现店名的文化色彩。此外，具有审美价值的店名，是店家文化内涵丰富的反映，高雅脱俗、讲求创意的店名，是每一个商家在店名这一问题上所应该追求的。

第三节　户外广告规范研究

广告是商品经营者或者服务提供者通过一定媒介和形式直接或者间接地介绍自己所推销的商品或者服务的商业媒介，一定程度上对产品或服务的销售起着促进作用。此外，广告对美化城市形象也起着一定的促进作用。日本建筑学者芦原义信在《街道的美学》中，把建筑本来的外观形态称之为“第一轮廓线”，把户外广告物及其附加物称之为“第二轮廓线”。恰如其分设置的户外广告，无疑是对城市形象的美化，给人以赏心悦目之感（谢春林，2006）。然而，部分广告出现的各种不规范现象，值得重视，我们须在遵守国家法律法规的前提下，遵守《中华人民共和国广告法》，加大对不规范广告的整治力度。

一、思想健康化

广告具有思想性，这是指广告应当不违背社会的公共秩序和良好风俗，具有一定的思想性，符合社会主义精神文明建设的要求。广告的思想性是贯彻宪法的需要，广告领域执行贯彻党和国家政策的需要，以及解决广告实践中存在问题的需要（王瑞龙、彭建安，1997）。

广告在传播商品信息的同时，也在传播着各种不同的思想观念。必须以健康的内容和优美的形式来传播信息，为树立社会主义的道德情操和精神文明服务。任何宣扬资本主义生活方式、腐朽文化、没落观念以及种种荒诞离奇、哗众取宠的广告形式与手法，都与社会主义的广告本质水火不相容。具体地说，广告要发挥其应有的作用，必须净化内容，美化形式（汪建新，1995），将思想健康摆在首位。

调查发现，长株潭三地户外广告整体上都能自觉遵守《中华人民共和国广告法》的相关规定，但是也有不少广告制作者违规操作，龌龊肮脏思想依然存在。如湘潭一店名广告“天王盖地虎 老子有蘑菇”残留着较强的封建思想，房地产广告“走自己的路 让别人无路可走”是一种霸权主义的倾向。“一瓶在手，夜夜风流”体现着腐朽的思想。除了纸质广告外，电视广告中也常常充斥着一些不健康因子，有些产品销售广告夸大其词，动不动就以“帝王般的享受”示人。而部分网络媒体的弹出广告更是不堪入目，内容相当不健康。

思想性是广告应有的灵魂，内容健康、格调高雅是广告制作应遵守的基本原则。陆茵（1997）认为，首先，思想健康的广告必须符合社会主义方向，必须有利于社会主义物质文明和精神文明建设；其次，广告活动必须遵守广告道德和行为规范，把经济效益和社会效益、个人利益和公众利益有机地结合起来，真心实意地为人民服务；第三，广告的设计策划等要坚决执行国家的各项政策、法令、法规。只有思想健康的广告，在具有中国特色的社会主义国家才是可行的，不健康的广告，是应该遭到唾弃的。

二、语言得体化

语言修辞中有一个凌驾于一切原则之上的原则，那就是“适度”，只有适度才能不让藻丽变成花哨，平实变成呆板，明快变成草率，含蓄变成晦涩，繁丰变成冗杂，简洁变成干枯。这个原则又可以叫作“恰当”，那就是该藻丽的地方藻丽，该平实的地方平实。这一原则也可以叫作“得体性原则”，得体性原则是修辞活动中最高最重要的原则，其本质就是妥善处理好交际活动中的各种矛盾，不要走极端，保持适当的平衡（王希杰，2008）。得体性原则要求我们在语言使用中，要注意场合，要根据不同主体、不同交际对象等，采取适当的表达方式。广告语言中，得体性十分重要，要求做到：

（一）清除语言垃圾

语言景观，特别是广告语中，一些语言垃圾时常存在，不雅、不洁的语言，以及夸大其词的语言，在语言景观中不少见。如韩国时尚女装广告——“漂亮的女人爱 JJ”，打起语言擦边球，游走在语言色情的边缘；湘潭楼盘广告——“走自己的路 让别人无路可走”，简直就是语言暴力，是广告创作者的霸权主义思想的语言表征；湘潭跆拳道广告——“学跆拳道来尚德，是您最正确的选择”，明显违反了《广告法》中不能使用最高级等形容词的规定，也是对其他竞争对手的不公。

此外，还有一些广告语存在失范现象。如格力空调广告语：“好空调，格力造”不规范，其言外之意是好空调是格力造的，不好的空调都是别的厂家生产的，不如改成“格力造，好空调”（段美羽，2020）。此外，部分广告英译也存在不规范现象，张宜民（2018）将此类不规范英译归结为词法、句法、篇章错误三类，并提出规避措施。

2021 年两会期间，代表们就“推广国家通用语言文字，弘扬中华优秀语言文化”展开热议。全国政协委员、民进中央文化艺术委员会副主任徐丽桥提出：制定《中华人民共和国国家通用语言文字法》实施细则，为保护汉语、清除语言污染、纠正语言使用违法行为提供法律保障。

语言垃圾的清理，首先需要商家有正确的产品竞争意识，将提高产品质量放在首位，然后才是从广告角度加以宣传；其次，广告从业者提高职业素养，树立语言规范意识，将语言规范摆在重要位置；然后，要加强有效监管，从源头上杜绝不规范广告的产生；最后，要严格相关规章制度，对违法广告严加查处，铲除不良广告的生存土壤。

（二）正确使用修辞

修辞手段的正确运用，能使语言表达得准确、鲜明而生动有力，广告中常使用多种修辞手段，如比喻、拟人、夸张等，其中，对汉语成语仿拟情有独钟，主要因为成语“结构整齐、韵律平稳；历史深厚、自成因果；文化厚重、引发联想；辞藻典雅、信息凝练；寓意深远、富于教化”（杨永林，2004）。成语仿拟给广告商带来的广告效果使得人们对之趋之若鹜，胡乱仿造比比皆是，其负偏离给人们带来的负面效应是对成语的误用与践踏，以至于人们开始呼吁慎用成语仿拟。我们将广告仿拟高频使用所带来的负面影响称之为“仿拟拜物教”（罗胜杰，2012），这里，我们分析其产生缘由及应对策略，呼吁采取相应对策，净化语言文字。

1. 仿拟拜物教的产生

仿拟拜物教是我们对仿拟盲目崇拜、过度使用的一个称呼语，其产生经历三个阶段，表述为：原始拜物教→商品拜物教→符号拜物教→仿拟拜物教，下面分而述之。

（1）从原始拜物教到商品拜物教

原始社会中，人们将某物作为神顶礼膜拜，此乃原始拜物教的开端。囿于历史条件，在人类文明欠发达的原始社会里，人们对许多包括“火”在内的自然现象无法解释，认为它受到一种超乎自然的力量主宰，将其视为支配人们命运的力量，从而形成对这一力量的崇拜，这就是原始拜物教。

到了私有制商品经济时代，通过物物交换，实现着人们的生产关系，人们生产出的物品一旦成了商品，就被当成是权力与地位的象征，主宰着商品拥有者的命运，人们对商品的崇拜就像对神这一偶像的崇拜一样。马克思（2004）指出：“因此，要找一个比喻，我们就得逃到宗教世界的幻境中去。在那里，人脑的产物表现为赋有生命的、彼此发生关系并同人发生关系的独立存在的东西。在商品世界里，人手的产物也是这样。我把这叫作拜物教。”马克思所称的拜物教就是所谓的商品拜物教。在商品拜物教下，劳动的社会性质发生转变，生产关系退化为单纯的物的自然属性，表现为物统治人、支配人的现状，反映着人们的社会观念的转变，导致了对商品的大肆掠夺与占有。随着商品货币关系的发展，人们发现，较之于商品，货币无论在灵活性上还是在储藏功能上都优于商品，于是商品拜物教转化为货币拜物教，进而演化为资本拜物教。

（2）从商品拜物教到符号拜物教

符号学认为，发展到人类文明社会以后，人们对世界的把握以符号来实现，一个产品体现的不仅是使用价值，更多的被赋予了符号的象征意义。如高档香烟、酒类、皮具、名车等高端消费品，其使用价值已退居其次，符号象征成为首选，商品被转变成一种社会符号，变成了一种拥有者所拥有的更多的展现出一种身份地位与权利的象征，这些本为满足人类衣食住行需要的东西，“被厚软而充满符号中介意义的毯子所紧紧包裹着”（贺玉高，2001），符号拜物教由此产生。符号拜物教是符号异化的结果，是商品交换导致的商品拜物教的进一步升级。受此影响，名牌被当成一种区分于常人的符号表征，由此带来了商品社会消费主义的不良奢侈之风，不少人（虽不是全部）通过符号消费，以慰藉物质充盈表象背后所隐藏的空虚心灵。

（3）从符号拜物教到仿拟拜物教

符号拜物教演变的直接结果，就是人们对商品符号的关注超越了商品本真，追求的是一种更为直接的单纯符号，任何产品一旦贴上名牌的标签，便成为一张通向上流社会的通行证，而没人关注这张通行证的真伪。然而这一地位符号的追求所付出的代价不一定是人人都能承受的，这样使得不良商贩生产的仿名牌的山寨产品有了存在的温床，形成了一股特殊的"山寨文化"。如：山寨手机：Nokla（仿 Nokia），cppc（仿 oppo）；方便面：康帅虎（仿康师傅）等等。假冒产品是物的仿造，也是仿拟，假冒品牌名是语言的仿造，对象不同罢了，而语言的仿造是本文关注的对象。类似于"泻停封"（某泻药名）；"客临吨"（某饭店名）、"衣拉克"（某服装店名）等一时间所出现的这种仿名命名现象，拉名人大旗当虎皮，追求的是名人姓氏符号所带来的"名人效应"，在这一表象掩盖的背后，无一不在透露符号拜物教的本质，而符号拜物教产生的根基在于"从生产社会到消费社会的转变"（张天勇，2007a）。

符号拜物教的产生，透露出人们急功近利的思想根基，这一目的的实现，便是通过仿拟来完成，在此，我们称之为"仿拟拜物教"，其定义为：

商品制造，尤其是语言创造中，由于过分依赖仿拟手段而把这一工具发挥极致，以至于成为一种依赖，在命名中将其作为一种达到成功之目的的捷径来崇拜并使用。

仿拟拜物教更多地体现在广告当中。仿影片名《让子弹飞》，以"让××飞"为词语模的仿拟广告如"让钻石飞""让玉石飞"等曾风靡一时，这种现象的背后，是对语言创新的违背，折射的是人们思想意识的浮躁和语言表达的捉襟见肘。又如以"一×在手"为例（罗胜杰、谭芳、郑立平，2010）有如下仿拟：

一灶在手，烹饪不愁（某燃气灶广告）

一卡在手，走遍神州（牡丹信用卡广告）

一杯在手，无限享受（某酒类广告）

一把在手，风雨不愁（某伞广告）

一报在手，遍览神州（某报纸广告）

一册在手，终身受益（某杂志广告）

……

我们不否认作为造词手段之一，仿拟的存在有它的合理性。然在这种表达形式面前，我们应该坦然面对，如果将其视为万事万物的灵丹妙药而不顾场合地滥用，其结果必定带来人类创新思想的停滞乃至退化。一个国家也如此，不推出自有知识产权的创新产品，不能变“中国制造”为“中国创造”，那么中国梦的实现将有待时日。

2. 仿拟拜物教的表征

既然仿拟的滥用成为一种现象，必然以某种形式表征出来，具体分为物的表征和语言表征两种。

仿拟拜物教物的表征方面体现在前面所提及的山寨现象，很多山寨商品，披着创新的外衣，而背地里却干着剽窃、不正当获利的勾当，这是对名优产品的仿冒，也是对知识产权的亵渎。当然部分山寨现象比如“山寨春晚”，其不以盈利为目的，给了老百姓施展自己才华的舞台，而且最重要的是没有给春晚及春晚演员带来不利冲击，与央视春晚一道相得益彰，这不属于拜物教之列。

仿拟拜物教语言表征体现在语言文字方面，具体就是言必谈仿拟，过分依赖对现有成语的改造，而改造的后果显然：无论是在汉语词法还是句法等方面，都存在严重漏洞，这样做非但不能给人们以新颖感，反而激起人们的厌恶情。更有甚者，为达到一夜出名之目的，不惜对名人名言进行胡编乱改，其结果虽然引起人们的一时注意，但不能长久，久而久之，其哗众取宠的作为，换来的往往是人们的敬而远之。

3. 仿拟拜物教的动因

对仿拟，尤其是广告仿拟中的拜物教的分析发现，其产生动因源于以下：

（1）产品销售的急功近利

商品名是产品的身份证，是产品的符号象征，意义重大。孔子曰：“名不正，则言不顺；言不顺，则事不成。”品名好坏的衡量尺度在于其是否能唤起人们美好联想，是否能根植于消费者心中，是否能促进产品销售。而知名品牌的形成是一个漫长的过程，是商品质量与良好信誉的沉淀，也是消费者购买该产品的源动力之一。名牌商品与质量上乘画上等号，对其购买和使用，不仅反映消费者的消费水平和经济地位，而且通过这一行为，可提高自身价值，满足自己的自尊心和虚荣心。这源自后工业社会当中的消费观的改变，消费社会中，人们被塑造成了物欲的奴隶，往往把追求个人的、当下的、即时的享受当作人生的根本目标。

以文艺领域为例，其商业化进程被迅速推进，收视率、票房价值、发行数、赢利指数被当作衡量文艺作品成败的唯一标准，看不到这些大众文化、消费文化、商业文化在西方蓬勃兴起的社会根源和思想根源，它所承担的意识形态职能，以及它在人民群众中所产生的消极影响。

与之类似，产品销售把对商业利润的追求摆在第一位，任何手段都被拿来作为促进销售的手段，而不用顾及这种手段的合理性与合法性。如同法国学者吉尔·利波维茨基所说的：这种“消费的革命及其享乐主义的伦理悄悄地微型化个体，通过将个体深层意识中的社会信仰慢慢地掏空来实现心理与社会现实的嫁接，而变成大众的一种新的特有的行为方式，‘物质主义’在富足社会变得变本加厉了”（王元骧，2009）。基于此，以迎合这部分消费者的购物心态为目的的仿名牌策略，成了商家在最短时间内实现产品销售目的的手段之一，这也是山寨产品产生的根源所在，而这急于求成的仿冒，背后折射出人们心态的浮躁与急功近利。

（2）销售广告的求新求异

“新、奇、特”是商品命名与广告宣传的内在要求，谐音式仿拟是其“帮凶”。谐音式仿拟通过同音现象的中介，让接受者自发地将广告人所传递的新信息转化为自己非常熟悉的语言现象，从而得到愉悦的接受，发布者与接受者双方各有所得，达到双赢之目的（徐国珍，2003），从而实现求新求异。如：

令你无“发”脱身（某养发护发精广告）

屋美价廉（某房地产广告）

一鸣“警”人（某报警器广告）

“无发脱身”，头发再也不会掉了，护发精的效果真不错；“屋美价廉”，言简意赅地表达出房屋较高的性价比；“一鸣警人”，报警器一响，给人以警告。这三则广告无一例外地将产品核心要素“头发”“房屋”“报警器”揉于固有成语中，新颖别致。仿现有成语造词，商界屡见不鲜，称为“词语灌装现象”（吴艳，2004），其高频使用，成全了仿拟的拜物教性质，而这背后也折射出以高度审美化和世俗化为内涵的“舒适”，一跃成为当下时代大众日常生活的主导，多元共生却又拒绝“合唱”，张扬个性却又因加工复制而千篇一律，追求自我却又不同程度上相互“克隆”（范玉刚，2008）。

(3) 名人效应的盲目追求

名人乃公众人物，具非凡影响力，易引人关注，巩俐、张艺谋、赵本山等名人所受的关注度显然比常人高得多。名人的言语、代言的产品等都易成为公众注意的焦点，是谓“名人效应”，因其具有“引人注意、强化事物、扩大影响”之功能，常为广告商利用以促进产品销售。

非但如此，对名人效应的盲目追求导致了一些仿冒名人姓氏的产品名称的出现，他们利用谐音，仿名人姓氏为产品命名，严格意义上说这是对姓名权的侵犯。例如（于全有，2006）：

泻停封（止泻药名，仿艺人谢霆锋名）

催永圆（猪饲料名，仿主持人崔永元名）

王小鸭（羽绒服名，仿主持人王小丫名）

犯痔易（治痔疮药名，仿球员范志毅名）

张一摩（化妆品名，仿导演张艺谋名）

心弃疾（治心脏病药名，仿历史名人辛弃疾名）

缘何傍名人现象层出不穷呢？社会心理学告诉我们，我们的内在态度影响我们的行为（Our inner attitudes affect our behavior.）（David G. Myers，2005）。这一现象取决于我们的内在心理，即借助名人或名事物在社会上已有的知名度和影响力，吸引观众眼球，以迅速扩大产品知名度，快速、便捷地把自己的品牌推向社会，谋求理想效果，受此影响，我们在语言行为上往这方面靠近。但是这必须以不侵犯包括名人在内的他人的利益为前提，如此所为，有损当事人的名誉，违反国家相关法规，应该加以禁止。

4. 仿拟拜物教的应对

对仿拟拜物教顶礼膜拜的结果是言必称仿拟，仿佛这成了商家救命的唯一稻草和良药，有起死回生之功效，然其社会负面效应显然：不但是对传统词语的严重歪曲，也是对名人名言的严重亵渎，必须从以下几方面加以消解。

(1) 弱化媒介力量

媒介是社会强势集团强迫人们接受符号的外力手段，从某种意义上来说，媒介是符号化的共谋（张天勇，2007b）。凭借传统媒介及大众网络等手段，广告以一种不可抵御的力量强迫人们对其中符号加以接受，故而媒介无形中所产生的“商品拜物教效应”造成了人们文化消费的媚俗性和低级倾向，严重破坏了大众的文化品位和修养水平（葛彬超，2009）。虽然我们不否认媒介在产品宣传与推广中所起的重要作用，但是不能完全依靠媒介力量，产品质量方是关键。所以，弱化媒介力量，强调产品质量，这是我们要做的。

（2）转变消费认同

“认同”可以看成是自己对自己的看法与他人对自己看法之间的斗争（In fact，we might see identity as a struggle between what I think of myself and what others think of me.）（Leo van Lier，2012）。消费一件产品，意味着对该产品的认同，它是构建认同的“原材料”，也是认同得以表示的符号表征。正如人类学家弗里德曼所说：“在世界系统范围内的消费总是对认同的消费”（Friedman Jonathan，1994）。市场经济给人们的生存方式提供了可能，人们选择消费方式的类型，多半“是由人们的认同所决定的”（王宁，2001），而对产品的认同取决于多种因素，有的是多种因素的共同作用。如只关注质量，不管其包装，这是一种认同；将产品外包装看成首要，不怎么关注其产品质量，这也是一种认同；还有购买那些名人代言的产品，这还是一种认同。人们对产品的认同受到外界因素影响，名人代言行为将示范性认同框架加于消费者之上，消费者因此产生对该产品的认同因而实施购买行为。山寨产品兴起之风是对产品符号的认同，仿名人姓氏产品生产厂家看中的就是消费者对名人的认同。如何消除这一现象？只有转变消费观念，建立对产品质量的坚定认同，消除对名人效应的盲目认同，这种仿拟拜物教才失去立足之地，因而也就不攻自破了。

（3）摒弃游戏语言

因其借用已有的语言形式推及其他，仿拟是一种语言游戏，遵循自有游戏规则，意义体现在使用当中。仿拟游戏规则受制于语言规则，语言中的语音、词法、句法等是仿拟所应遵循的规则。绝对的遵守似乎不大可能，然知识性、趣味性、高雅性是仿拟所应遵守和达到的，低级趣味的东西不应该成为仿拟语言游戏的特性之一。如：“To smoke or not，that is a question.”仿自莎士比亚的名句“To be or not to be，that is a question.”该句将吸烟与生死紧紧联系在一起，给人警示，发人深省，人们不但可以感受语言游戏创新的乐趣，而且能从中感受到其中所蕴含的知识性，因而此类仿拟是我们应推崇的。而违反这些规则，上述诸如“泻停封”之类的仿拟，擅自对名人名言胡乱更改，这样做非但谈不上给人以知识性和趣味性，更给名人带来了名誉上的伤害，给人们带来厌恶之情，让人觉得是哗众取宠，这种语言消费的畸形变态，不是语言游戏，而是游戏语言，其背后有着一定的现实根源，它或是特殊群体的智力炫耀，或是去神圣化的现代心态的现实体验，或是一种身份认同的传播手段，它“消解着表达内容的严肃性，影响了表意的准确性”（徐默凡，2012），这种游戏语言的做法是我们要摒弃的。所以我们认为，去除功利性因素，追求高雅趣味的审美文化，能够从根本上消除仿拟拜物教生存的土壤。

综上所述，仿拟的使用固然可以带来意想不到的语言修辞效果，但对其盲目崇拜的结果只能使人陷入一种误区，认为它是一种万能良药，这是不对的。仿拟拜物教的存在，关键在于当代审美文化的功利性，以功利性为先导的当代审美文化在极大地丰富了人类审美活动的内容和形式的同时，由此带来了文化艺术的泛化、大众化和商品化，然而却消解和异化了美学精神（徐蓓春，2005）。提倡正确的仿拟，反对仿拟拜物教，剔除语言中的山寨文化，加强文化创新，积极推进社会主义核心价值体系构建，守护人文理想，安顿现代人焦躁不安的灵魂，这应是我们所推崇的。此外，在语言的选择上，不必唯仿拟之马首是瞻，孙武曾说：“兵无常势，水无常形；能因敌变化而取胜者，谓之神”。我们应审时度势，让语言随环境变化而变化，讲求商品命名与使用中的“信达雅”，明晓“道可道，非常道；名可名，非常名”的哲学底蕴，以无名胜有名，自然可做到无声胜有声，拜物教之阴霾自可不驱自散。

广告语言的规范，思想健康排在首位。健康的思想是衡量广告语言的首要标尺，要努力杜绝一切不健康思想在广告语中的存在，从思想根源上铲除不健康广告的生存土壤。此外，广告语言必须得体，充斥暴力与色情的广告不能出现在公众眼球之中。广告语言创作过程中，在不影响语言的整体效果、不给国人带来词语上的误解的前提下，采用适当的修辞手段是有必要的，也是可行的。然而要注重手段的创新，不能人云亦云，要避免对某种修辞手段，如仿拟的过分依赖。

第四节　户外标语规范研究

户外标语是“以文字的、简短的、醒目的、句子化的形式，在户外发布的旨在让社会公众接受的言语行为”，分政治性、公益性、商业性、个人性等四类，户外标语是如此深刻地影响着我们的语言生活，我们要努力提高我国的语言生活质量，就不能不高度关注户外标语口号的研究（胡范铸，2004）。针对长株潭地区户外标语中存在的用语不文明、对名人名言胡乱更改和错误翻译等现状，提出相应规范策略。

一、规范语言文字

语言文字规范，是所有语言景观都应遵守的基本规则，户外标语也不例外。调查显示，长株潭政治性和公益性标语语言文字都较为规范，但商业性和个人性标语依然存在个别语言文字不规范现象。如：

（1）禁止<u>行</u>车，车损自负!!!

（2）弘扬传统美德<u>遵</u>老爱幼 邻里互助 共<u>延</u>和谐社会

（3）爱妻爱子爱家庭 不守交法等<u>於</u>零

上述三例均使用了不规范汉字。例（1）中的“行”字已经废止不用；例（2）中的延字也是如此；例（3）中的“於”字使用了繁体字，这严重违背了《中华人民共和国国家通用语言文字法》中关于公共场所的设施用字应当以国家通用语言文字为基本的用字规定，这些简化字和繁体字不能出现在公共设施当中，应予以规范。

此外，户外标语应注意语言文字通顺，不能因为过分追求字数对等和韵律整齐而出现语句不通顺等错误。如标语“安全是一分小心 安全是一个家庭”中，“安全是一个家庭”这句话搭配不当，宜改为“安全系每个家庭”，这样语句就通顺了。

有时候，标语中的标点符号也出现使用不当现象。如：“实施科教兴国，与可持续发展战略”和“军队是个大学校、大熔炉、当兵最能受教育、受锻炼”中出现了标点符号误用现象。“科教兴国”后面不用逗号，“大熔炉”后面的顿号应改为逗号（吴杨辰子，2013）。

语言文字规范是户外标语应该注意的首要问题，不当的语言文字，非但不能起到宣传作用，反而给人以错误引导，有损城市形象。

二、善意语言表述

户外标语起着提醒、规劝、号召等作用，其语言文字除规范以外，字里行间宜充满善意，不应出现恶意甚至威胁字样。长株潭户外标语大多注意了语言文明，以礼貌用语示人，有的直接引用名人名言。2020 年新冠疫情期间，为了规劝人们居家隔离，各地纷纷张贴标语，打出各种口号，如：

（1）少扎堆，戴口罩，多运动，保营养，常洗手，勤通风，心态好，不信谣。

（2）抗击新冠肺炎疫情，人人都有群防责任。

（3）不集会，莫串门，疫病传播不认人。

（4）戴口罩，勤洗手，窝家中，勤通风，不接客，不串门。

这些标语以防止疫情传播为目的，采用劝导性文字，号召人们做好疫情防控措施，以善意的语言表述，起到了提醒作用。

此外，随着新冠疫情在全世界的蔓延，为了让疫情高风险地区人们能响应政府抗击疫情号召，出现了更具震慑性疫情防控标语口号，如：

（1）带病返乡不孝儿郎，传染爹娘丧尽天良。

（2）今年上门，明年上坟。

（3）谁隐瞒疫情，谁就是千古罪人！

（4）蝙蝠炖汤，棺材反光。

（5）今天沾一口野味，明日去地府相会。

尽管上述标语语言文字有些“狠”，但是在来势凶猛、后果严重的疫情面前，礼貌的规劝，可能起不到应有的作用，此非常时期，使用一些警示效用更加明显的标语，我们认为是可行的。

较之于上述震慑力强的标语，有些表达规劝意图的标语，还可以借助语言文字表达手段，使得标语充满温馨和善意。如2021年全民打疫苗期间，深圳打出两条标语：

（1）我们一起打疫苗 一起苗苗苗苗苗

（2）建立全民免疫 需要你的一“臂”之力

例（1）仿拟流行歌曲《学猫叫》歌词“我们一起学猫叫，一起喵喵喵喵喵”。该歌曲自2018年以来，因简单欢快、节奏性强而风靡网络，尤其在短视频的助力下，几乎成为谁都能哼唱两句的洗脑神曲。此标语模仿歌词而作，读起来朗朗上口，一些人忍不住哼唱起来；例（2）“一‘臂’之力”用得非常好，一语双关。打疫苗需要人人献上一臂之力，同时，打疫苗也需要大家伸出手臂，此标语收到了很好的表达效果。由此可见，充满善意的、语言形式生动的标语，是我们应该提倡的。

然而，在一些偏远农村地区，以及校区楼道、垃圾场附近，还残留有一些言语粗暴的户外标语，如个人标语“乱倒垃圾 全家死绝！”等，这些属于语言暴力，不宜使用。

如非必要，户外标语在语言表述上应该礼貌示人，以善意的语言表述，达较好的规劝效果，这一来是语言文明的需要，二来是社会和谐的补充，那些充满暴力的语言垃圾，是户外标语应该摒弃的。

三、加强规范管理

户外标语的规范，只靠制作者的自律还是不够的，需要采取措施，从各方面加以管理，还户外标语思想纯洁、语言干净、内涵充裕的本来面目。具体而言：

首先，加强语言文字规范宣传力度。一定要通过报纸、电视、网络等媒介，加强《中华人民共和国国家通用语言文字法》（简称《语言文字法》）的宣传，让民众能够认识到使用规范的语言文字是每一位公民应尽之责，在实际工作与生活中，做到自觉遵守《语言文字法》，使用规范语言。

其次，加大学校语言文字教育力度。学校承担着教书育人、科学研究与文化传承等功能。作为培养人才的摇篮，学校理应肩负起教育之重任，教师在教学当中，要传授基础、标准的语音、词汇、语法知识，让学生充分认识到语言规范是语言得以健康发展的必由之路，在教学中使用规范语言，只有这样，才能让学生形成良好的语言文化基础，并在未来踏入社会之后，成为一个积极倡导语言规范使用的主体，在语音、词汇、语法等方面不超出、不违反规范；对现实生活中违反语音规律、生造词语、滥用词语、不顾语法规则乱造句子等现象加以区分和抵制，让越来越多的人按照语言规则使用语言，从教育着手，让一代代人提高觉悟，共同维护民族语言生态环境的纯洁与健康发展（李衍明、丁安英，2017）。

最后，进一步完善法律法规。语言规范，离不开适当的法律法规约束。因此，我们建议进一步完善相关法律法规，从政策层面对违反《语言文字法》的行为加以约束，动员全社会力量，对违规户外标语行为进行举报，及时发现问题、处理问题，对不规范的语言问题加以纠正，对语言暴力行为严加约束，责令其改正。同时，文化稽查部门也应肩负起监督责任，对创作发布不当、标语管理不到位的组织和个人则加以惩戒和处罚，确保社会语言环境的净化与和谐。

第五节　公示语与旅游景区标识语语言规范研究

戴宗显、吕和发（2005）将公示语定义为“公开和面对公众，告示、指示、显示、警示、标志与其生活、生产、生命、生态、产业休戚相关的文字及图形信息”，并将其按示意功能分为指示性公示语（提供信息服务）、提示性公示语（提醒作用）、限制性公示语（限制某种行为）和强制性公示语（必须采取或不得采取某种行为）等四类，其规范研究主要从语言表达和翻译两个角度进行。

一、语言规范化

公示语的目的在于提醒、规劝等，其语言风格宜简洁明快、突出重点，不用冗长话语，简单易懂，作为一种特殊语言传播形式，要能对特定的功能、意义进行准确表达，仅使用一些主题词语或实词就可以，一些虚词如助动词、代词等可以省略（朱玉敏，2015）。

从语气来看，公示语多遵循礼貌原则，使用“请”“请勿”“欢迎”等字样；从语言特征来看，公示语主要以词组、短语、句子或短语篇为表现形式；从所展示的信息来看，可将其分为两大类，即“表示‘静态’意义的指示性、提示性公示语，多用名词，直接而又准确地显示特定信息；表示‘动态’意义的限制性、强制性公示语，表现为大量使用动词或动名词，将公众注意力集中到应采取的某种行动上”（王艳菊、田应华、戚雯钰，2016）。因此，我们要准确把握这个原则，用词以短小精炼为宜，如："请节约用水""小心烫伤""来也匆匆、去也冲冲""有电危险"等。

然而有些公示语却没有遵循此原则，甚至出现语言错误。如某商场自动扶梯公示语："体弱老人和儿童一定要在健康成年人的搀扶和陪同"。此公示语长而且有语病，宜改为："体弱老人与儿童乘坐此梯须有健康成年人的搀扶和陪同"。又如某公示语："进一步加大教育转化成果"语句不通，应改为"进一步加大教育成果转化力度"。此外，错别字、词语误用也是母语方面常见问题之一。如某液化气站公示语："液化汽站 禁止吸烟"将"气"与"汽"混淆，正确表达应为"液化气"。

同样，旅游景区语言也存在不规范现象。如："此瀑布像孔雀开屏时的状态，潇潇洒洒，水飞溅到石壁上，触石腾空，如雾如气，山风夹着雾扑面而来，顿感凉爽怡人"。这里存在主谓搭配不当现象，不符合汉语表达习惯。另外，该句中的标点符号也不规范，一连串的逗号，易让中文水平不高的游客难以断句，令其费解（郭滨、曹晶晶，2019）。

语言是一面镜子，反映一个时代、一个国家、一个民族的精神风貌，同时也反映一个人的思想情操和文化修养（王胜利，2003）。城市公共场所的语言服务建设，不仅可以为人们提供具体信息和警示，有些还能向人们科普相关知识，宣传正确的思想道德观念（李翠媛，2019）。因此，我们要加强语言规范意识，提高公示语制作单位的语言文字水平，同时，社会各界也要对公示语加以监督，发现问题，及时反馈，立即整改。

二、翻译标准化

关于公示语和旅游景区标识语翻译规范问题的研究很多，在本书第二章我们指出了长株潭地区公示语和旅游景区标识语翻译中存在的误译、错译等问题，在第三篇第三章中，我们就"规范的外文翻译"提到，语言景观翻译要做到信息准确、译语规范和译本统一，这些原则对公示语和旅游景区文字翻译都适用，本节我们继续对此类文本的翻译标准化问题进一步讨论。

（一）翻译标准的定义

著名翻译家严复在《天演论》卷首的《译例言》中提出了著名的"信、

达、雅”翻译标准。严复曾说：“译事三难：信、达、雅。求其信，已大难矣！顾信矣，不达，虽译，犹不译也，则达尚焉”。后来，在此基础上，有人（张培基，2018）将翻译标准概括为“忠实、通顺”四字。所谓忠实，首先指忠实于原作的内容。译者必须把原作的内容完整而准确地表达出来，不得有任何篡改、歪曲、遗漏、阉割或任意增删的现象。所谓通顺，即指译文语言必须通顺易懂，符合规范，译文必须是明白晓畅的现代语言，没有逐词死译、硬译的现象，没有语言晦涩、佶屈聱牙的现象，没有文理不通、结构混乱、逻辑不清的现象。鲁迅先生所说的“翻译必须‘力求其易解’”也就是这个意思，这是在通常情况下所必须遵循的准则。

（二）公示语与旅游景区标识语翻译的规范

确定了翻译标准后，我们按照“信、达、雅”这一标准，对公示语和旅游景区标识语翻译规范进行研究。

1. 信

在大多数人看来，严复的“信”是指忠实于原文，这其中，伍光建、廖七一的观点较有代表性。伍光建说，“信达雅”三个字的分量并不一样，“信”或“忠实”于原文的内容及风格，应奉为圭臬①。因此，公示语和旅游景区标识语翻译首先要做到忠实于原文。然而，我们看到部分公示语译文并没有做到这一点，错译、误译比比皆是。将“革命区”译成 leather life zone（皮革生命区）、“滴水洞”译成 drip cave（滴水的洞），更有甚者，译文与原文根本不对应，原文是一回事，译文完全变成另一回事，驴唇不对马嘴。这种现象存在的根本原因不在于译者的翻译水平，而是根本没有经过专业人士把关，完全是机器翻译、胡乱翻译，甚至是胡乱拼凑而成，完全没有讲求翻译的“信用”，根本谈不上忠实于原文，这种做法是我们要坚决抛弃的。由此可见，公示语与旅游景区标识语翻译规范的第一要义便是“信”，即忠实于原文。

2. 达

严复称《天演论》是“侯官严复达旨”，而非“翻译或译文”，所以严复的

---

① 参见伍蠡甫《伍光建翻译遗稿·前记》，《翻译通讯》编辑部编《翻译研究论文集（1949—1983）》，外语教学与研究出版社，1984 年版第 325－326 页。

"达"是"达旨"，而非"通顺、畅达"。在今天，当我们翻译英语长句时，会根据目的语的表达习惯采用相应的翻译策略来调整译文的词语顺序和句子结构，这是译界常识（付艳艳，2020）。据此，公示语和旅游景区语言的翻译不宜过分拘泥于形式，要根据英汉两种语言表达习惯，采用一定的翻译策略，在确保意思表达到位的前提下，适当加以变通。如公示语"水深危险 当心跌落"，完全没有必要逐词死译成 DEPTH OF DANGEROUS BEWARE OF DECLINE（译文本身存在错误），可以采取西方人常用的表达手法，译成 CAUTION//Deep Water 即可，这样确保了译文的达旨。同样，在部分旅游景区标识语译文中，我们可以从语篇角度加以全盘考虑，进行必要的语言调整，没有必要一成不变，一切须以达旨为要。

3. 雅

关于"雅"，翻译界争论颇多。王佐良有关"雅"的说法是："严复意识到西方著作对于那些在中古梦乡中酣睡的人来说，是难以下咽的苦药，因此他便在上面涂了糖衣，这糖衣就是士大夫们所推崇的汉以前的古雅文体，'雅'是严复的招徕术。'雅'同'信'紧密相连。雅不是美化，不是将'粗俗'的文章翻译得'高雅'，而是一种努力，是要传达比字词句的简单含义更精微的东西，即原作的精神光泽"（转引自付艳艳，2020）。在公示语翻译中，做到"雅"很难，因为公示语多表提醒、规劝、禁止等，其文学成分很少，翻译中一般做到"信"与"达"即可；而旅游景区标识语翻译则不同，有的景区风景介绍文字优美，这时候要译成英文或者其他语言，"雅"还是能派上用场，我们可以考虑到外文表达习惯，对这种文学语言加以变通，译成同样优雅的外文，当然，这要求译者具有较为高超的翻译水平才行。

综上所述，公示语和旅游景区标识语翻译规范首先必须做到语言表达无误，不能出现文字错误，其次要遵循翻译标准，译文首先讲求"信"，即忠实于原文，其次做好"达"，即译文通达、流畅，最后追求"雅"。

第六节　名企商标英译规范研究

商标是商品显著特征的浓缩与商品文化的核心，也是企业参与国际竞争的有力武器。商标名翻译是商品在他国或地区的再取名，商标译名是产品进入他国市场的利器，优秀商标译名可树立品牌形象，创造商业利益；反之，则给企业造成严重经济损失，影响企业甚至国家形象，商标英译重要性不言而喻，提高译名质量值得研究（陈东成，2008）。好的商标翻译，应不仅反映原有商标和企业内涵，准确传达商标所蕴含的丰富信息，而且要做到形美、韵美、意美，做到简洁、易读、易记、易懂，刺激消费欲望。

湖南省拥有类似于“中联重科”“三一重工”“湘潭电机”等国内外驰名品牌企业，涉及生活的方方面面，品牌具经济价值和社会价值。名企商标多印于产品上，同时也作为公司厂名，对外起到宣传作用，因此，商标也应纳入城市语言景观研究对象。为此，我们拟对湖南名企商标英译规范问题开展研究，了解其现状，提出规范对策。

一、现状调查

为了解湖南省名企商标英译现状，我们特意做了调查，以下是调查情况与结果分析：

（一）研究意义

调查与研究的意义有三：第一，从商标翻译的文化建构层面考察翻译的文化传播特征，进而揭示翻译的文化传播规律，探究新时期译学界同仁的选择、矛盾与困惑，从一个侧面参与对话；第二，繁荣我国的翻译事业和文化。国际译学界在“翻译的文化研究”领域所面临的一系列问题，如民族性与世界性问题等，仍是我们思考和努力解决的问题。研究国内译界同仁的选择与困惑，探寻翻译的文化传播规律，构建强有力的中国现代文化，提高我们的话语权，对我们的文化建设和翻译事业的繁荣有一定的启发意义；第三，弘扬湖湘文化。通过研究，优化湖南名企商标英译，传播本土文化，助推文化强省。

（二）调查对象

国家市场监督管理总局（原国家工商总局）于2010年2月公布了新认定的386件中国驰名商标中，湖南省有（迅达）、（步步高）、（闪星）等10件商标被认定为中国驰名商标，2011年公布有37家，2012年达45家。至此，湖南企业在中国驰名商标数量上位居中西部第1、全国第8，一批商标被评为相关行业的中国最具有竞争力的商标。然而，湖南名企商标英译中难免存在一些误区，这极大地阻碍了企业品牌的推广和国际化进程。为进一步了解湖南名企商标英译现状，我们特意调查了其中的25项，根据调查结果，分析存在问题，提出相应对策，旨在强调商标英译中的湖湘文化的构建与传播。

（三）调查目的

好的商标翻译，能反映原有商标和企业的内涵，准确传达商标所蕴含的丰富信息，刺激消费欲望，创造良好销售业绩。调查湖南名企商标英译现状，目的在于：

（1）优化商标英译，加强品牌推广。通过商标英译的优化，可提升湖南名企参与国际市场竞争意识，加强品牌推广。

（2）打造企业形象，树立国际品牌。商标名积淀本国文化，代表产品形象，标志产品身价，优秀的商标翻译利于树立品牌形象。

（3）弘扬湖湘文化，助推文化强省。《湖南省文化强省战略实施纲要

(2010—2015 年)》提出："……积极推动文化大省向文化强省迈进，努力打造湖南文化高地……其主要任务是：①发展先进文化。把社会主义核心价值体系体现到企业文化中；②弘扬湖湘文化……"湖南商品要打入国际市场，就要树立良好的商品形象，而好的商标翻译是其关键一环，有助于弘扬湖湘文化，助推文化强省。

（四）调查结果

针对上述调查情况，我们对 25 项典型商标英译情况做了分析，结果如下：

对湖南省 25 件著名商标调查分析发现，其英译文构词形式主要有以下四类：

（1）使用汉语拼音。从表 4－1 可以看出，60%（15 件）的商标译文采用的是汉语拼音。

表 4－1　汉语拼音商标

译文形式	汉语商标	英文译名	汉语商标	英文译名
汉语拼音	华天	Hua Tian	酒鬼	Jiugui
	九芝堂	Jiuzhitang	隆平	Longping
	忘不了	Wangbuliao	新旺	Xin Wang
	金浩	Jinhao	迅达	Xunda
	明园	Mingyuan	金旺	Jingwang
	金健	Jinjian	正虹	Zhenghong
	通程	Tongcheng	古汉	Guhan
	步步高	Bubugao		

（2）英汉混杂（部分使用英语，部分使用汉语拼音）占 8%，见表 4－2。

表 4－2　英汉混杂商标

译文形式	汉语商标	英文译名	汉语商标	英文译名
英汉混杂	千金药业	QianJin Pharmacy	新五丰	New Wellful

（3）使用英语普通词汇。此类有 5 件，占 20%，见表 4－3。

表 4－3　英文命名商标

译文形式	汉语商标	英文译名	汉语商标	英文译名
普通词汇	晚安	Good night	心相印	Mind Upon Mind
	远大	Broad	闪星	Twinkling Star
	龙牌（酱油）	Dragon Brand		

（4）使用臆造词（由企业主管或商标设计人员按自己的主观意愿并结合一定的构词法规律创造出来的新词）占 12%，见表 4－4。

表 4－4　主观臆造商标

译文形式	汉语商标	英文译名	汉语商标	英文译名
臆造词	圣得西	SUNDANCE	中联重科	ZOOMLION
	华凌	Valin		

（五）发现问题

调查分析发现，湖南省对外企业商标名英译存在三个方面的问题：

1. 过度使用拼音

拼音化曾是汉语商标命名国际化的主要手段，特别在中国改革开放之前，有人简单认为，拼音化就是汉语商标命名国际化。湖南对外企业商标名翻译中拼音翻译现象普遍存在。如邵东县吉利打火机制造有限公司出产的新旺（XIN WANG）打火机，迅达科技集团股份有限公司出的迅达（XUNDA）燃气炉，湖南金旺实业有限公司的金旺 JINWANG 铋锭、氧化铋等。尽管有少数商标以汉语拼音作为英文商标取得成功，如 ANTA（安踏）、AILE（爱乐），但由于汉语拼音的主要功能与商标的作用存在巨大差异，并且汉语拼音拼写迥异于英语拼写规则，对于非汉语本族语的人们来说，汉语拼音只是一种不符合任何逻辑的字母堆砌，导致所译商标词冗长繁琐、拗口难读，从而失去了商标词最基本的特征——简洁、易记。而且拼音这种语言形式与文化内涵无法对应，甚至可能被外国消费者张冠李戴，使商标汉语原文包含的美好寓意荡然无存，使活灵活现的商标变得索然无味，成为一个冷冰冰的符号，从而使英语本族语的消费者根本体味不到这些商标的内涵，难以引发消费者的购买欲望。如运动品牌“贵人鸟”的音译—Guireniao，对英语本族语的人们而言，只是长达 9 个字母的毫无逻辑的堆砌，丝毫体会不到如此深刻的文化底蕴（王才英、刘芬、林璇菲，2010）。从25项名企商标英译调查得知，湖南名企60%采用这一翻译方法，可谓对商标英译的重视不够，缺乏斟酌。

2. 忽视文化因素

汉语商标名所具有的丰富文化内涵要通过翻译完整再现于译文中十分困难，因为汉语读者的文化背景与英语读者的文化背景差异很大，必然会导致文化因素的传递障碍。然而，汉英双语所涉及的文化差异并不能阻止我们运用灵活的翻译手段做适当调整，将汉语的文化寓意通过变通手段反映到英语译文中，问题的关键是，译者是否具备英语文化知识。译者掌握好英语的文化知识以及英语民族的风俗习惯，至少可以避免违背英语民族文化传统的译文出现（刘法公，2003）。企业在给商品商标定名时，要充分考虑世界各国各民族的民俗风情、语言文字等文化禁忌，力避禁忌。然而调查结果发现，湖南省内甚至国内在商标名汉英翻译上存在的一个普遍问题在于忽视目的语所蕴含的丰富的且与众不同的文化因素。如湖南知名品牌“龙牌酱油”的“龙牌”商标就存在类似问题。该产品早在1915年就与贵州茅台酒同时获得“巴拿马国际博览会金奖”，被誉为中华老字号产品，其商标“龙牌”为中国驰名商标，音译为Dragon Brand。然“龙”与英文对应词Dragon二者在文化内涵上有天壤之别，这样翻译商标，势必会因dragon所具有的不同文化内涵而使产品销路大打折扣，应该做适当调整，比如将其翻译成Chinese Dragon Brand。可见，商标英译，文化为重。

3. 缺少英语译名

纵观湖南省国际知名品牌商标名，很大一部分品牌只有中文名称，而缺乏相对应的英文译名。如：湖南省浏阳市建辉纺织有限公司出产的法兰绒（织物）、卫生绒布、纺织品洗脸巾、毛巾被，湖南省浏阳金生花炮有限公司的金生烟花、爆竹，邵阳阳光发品有限公司的悦翔假发、辫发、头发束、假发套等产品，湖南海日食品有限公司的味留香、甜酸荞头，邵阳宝庆肉类联合加工有限公司的易龙冷却肉、烤乳猪等等。事实上，这些企业无相对应的英文译名的现状极大地削弱了该产品的国际市场竞争力，严重阻碍了其走向国际化道路的战略实施，也给企业在国际市场的成功运作带来不利影响。

二、商标英译方法分析

学界对商标名翻译方法的探讨是商标名翻译研究中最热议的话题，主要成果集中在：①音译法（张晓欣，2007）；②意译法（张彦鸽，2007）；③借译法（张怡玲，2007）；④形译法（陈振东，2005）。近来，商标翻译已不再仅仅被看作是语言符号的转换研究，对翻译是一种文化转换的模式的内涵、演变、作用等都有比较深入的研究。但对商标翻译的文化建构问题还没有引起足够的重视，而事实上在90年代初以来，翻译研究领域出现的“文化转向”和“翻译转向”的背景中，翻译理论深深地打上了交际理论的烙印，被看作是文化交融（Andre Lefevere，1992）、跨文化交际（R. Daniel Shaw，1988）等，而且是国内外翻译研究中的主潮。然而，与学界商标英译研究百花齐放形成对比，湖南名企商标英译常用方法仅限于以下三种，远没有被提到文化角度加以考虑。

1. 直译法

直译法指根据原商标词的含义，译为意义和文化内涵相同或相近的英文商标，这在商标翻译中较为常见。如 Good night 晚安，Mind Upon Mind 心相印，Twinkling Star 闪星等。

2. 音译法

音译法是指根据中文商标词的发音，选择发音相同或相近、寓意美好、体现产品特征或能引起消费者心理共鸣、能产生美好心理想象的英语谐音臆造词汇的翻译方法。这一方法在商标英译中占绝大多数，上文提到的“使用汉语拼音”即是。

3. 意译法

商标的意译是指在整体把握原商标信息和文化内涵以及目标市场文化的基础上，对原商标词进行必要的、创造性的加工。如湖南“远大”商标译为Broad。“远大”一词在汉语中经常用来形容“远大志向”等，其英文译文采用首字母大写的“broad”一词，凸显“宽广”之意，其中流露出的视野与抱负与其中文之意有异曲同工之妙。

三、名企商标英译中的湖湘文化建构与传播

商标英译中的上述问题，都还只是表面，从内涵上看，湖南名企商标英译，不但要解决以上问题，而且要着重强调湖湘文化的构建与传播，要让这些商标不但传递企业产品文化，而且要将湖湘文化的精髓带向全国，走出国门，面向世界。所以说，作为衡量商标规范的标准之一，商标中湖湘文化的构建与传播问题，应该作为因素加以考虑。

（一）关于湖湘文化

湖湘文化是具有鲜明特征、相对稳定并有传承关系的历史文化形态，始于先秦、两汉时期的楚文化如屈原的诗歌艺术、马王堆的历史文物等。随着历史的变迁，湖湘士民在人口、习俗、风尚、思想观念上均发生了重要变化，从而组合、建构出一种新的区域文化形态，称之为湖湘文化，其基本精神概括为四个方面："淳朴重义""勇敢尚武""经世致用""自强不息"。具体表现在：一是湖湘文化的政治意识极为强烈。从宋代湖湘学派创立时起便已形成的经世致用的学风在湖南士人中代代相传，它强调理论联系实际，尤其注重解决现实中的实际问题，故造就了湖湘文化中的政治意识极为强烈的现象；二是湖湘文化中的爱国主义传统尤为突出。最早在湖湘大地奏响爱国主义乐章的是屈原，继为贾谊；三是湖湘文化中蕴藏着一种博采众家的开放精神与敢为天下先的独立创新精神。

（二）商标英译中的湖湘文化构建与传播

商标翻译属企业行为，本只要做到译名正确无误，与译入语的文化内涵不相冲突即可。然而商标所传递的不仅是企业的产品属性，而且还兼具社会属性，应该将生产这一产品的企业文化，乃至是企业所在地的地域文化向译入语国家传递，这样的译名堪称经典，值得称道。湖南名企商标英译，对于湖湘文化的构建与传播，负有不可推卸之责。在 25 项商品译名中，能做到这一点的不多，以下为甚：

1. “三一”商标

“三一”名称来自湖南三一集团组建之初的愿景：“创建一流企业、造就一流人才、做出一流贡献”。其商标对应英译为“SANY”，是“三一”的缩译。国人读为sanyi，可了解到企业宏伟志向，其英语读音为［ˈsæni］，构词上仿自日本索尼公司商标SONY，让人产生联想，传达三一公司立志做日本索尼公司那样的成功企业之意。该英语译名充分显示出企业勇于拼搏、敢为人先的湖湘精神。

2. 火宫殿

火宫殿过去是一座祭祀火神的庙宇，又名“乾元宫”，始建于清乾隆十二年（公元1747年），1826年（道光六年）重修，距今250余年历史。2004年，火宫殿入选“湖南省著名商标”，翌年，当选“中国驰名商标”。英译名有两种：Huogongdian与Fire Palace。前者属直译，后者意译为“火的宫殿”。我们主张直译，根据不可译原则，有些地名、名胜古迹名等不需要翻译出来，可采取直译，完全没有必要采取意译，这样做的目的就是让外国人对诸如火宫殿之类的具有悠久文化传统的湖湘文化有深刻的认识。

3. 步步高

步步高商业连锁有限责任公司为上市公司，其品牌价值不菲。步步高超市创建之初，湖南还没有几家超市，而且内陆鲜有，湖南人敢想敢干的精神表露无遗。其译名理应译成“the Better Life Supermarket”，笔者的学生在向外籍教师介绍时，便使用了其英文翻译，哪知道只来了不到半月的外教张口就说“I see, it’s Bubugao!”。由此可见，在类似于商标等外宣翻译中，我们没必要时时采用归化策略，凡事都在语言上顺应英美听（读）者，在一定时候，也应采取异化策略，不删除原文相对固定的独特的文化信息，适当顺应源语。要做到源语顺应，就必须广泛宣传和介绍我国，让国外友人了解中国。我们相信，随着国际交往的日益频繁和对中国的逐渐了解，翻译中对目的语的顺应会适当减少，反而对源语的顺应会越来越大，外宣翻译的源语顺应的空间也将越来越大。海外的“汉语热”就是一例，北京奥运会的成功举办，国外友人也“客随主便”，入乡随俗。为了顺应我们特有的语言语境，他们主动补习中国文化课，学习一些常用的中文，取中文名字。随着湖南开放力度的加大和海外投资的日渐增多，有必要让外国人了解湖南，了解湖湘文化。企业商标音译便是实现这一目标的捷径，

根据上述对湖南 25 项典型商标的调查分析发现，众多商标拥有企业对商标英译名的重视度尚且不够，除了像“三一”这样的少数几家企业外，大部分厂家的商标英译没有充分展示企业文化，更谈不上对湖湘文化的宣传与推广。

所以，我们提出：长株潭名企商标英译规范问题，应遵循这样几条原则：(1) 代表商品标示原则。标示并区别于其他商品，这是商标的最基本的功能，理应遵循；(2) 企业理念宣传原则。好的商标不仅标示一件商品，而且最好要让消费者能据此商标，从中谙熟企业经营理念与企业文化，聪明的厂家推销的不仅是一种产品，而且是一种企业理念与文化。与其说让消费者接受该产品，不如首先让消费者接受企业文化，只有企业理念与文化得到消费者的认同后，其产品才能找准销路，经久不衰；(3) 湖湘文化推广原则。企业人肩负的首先是企业经济效益的重任，但同时也要承担一定的社会责任。作为一名湖南人，推广湖湘文化，是我们义不容辞的责任。所以，我们要借助商标英译这一平台，借助这一契机，将湖湘文化向国外宣传与推广，助推文化强省战略的实现。

第七节　楼盘命名规范研究

作为国民经济重要支柱产业之一的房地产业，其作用不可小觑。楼盘除提高自身质量、完善售后服务外，须考虑命名，力求推陈出新，在市场竞争中立于不败之地。通过对所收集的楼名调查分析，发现楼盘命名方式呈如下特点：多以传统福禄寿喜命名，多带亭台楼阁字眼；追求自然湖光山色，饱含人文关怀；崇尚风花雪月，追求帝王气派；追求异域情调，饱含美丽祝福。其不仅体现建筑艺术，而且是集人文、社会、心理、营销为一体的综合语言应用艺术。

既然是语言的艺术，在房地产业大力发展的今天，各色楼盘名俨然成了一张张城市名片，随处可见，因此，我们有必要将其纳入城市语言景观研究范畴加以考量。

名有专名与通名之分，通名是相对于专名而言的。为何如此划分？盖因世间事物如此之多，如果做到巨细无遗，那么人就永远被物淹没了，因此就有最为概括的命名形式，即荀子《正名篇》说的“大共名”，孙本释为“言物为万物之通名”，它在语言的运转算子中居于最为概括的地位。依此又有了“类”，即任一种事物之系列的称谓，如“马”，世间无马也，而唯有“白马”“黑马”之谓，但有一“马”之类名，既可使“马”之类的言说自由组合和转换以至于无穷，又可以在“马类”之外运转，诸如马、牛、羊而不必“黑马、黄牛、白羊”之谓。最后还有个别名称，一物一名，就如人之姓与名一样，所以是“止于是实”。语言的语素因为有了这些不同层次的算子，一方面便可以承介起人们所生活的世界，另一方面又可以构成语言自身的内部差异系统及运转规则，从而，拥有语言也便成了人拥有世界的特殊方式了。卡西尔说的“人是符号的动物”，只有在这个层次上才会深刻地体现出来（马钦忠，2004）。

楼盘名称（简称楼名）常由专名和通名组成，专名专属某一楼盘，其辨别、区分之功效，好像一件商品的商标；通名乃通行之名，说明其大小、功用等。如“福星花园”，“福星”是专名，专属本楼盘，“花园”是通名。也有只用专名而省略通名，如楼名“大学里”就没有通名。只有通名而没有专名似乎不存在，任何产品都会给它贴上一个标签，何况价格不菲的商品房呢？

作为楼盘广而告之的文字载体，楼名意义重大，历史积淀浓重，意念涵义广博，表现形式多样，楼盘文化的脉搏——商业行为和人文精神在此交织、凝结，凸现楼盘核心价值，发展楼盘主题，演绎概念地产。对搜集的楼名分析发现，楼名多包含并展现下列要素：福禄寿喜、亭台楼阁、湖光山色、人文关怀、风花雪月、王者风范、异域风情、美好祝愿等等，小小楼名，既是建筑艺术的体现，又是人文品位的昭示，值得关注。借助前人研究成果，通过对长株潭楼名现状调查，结合顺应理论，对楼名、特别是常见的带通名“园”仿拟类楼名进行分析，以此验证仿拟命名所遵循的语言和语境顺应规律，同时给楼盘命名规范带来一定参考价值。

一、长株潭城市群楼名现状调查

我们通过实地采集或者网络搜集等办法，对长株潭城市群楼名现状进行了调查。我们共搜集到楼名 205 个，其中长沙楼名 60 个，株洲楼名 69 个，湘潭楼名 76 个。现从语言学角度对其现状进行分析。

（一）语言结构分析

为了解楼名语言规律，我们从汉语音节结构进行分析。

表 4－5　楼名音节分析

序号	字节数	个数	百分比	示例
1	3 音节	9	4.38%	天健城、三润城、青龙湾、紫华郡、清逸居
2	4 音节	58	28.3%	卓越江岸、万科紫台、尚格广场、万达华府
3	5 音节	454	21.96%	澳海望洲府、华晨神农府、盘龙御和园
4	6 音节	61	29.75%	万科金色梦想、建发中央公园、宜华湘江名城
5	6 音节以上	32	15.61%	锦艺风尚生态城锦湘悦、白石古莲城三期松竹里
总数		205	100%	

从表 4－5 可以看出，长株潭楼名在音节上呈现两大特征：（1）以 4、5、6 音节数居多，合计占比 80.01%；（2）音节偶数化。偶数音节（4 音节和 6 音节）比奇数音节多。为何出现这种现象呢？项晓娟（2014）对此解释如下：

① 汉民族的文化传统因素：自中国的第一部诗歌总集《诗经》以来，中国素有推崇四字格的传统，中国精粹的成语都是以四字格的形式流传下来，为中华民族所沿袭。② 从受众心理的角度来说：中国人素来有追求整齐匀称的审美心理，讲究对称之美。“品牌名称的字数对楼盘认知具有重要的影响。一般来说，4～6 个字的品牌名称，平均认知度较高”。“4 个字的名称认知率为 11.3%，5 个～6 个字为 5.96%，7 个字为 4.86%，而 8 个字以上只有 2.88%。所以，从心理学的角度来讲，品牌名应少于四个字，才便于记忆”。也就是说，“如果一个名字的字数超过 4 个字，那么它的公众认知度就会迅速递减”，因此就受众心理来说，音节数量不宜过多，否则公众的认知度会降低。③ 就修辞效果上来说：四音节的楼盘名称视觉上结构工整而又匀称、听觉上平仄相间且朗朗上口，能收到很好的修辞效果，令人印象深刻，不易忘记。④“Grice 合作原则中的数量原则和方式原则相互作用的结果。数量原则要求给予对方所需适量信息，不多也不少，方式原则要求简短，避免不必要的赘述。”⑤ 从经济学的角度来说，难宣传的名称其所付出的宣传成本也会越高。正因为上面诸多方面的原因，楼盘命名中将四音节名称作为其楼盘名称中最基本的音节形式，四音节的楼盘名称成为楼盘名称形式上的强势模因。

（二）命名心理分析

心理学（Psychology）是研究人和动物心理现象发生、发展和活动规律的一门科学。心理学既研究动物的心理（研究动物心理主要是为了深层次地了解、预测人的心理的发生、发展的规律）也研究人的心理，而以人的心理现象为主要研究对象。因此总而言之，心理学是研究心理现象和心理规律的一门科学。心理学一词来源于希腊文，意思是关于灵魂的科学。灵魂在希腊文中也有气体或呼吸的意思，因为古代人们认为生命依赖于呼吸，呼吸停止，生命就完结了。随着科学的发展，心理学的对象由灵魂改为心灵。直到19世纪初叶，德国哲学家、教育学家赫尔巴特才首次提出心理学是一门科学这一说法。而原先，心理学、教育学都同属于哲学的范畴，后来才各自从哲学的襁褓中分离出来。科学的心理学不仅对心理现象进行描述，更重要的是对心理现象进行说明，以揭示其发生发展的规律。

心理学是一门研究人的心理活动的规律的科学。心理学者在尽可能地按照科学的方法，间接地观察、研究或思考人的心理过程（包括感觉、知觉、注意、记忆、思维、想象和言语等过程）是怎样的，人与人之间为什么会有这样或那样的不同，研究人的人格或个性，包括需要与动机、能力、气质、性格和自我意识等，从而得出适用于人类的、一般性的规律，继而运用这些规律，更好地服务于人类的生产和实践。

结合心理学研究修辞有着悠久的历史。在西方，“自从亚里士多德时代起，心理因素就一直是西方修辞学研究所感兴趣的方面。在古典的修辞学体系中，亚里士多德就提出了听众的分析法，这一方法主要研究各类听众的心理因素和道德观。在我国，这方面的研究起步较晚，真正开始要算在五四文化运动之后”（胡曙中，1993）。如唐钺先生（1923）在其著作《修辞格》中从心理学的角度将27种辞格归纳为比较的、根于联想的、根于想象的、根于曲折的和根于重复的五类。

心理学在言语中起着重要作用。所谓“言由心生”，指的就是人们的言语行为要受到说话者的心理支配。楼盘命名也是一种言语行为，其心理过程是怎样的呢？本节拟对楼盘命名中的心理活动进行分析，揭示众多楼盘名产生的心理路径。

对长株潭楼名分析发现，楼名体现了如下心理：

（1）求吉心理。吉祥如意是国人的一种心理愿望，楼盘购买者都希望能住在一个充满着吉祥喜气的楼房中，以求给生活带来喜气色彩。在传统的农业文化中，安居乐业作为最主要的人文特征，也是钱穆反复强调的，他用安、足、静、定四字来概括这种农耕文化的特征，并认为农业文化偏向于保守，但却注重“顺”与“和”，是顺与和基础上的物我一体（易小明，2008）。楼名顺应了这一心理，如：天健城、万科金色梦想、锦绣华都、碧桂园·黄金时代等。

（2）求富心理。每个人都希望能过上丰衣足食的生活，求富是人们的美好心愿，没有一个人希望挣扎在贫困线上，国家大力扶持贫困地区，习近平总书记提出的“精准扶贫”措施在国内得到很好的实施，取得了丰硕成果。楼名也顺应了这一美好愿景，如：幸福里财富中央、金富星悦汇等。

（3）求雅心理。购房者倾其积蓄购买一套住房，当然希望能有一个环境优雅、清新雅致的居住场所，提高生活品质。开发商顺应这一心愿，在纷纷注重楼盘品质的提高的同时，在楼名上也想尽办法顺应这一心愿，吸引顾客前来购买，此类楼名有：联诚雅郡、凯尔花缇紫郡、日盛桂花城、日盛山湖城、国投水木十里春风等。

（4）求和心理。我们生活在一个和谐社会，“和谐世界”的内涵为：以开放包容的思维，追求个体与个体之间、群体与群体之间、人与自然之间的和睦，通过平等的交流、对话与合作，谋求互利共赢、共同发展（易小明，2008），部分楼名体现了这一心理，如长房平和墅、和泓融成府、瑞和尚城、盘龙御和园等。

（5）求洋心理。一些开发商为了房子好卖，在楼盘命名时往往喜欢起个洋名字，追求所谓“国际范”，譬如长沙部分楼名：加州水岸、纳帕溪谷、普罗旺斯、格拉斯、第一大道、五一新干线、圣爵菲斯等等，对此，我们认为，楼盘取名不要猎奇，不应“复古”，也不要“媚外”，而应体现长沙这座历史文化名城的文化内涵。

二、楼盘命名的顺应论阐释——以带通名“园”仿拟类楼名为例

Verschueren（2000）提出，语言具有变异性、商讨性和顺应性，语言选择应考察四个维度：语境、语言结构、动态顺应和意识凸显程度。Verschuere 的图表（2000）显示，人们同时生活在不同的世界里，处于物质世界、社交世界、心理世界的环境中，相应地，他们的言语行为应该顺应在这些世界中出现的各种情况。以此分析带通名“园”仿拟类楼名，可从语境顺应和语言结构顺应入手。

一、语境关系顺应

语境是语言产生与交流的环境，分交际语境和语言语境两种（何自然，2007）。交际语境包括语言使用者、心理世界、社交世界和物理世界等因素，具体由外在世界、心理世界和交际方组成，楼名是买卖双方接触的第一信息，内含交际信息，具有交际价值，符合消费者心理的楼名能促进销售，所以楼名首先要考虑在语言以外的交际情景中的顺应，具体有物质世界、社交世界和心理世界等三方面的顺应。

1. 物质世界顺应

物质世界包括时间和空间的指示关系，楼名的物质世界顺应须考虑时空要素。时间要素方面，楼盘命名须做到与时俱进。计划经济时代楼名缺乏，以“××家属院”“××福利区”冠名，20 世纪 90 年代，楼名涌现，以“××花园”“××广场”居多，2000 年到 2004 年，洋名泛滥，2004 年以来，随着概念地产的推出，楼名百花齐放，带通名“园”仿拟类楼名普遍，可以说这是时代发展的结果，楼名做到了时间顺应。

空间要素也是楼盘命名须考虑的因素之一，做到凸显优越地理位置并以此为卖点。有“花园”之意的“园”类楼名，彰显优越地理环境与生活环境，物质上顺应了消费者对优雅清新的物质与精神需求。

如此可见，带通名“园”仿拟类楼名的出现，体现了含时空要素在内的物质世界顺应。

2. 社交世界顺应

社交世界指社交场合、社会环境、规范交际者言语行为的原则和准则。交际者不是抽象化和理想化语言的使用者，他们的言语行为受到社会和文化规范的制约。生活在社交世界中的人们，对语言的选择必须考虑社交场合的需要，此乃社交世界顺应。语言选择必须接受特定机构的制约（何自然，2007），面对数量众多、口味不一的消费者，楼名的选择须谨慎，以迎合顾客心理为要义。如“××府”给人归属感，“××村”给人群体感，“××轩”给人品味感，“××阁”给人超脱感，“××第”给人华丽感，而类似于“御景园”“夕照园”“晨曦园”“荷柳园”“映月园”等带通名“园”类楼名给人以雅致清新的感觉，在感官上迎合顺应了追求自然品位的消费者群体。

3. 心理世界顺应

购房者心理不一，大致归为“和”“雅”“富”“寿”“潮”等五种。在语言文字上迎合消费者心理诉求，顺应他们的心理世界，是楼名应关注的。分析认为，带通名“园”仿拟类楼名在心理世界上做到了如下顺应：

第一，对企盼安居乐业的心态顺应。圣经中，亚当和夏娃是人类的始祖，他们所生活的伊甸园恐怕是人类最早的家园了。无论是生活在古代还是当代，人们最盼望的莫过于一个安稳的家，成语“安居乐业”和“成家立业”表达了人们建立在家的基础上的对事业的渴望。马斯洛的需要层次由低到高，对衣食住行的生理需要是最为基本的需要。唐代诗人杜甫所作《绝句二首》之一：江碧鸟逾白，/山青花欲燃。/今春看又过，/何日是归年？就表达了诗人对回到家园的渴望之情。孔府家酒在央视广告中展现游子大年夜归来与家人团聚的祥和景象，配之以“孔府家酒，叫人想家”的广告词，与人们追求“家和”“团圆”的心理需求产生共鸣，唤醒了人们沉睡在心底的那一份原始渴求。对家的渴望是一个人的生存需要，否则也就不会有“先成家，后立业”一说，不会有古代杜甫先生发出“安得广厦千万间，大庇天下寒士俱欢颜”的感叹，不会有当今圣诞节的归家迁徙，不会有春节的春运高潮，更不会有汶川地震后首要的就是重建家园之说了。

因此，具有一个能遮风挡雨的温馨的家，成了人们的基本需求。人们购买住房，就是购买一份安全，在这里，家不仅仅是一个居住之所，更是一种亲情的象征，一种团圆美满的象征。在这种心理需求的驱使下，作为“家”的代称，楼盘以“园”“家园”等命名就顺理成章了。如“天赐良园”：

首先，该楼名体现了交际语境的顺应。从词源上说，“园”的意义有三：第一：种植果蔬花木的地方：~子，~丁，~艺，~圃；第二：原指别墅，现指游玩、娱乐之所：圆明~，公~；第三：帝王之墓：~庙，~陵。用于楼名中，词义发生泛化，多具“家园”“花园”意，与楼盘专名结合后，成为一种叙事，述说着人们对家的渴望与期盼：一是该楼盘是众多楼盘中的上乘之作，故曰“良园”；二是一楼难求，拜天所赐，能满足人们希望上天能赐予一个美好居所的心愿。因此，楼盘通名“园”便是对购者这种心理诉求的顺应。

其次，该楼名体现了语言结构选择的顺应，这一点我们将在下一小节提及。

Verschueren（1987）认为，相对于话语理解这一共时现象而言，我们需要关注具有明显交际价值的语言结构的选择，尤其需要对显著地发生在哪一个（些）语言层次上的语言结构做出顺应性的选择，以及关注由此产生的特别语用意义。

“天赐良园”是对成语“天赐良缘”的仿拟，属谐音仿。就语言结构而言，该名有两种语用含义：一是开发商能和住户有幸结识，住户能入住美好家园，实乃天赐良缘；二是住户之间能喜结善缘，做到和谐相处。

词语的使用总能代表使用者的心态。“园”无论是字面意义的“家园”还是其谐音“缘”所附着的语用意义上的“缘分”，总是反映着人们一种安居乐业的心态，这一心态成了带通名“园”仿拟类楼名产生的内在动力之一，因而它的使用，就是这种动力的顺应结果。

第二，对崇尚和谐圆满的心愿顺应。和谐存在于人与自然之间，也存在于人与人之间（易晓明，2008），它是中国传统文化的最高境界所在。个人身心和谐了，可做到宠辱不惊，进退有据；人与人的和谐能促使社会稳定，家庭和睦；人与自然的和谐能互得其利，持续发展。儒家所言“修身、齐家、治国、平天下”，其最终目标主要是要达到和谐。

基于此，对一个和谐美好的归属的渴望，成就了购房的另一动力，顺应此动力，饱含顺应人们这种崇尚和谐圆满的心愿的楼名不断显现。如：“园”类楼名“人和家园”“祥和家园”便是人们对和谐生活的追求和期盼心愿的适时顺应。

缘何“园”就能体现这一自然和谐思想？两个因素决定：

首先是语言中的语音因素决定。语音上，“园”与“圆”同音，“圆”者，团圆也，意味着和睦。故成语中有“事宽则圆”之说，人们做事讲求“左右逢源”，处世讲究“圆滑变通”，因而“圆”能体现和谐；其次，“圆”还具“圆满”之意，雍正皇帝对“万园之园”的“圆明园”中的“圆明”二字的解释是：“圆而入神，君子之时中也；明而普照，达人之睿智也”。其中，“圆”是指个人品德圆满无缺，超越常人；此外，“圆”是万物和谐的标志，是团结、合作与循环的象征。春夏秋冬，四季更替，形成一个自然的循环体。人生何尝不是如此？没有春天播种的辛苦，哪来秋天收获的喜悦？不经冬日的寒冷，哪来夏天的温暖？

由于语音上“园”“圆”相通，故带通名“园”的楼名自然也寄托和附属了“圆”这一语用功能，它内蕴和谐圆满，自然在众多通名中脱颖而出。

其次是与西方不同的国人思维方式使然。西方人思维被认为属“线型”，中国人思维被说成是“圆式”。林汝昌、李曼珏（2009）区分了中国文化的环性与西方文化的线性特征，体现为宇宙观的线分环合、价值观的线单环整、时间观的线伸环旋、思维方式的线切环封和语言表达的线枝环波。这说明中国文化以求“圆”为最高境界，“圆”字成为中国文化之表征，凡事讲求“圆通”“圆滑”以求“和”，体现为一种内倾型文化。如年夜饭叫“团圆饭”，元宵节吃“汤圆”，中秋节吃圆形月饼，取其“团圆”寓意。推而广之，与“圆”同音的“园”（家园、庄园）将国人固守本土、安定守成、质朴厚重、崇尚和平之农耕文化表现得淋漓尽致，体现在楼盘名称中，“园”类楼名给人以家的感觉与回复本真之意蕴，这也是此类楼名被仿效之动力所在。

第三，对注重精神生活的心绪顺应。人们不只满足于物质生活，对精神生活也越来越注重。顺应此心态，凸显文化品位的楼名涌现，如“书香庭院”“学府嘉园”“文化花园”“蝶恋园”“东篱春韵”“闲庭春韵”“兰亭山水”等，“园”类楼名充满情趣，意境深远，满足了人类的精神追求。

与此同时，对孩子的教育也成了家庭的头等大事，人们在名校附近购房置业，以期让孩子就读于离家不远的学校。顺应此，类似于“同济绿苑”“同济欣苑”“复旦书馨公寓”等学区房应运而生，而且价格不菲。可见，文化教育是精神生活水平提高的重要因素，顺应这一需求，楼名魅力彰显。

第四，对崇尚回归自然的心理顺应。对购者而言，在满足了基本的居住需要后，便是对居住环境的要求。理解并顺应人们的这种交际意图，便是楼盘命名的动力所在，“园”类楼名得以体现。如：“城市绿洲花园”。

该楼盘命名者深谙人们的交际意图，懂得购者的心理。具体说来，楼名“花园”的使用顺应了人们崇尚自然的心理诉求，顺应了人们对自然的向往和渴望，分析如下：

随着生活水平和文化素质的提高，生活在大城市的人们，逐渐厌倦了都市生活。在这里，喧嚣的闹市、拥挤的车流、污浊的空气、快捷的节奏，无不在折磨着人们的精神，吞噬着人们的心灵。人们开始渴望自身价值的回归，生活方式由追求奢华转向简约、怀旧、回归自然，开始了对陶渊明“采菊东篱下，悠然见南山”怡然自得的心境的向往，渴望自己在繁华的闹市也拥有一块属于自己的绿洲，希望做到人与自然的和谐相处。于是乎，在这一动力驱使下，一些楼盘如“安居花园”“城市绿洲花园”等应运而生，顺应这一意图，以“园”

或“花园”命名的楼盘在感官上便迎合了购者的眼球，再配上小区模仿自然的人工环境，给人们一个歇息的宁静港湾，讲述了一个繁重生活和工作压力之外的故事：浓浓的鲜花、葱葱的绿树、阔阔的草坪、潺潺的小溪、啁啁的鸟鸣……在这里，大人栖息交谈，孩子嬉戏打闹，恍然间重归大自然的怀抱。因此，源自于人们这种对自然生活的崇尚，反映着人们追求回归自然的心理的楼名，是任何以其他通名来命名的楼盘所不及的。

（二）语言结构顺应

顺应论提示我们，语言的使用是语言选择过程。以上描述的是带通名“园”类楼名对语言外部因素的选择，从语言内部来讲，此类楼名的存在，体现了语言内部结构如音节、修辞等语言结构顺应。

1. 音节顺应

音节上，均匀对称的偶化音节，视觉整齐，读来朗朗上口，为国人所喜爱，汉语中比比皆是的成语即可证明。所以“园”类楼名顺应这一结构，以四字常见。如“学府嘉园”“文化花园”。根据吕津（2004）、谭汝为（2004）、李萍、邓军（2006）、程俊（2008）等调查分析，楼名中的“2 + 2”音节现象较为常见。

2. 修辞顺应

能收到较佳表达效果的修辞手法在楼名中常见。有双关，如“E 家人”（既处电子时代，又如一家人）；有比喻，如“西城明珠”（暗示楼盘品质）、“蚂蚁工房”（象征小户面积）；更少不了仿拟，如“麓山枫情”中的“枫情”音仿自“风情”，很多此类楼名都利用仿拟修辞而成。

综上，带通名“园”仿拟类楼名既体现了人们以心理顺应为主旨的非语言语境顺应，同时又在语言语境上做到了顺应，汉语的博大精深和丰富的文化内涵，给此类楼盘命名提供了可供选择的基础，只有做到两方面的顺应，方能彰显语言表达效果。

通过对带通名“园”类楼名的分析，我们认为，楼盘命名规范之根本在于顺应，好的楼名既要与时俱进，符合时代特色，又要受到社交语言规范的制约，同时还要顺应楼盘购买者的心理愿景。另外，楼名在语言结构上也要符合读音规范，名称宜短不宜长，便于消费者记忆，并可使用一定的修辞手法，体现对语言结构的顺应。

附：搜集到的长株潭楼盘名：

（一）长沙楼盘名（60 个）

华远碧桂园·海蓝城、天健城、长房东旭国际、中海阅江府、卓越江岸、万科金色梦想、中交中央公园、澳海望洲府、新城国际花都、江山帝景、金地三千府、正荣财富中心、泰禹云开壹品、中粮鸿云、联诚雅郡、和泓融成府、大唐印象、龙湖碧桂园天宸原著、华润桃源里、时代年华、碧桂园·翘楚棠、蓝光雍锦半岛、长房星珑湾、碧桂园滨江府、长沙雨花吾悦广场、卓越青竹湖、长燃润和天地、敏捷珑玥府、光明碧桂园培文府、大汉月亮河畔、南山梅溪一方、碧桂园荟隽棠、福晟·克拉美丽山庄二期、万科紫台、紫华郡、朗诗麓岛、五江书香苑、奥莱城、绿地香树花城、东方美地、尚鑫海悦、三润城、旭辉华宇南宸府、长房平和墅、恒基旭辉湖山赋、绿地长沙城际空间站、珠江东方明珠、云栖国际、凯尔花缇紫郡、熙科梅溪半岛、大汉汉园、湘江壹号、保利香槟国际、建发中央公园、金富星悦汇、京武浪琴山、澳海澜庭、北辰中央公园、盛世耀凯、天麓尚层

（二）株洲楼盘名（69 个）

华晨神农府、锦艺风尚生态城锦湘悦、尚格广场、景业山湖湾、航空城科创园一期、株洲金茂悦、城发津枫庭苑、金科集美雅郡、森林公馆、北大资源未名 1898、锦艺风尚生态城锦湘悦、恒大御苑、碧桂园城央一品、望云印象、云顶栖谷、建宁翰府、华晨格林水岸、碧桂园麓府、华晨山水豪庭、中建玥熙台、尚格广场、株洲金茂悦、美的紫云台、高新鼎盛铭城、东阳嘉垄港、国盛悦澜湾、幸福里新外滩、幸福里财富中央、绿地 21 城、醴陵奥园冠军城、天悦名都、国投水木十里春风、瑞和尚城、山河阳光、大汉悦中心、曼哈顿商业广场、星合湘水湾、恒大华府、青龙湾、恒豪翠谷城、旺城天悦、奥园湖畔一号、经世龙城、锦绣华都、凯风瓏城、东鼎紫园、中泰财富湘江、株洲奥园广场、东成中心、荷塘观邸、都市兰亭、云溪谷、鸿洋湖景名城、美的蓝溪谷、华晨第一城、融创提香蓝岸、日盛桂花城、日盛山湖城、金轮翡翠名园、德国之家、

置信逸都花园、中房天玺湾、亿都新天地、中天恒基春藤小镇、东部美的城、城发郦城、北大资源翡翠公园、美的翰城、中建江湾壹号

（三）湘潭楼盘名（76 个）

河东地区：（29 个）

天元美居乐 4 期珑庭、中南旭辉樾府、东旭鸿基楚天府、火炬学府、长房潭房·时代公馆、天元华雅景园、盘龙御和园、东方名苑首府、碧桂园·潭州府、芙蓉国际、鸿胜一品公馆、金芙蓉国际广场、栢麗大厦、美的国宾府、中建昭山印象、湘潭东方明珠、华宇金苑、恒大翡翠华庭、天元东湖山庄、湘潭中心、万达华府、宜华湘江名城、湘潭恒大养生谷、碧桂园·黄金时代、金桥·书香庭院、金桥·世纪苑、金桥·中央广场、清逸居、芙蓉世纪城

河西地区楼盘名：（8 个）

天元江湾、大学里 4 期雅境、天元广场玺园、白石古莲城三期松竹里、锦绣世家西苑、潭房·中央公园、城市盒子、沁园峰尚

湘潭县楼盘名：（10 个）

碧桂园天玺、大汉紫敬龍城、十里风荷、天元海棠湾、万通逸城、裕鑫水岸龙庭、天马花园、欣积福湾、尚御尊城、锴鑫·凤凰城

九华楼盘名：（29 个）

九华世纪城、新城璟隽、上品嘉府、致地昭华府、步步高新天地、夏威夷公馆、润和城、兴华江南铭城、和达滨江花园、湘潭雅士林欣城、美的莲城首府、碧桂园·大学印象、恒大御景半岛、恒大书香门第、湾田九华湖壹号、湘江富力城、金奥湘江公馆、百嘉信富瑶天下、湘潭奥园冠军城、美江国际社区、五矿万境水岸、骏景豪廷、翰林居、九华金水湾、万隆清华坊、峰尚国际、百合御都、玺宇·悦城国际、亿山府台

小　结

在本章，我们以长株潭路牌及道路交通指示牌名、店名、户外广告、户外标语、公示语与旅游景区标识语、名企商标、楼盘名等为研究对象，对长株潭城市群语言景观的规范问题做了研究。

就路牌及道路交通指示牌而言，要做到译名规范化、标牌统一化和功能扩

大化，进一步发挥路牌的多样化功能，将地图信息、道路历史信息和其他相关信息附着在路牌上；就店名而言，要做到命名规范化、翻译标准化和功能多样化，发挥店名的信息功能、文化功能和审美功能；就户外广告而言，必须做到思想健康化和语言得体化；就户外标语而言，其语言文字须规范，语言表达要友善，管理亦须规范；就公示语和旅游景区标识语而言，其语言也必须规范，翻译要标准。长株潭城市群名企商标翻译存在问题，传统文化得不到体现，因此在商标英译中，要注意湖湘文化的传承问题。最后，楼盘命名除了在语言上要做到规范以外，要顺应时代要求与消费者心理诉求。

综上所述，我们用第三章《长株潭城市群语言景观评估体系》中的四个标准——健康的思想内涵、得体的语言表达、美丽的人文情怀和规范的外文翻译来对长株潭城市群语言景观的规范问题进行了研究，结果发现，这一评估体系除了对长株潭城市群语言景观的规范适用以外，对其他城市语言景观规范化也同样适用。当然，语言景观的规范不囿于此，涉及其他很多方面，这里我们只是做一点初步探讨。我们相信，随着时代的进步与社会的发展，新的语言景观还会层出不穷，语言景观的评估与规范也会遇到一些新问题，这一课题的研究相信会一直持续下去。

本章参考文献

1. Angela Creese, Peter Martin & Nancy H. Hornberger (eds.). Ecology of Language [C]. Shanghai: Shanghai Foreign Language Education Press, 2012.

2. Jonathan, Friedman. Cultural Identity & Global Process [M]. London: Sage, 1994.

3. Lier, Leo van. The Ecology of Language Learning and Sociocultural Theory [A].

4. Verschueren, J. Pragmatics as a Theory of Linguistic Adaptation [M]. Antwerp: International Pragmatics Association, 1987.

5. Verschueren, J. Understanding Pragmatics [M]. Beijing: Foreign Language Teaching and Research Press, 2000.

6. Myers, David G. Social Psychology [M]. New York: McGraw – Hill Company, 2005.

7. 陈东成．从目的论看商标名的翻译［J］．深圳大学学报，2008（3）：

126－128.

8. 程俊．绵阳市楼盘命名的语言文化心理分析［J］．绵阳师范学院学报，2008（10）：101－105.

9. 程展．新型城市化建设中的城市外观语言考察——以衢州城区为例［D］．浙江师范大学，2013.

10. 陈振东．浅论英语商标翻译［J］．上海翻译，2005（2）：52－54.

11. 戴宗显，吕和发．公示语汉英翻译研究——以2012年奥运会主办城市伦敦为例［J］．中国翻译，2005（6）：38－42.

12. 段美羽．广告语言中的失范现象及对策［J］．文学教育，2020（8）：122－123.

13. 段胜峰，唐宏敏．城市店铺名称英译的问题与规范——以长沙市主要交通干道店铺名称英译为例［J］．中国翻译，2018（6）：100－104.

14. 范玉刚．欲望修辞与文化守夜［M］．北京：中国文联出版社，2008.

15. 付艳艳．严复"信达雅"翻译思想考："功用"主义的翻译观与变译策略［J］．西南交通大学学报（社会科学版），2020（5）：45－52.

16. 葛彬超．媒介文化与消费主义［J］．东北大学学报（社会科学版），2009（1）：25－28.

17. 龚鹏程．文化符号学导论［M］．北京：北京大学出版社，2005：89－94.

18. 郭滨，曹晶晶．旅游风景区信息类公示语的规范及其英译研究［J］．哈尔滨职业技术学院学报，2019（6）：148－150.

19. 郭建中．街道路牌书写的国家标准与国际标准［J］．中国翻译，2007（5）：68－71.

20. 贺玉高．从虚假需要、符号价值到拜物教——回归马克思主义的广告文化批评［J］．新闻爱好者，2001（4）：22－23.

21. 何自然．语用三论：关联论·顺应论·模因论［M］．上海：上海教育出版社，2007：81＋85.

22. 胡范铸．中国户外标语口号研究的问题、目标与方法［J］．修辞学习，2004（6）：26－29.

23. 胡曙中．英汉修辞对比研究［M］．上海：上海外语教育出版社，1993.

24. 李翠媛．语言生态学视角下城镇的语言服务研究［D］．浙江师范大学，

2019：35.

25. 李洪彩．店名文化传播研究［M］．北京：知识产权出版社，2018：110.

26. 李姣姣．《汉语拼音正词法基本规则》运用现状的调查与分析［D］．黑龙江大学，2017.

27. 李萍，邓军．上海楼盘名的语用分析及其规范化问题［J］．现代语文（下旬），2006（11）：94－96.

28. 李衍明，丁安英．山东地区户外标语存在的问题及对策［J］．聊城大学学报（社会科学版），2017（6）：54－60.

29. 林汝昌，李曼珏．中西哲学观对汉英语言之影响［A］．左飚．冲突·互补·共存：中西文化对比研究［C］．上海：上海外语教育出版社，2009.

30. 刘法公．论商标汉英翻译的几个关键问题［J］．中国翻译，2003（6）：69.

31. 刘双颖．阜阳市城市语言景观研究［D］．阜阳师范学院，2018.

32. 陆茵．谈广告的思想性［J］．发展论坛，1997（9）：59.

33. 罗胜杰，谭芳，郑立平．英汉仿拟研究［M］．西安：西北工业大学出版社，2010.

34. 罗胜杰．仿拟拜物教论说［J］．湖南工程学院学报（社会科学版），2012（3）：54－57.

35. 吕津．杭州楼盘名称的语言文化分析［J］．浙江教育学院学报，2004（5）：35－40.

36. 马克思．资本论（第一卷）［M］．北京：人民出版社，2004.

37. 马钦忠．语言的诗性智慧［M］．上海：学林出版社，2004.

38. 宋颖桃．西安店名的文化解读［J］．长春理工大学学报（社会科学版），2008（2）：94－96.

39. 谭汝为．楼盘命名的社会语言学分析［J］．修辞学习，2004（1）：37－40.

40. 汪建新．谈广告的思想性、真实性、艺术性［J］．求实，1995（3）：33－36.

41. 王才英，刘芬，林璇菲．探析泉州“中国驰名商标”翻译存在的问题及对策［J］．赤峰学院学报（汉文哲学社会科学版），2010（10）：135.

42. 王丽梅．中国店名的文化特征［J］．北华大学学报（社会科学版），

2004 (1): 63 - 66.

43. 王宁. 消费与认同——对消费社会学的一个分析框架的探索 [J]. 社会学研究, 2001 (1): 4 - 14.

44. 王瑞龙, 彭建安. 广告的思想性原则 [J]. 中南民族学院学报 (哲学社会科学版), 1997 (4): 37 - 39.

45. 王胜利. 论语言的造势作用及其正确运用 [J]. 北京第二外国语学院学报, 2003 (4): 35 - 37.

46. 王希杰. 汉语修辞学 [M]. 北京: 商务印书馆, 2008: 70 - 71.

47. 王艳菊, 田应华, 戚雯钰. 大型百货商场公示语英译研究——以湖南省长沙、株洲和湘潭为例 [J]. 苏州教育学院学报, 2016 (2): 67 - 70.

48. 王元骧. 论马克思主义文艺学在当代的发展和意义 [A]. 方宁. 理论的声音 [C]. 北京: 人民出版社/重庆: 西南师范大学出版社, 2009.

49. 吴杨辰子. 沈阳市区户外标语可接受度状况调查分析 [D]. 沈阳师范大学, 2013.

50. 项晓娟. 武汉楼盘命名的语言特征研究 [D]. 湖北师范学院, 2014.

51. 谢春林. 户外广告对城市形象的影响及对策 [J]. 重庆工学院学报, 2006 (4): 77 - 79.

52. 徐蓓春. 审美文化的超功利走向阐释 [J]. 宁波大学学报 (人文科学版), 2005 (2): 61 - 64.

53. 徐国珍. 仿拟研究 [M]. 南昌: 江西人民出版社, 2003.

54. 徐默凡. 流行语的游戏心态和游戏成分——以无关指称为例 [J]. 当代修辞学, 2012 (1): 36 - 42.

55. 杨永林. 社会语言学研究: 文化·色彩·思维篇 [M]. 北京: 高等教育出版社, 2004.

56. 杨永林. 社会语言学研究: 功能·称谓·性别篇 [M]. 北京: 高等教育出版社, 2004.

57. 易小明. 文化差异与社会和谐 [M]. 长沙: 湖南师范大学出版社, 2008: 171 + 355 + 257.

58. 于全有. 一种颇为惹人注目的仿名命名倾向 [J]. 修辞学习, 2006 (1): 75 - 76.

59. 张培基. 英汉翻译教程 [M]. 上海: 上海外语教育出版社, 2018:

7－8.

60. 张天勇. 从生产社会到消费社会的转变：符号拜物教的现实根基［J］. 学术论坛，2007a（3）：16－19.

61. 张天勇. 论符号拜物教——从媒介的角度看［J］. 重庆社会科学，2007b（11）：33－36.

62. 张晓欣. 国际贸易中商标翻译的方法和技巧［J］. 商场现代化，2007（8）：26－27.

63. 张彦鸽. 商标翻译的影响因素和翻译方法［J］. 商业时代，2007（13）：17－18.

64. 张怡玲. 商标翻译的方法和特点［J］. 商场现代化，2007（12）：102－103.

65. 张宜民. 房产广告英文失范问题及语言的装饰功能［J］. 宜春学院学报，2018（1）：72－75.

66. 朱玉敏. 景区公示语特征及其翻译［J］. 山东理工大学学报（社会科学版），2015（4）：67－69.

第五章　非典型语言景观研究

语言景观研究量多面广，现有研究多聚焦于典型语言景观，但实际上，现代城市环境中还存在许多非典型、边缘性的语言标牌，如车身广告、电子屏幕、标语口号、涂鸦、文化衫等，具有移动性、临时性、多模态性、越界性、动态性等特征，其社会意义和符号价值值得探索（张天伟、尚国文，2020）。这些标牌载体和标牌文本或移动，或变换，或临时呈现，或违规书写，但它们都是语言景观的组成部分，在城市交际实践中发挥重要的信息功能和象征功能（转引自尚国文、周先武，2020）。在多元文化时代，语言景观研究仅限于传统标牌是不足的，研究范围应该扩大到小众化或边缘性的语言景观，以拓展研究内容和研究维度。对非典型语言景观加以分析和解读，不仅可以丰富语言景观研究实践，甚至能揭示一些传统语言景观研究无法发掘的语言规律和社会语言现实，国内研究者也应考虑将非典型语言景观纳入研究范围，以揭示更多语言使用与社会、人群、政治、经济、政策、身份地位等因素之间细微而复杂的关系（ibid）。因此，在本章我们以长株潭车尾语为例，对非典型语言景观做出研究尝试，希冀将对类似研究提供一定参考。

第一节　车尾语的定义及语言特色

车尾语平常而多见，通过对其定义与语言特色研究，可以让我们有一个基本了解，这是深入研究的前提。因此，本节我们拟厘清并给予它一个准确定义，同时，从语言特色角度加以分析。

一、车尾语的定义

作为常见的语言形式，车尾语缺乏一个精准的定义。文灿（2011）认为，车尾标语是由个人发布于汽车尾部的、简短精炼的、旨在表达某种主张或标榜个性以引起公众注意的一种个性标语；刘性峰（2015）指出，车尾语又称车贴语，是一种张贴于汽车尾部的文字，有的配有图片，以供其他车主或行人阅读，车尾语一般具有提醒警示、彰显个性、娱乐大众等功能；纪方超（2013）提出，车尾警示语是随着近年来家庭轿车的增多而出现的，是一种新兴的语言现象和警示语类型。

上述定义各有优劣。文灿的定义概括性较强，车尾语通常简短精练，但并非总是如此；刘性峰的定义涉及车尾语的本质和功能，但作为一种定义而言，显得较为松散，宜紧凑些；纪方超指出车尾语这种现象，并没有将其内涵与功能表述出来。鉴于此，在前人基础上，我们拟将车尾语定义如下：

车尾语（亦称车贴）是张贴在汽车（私家车为主）尾部（偶见侧面）的、以文字或（和）图片形式呈现的、旨在提醒后车注意或娱乐并彰显个性的一种语言形式，属非典型语言景观类别。

二、车尾语的语言特色

研究发现，车尾语存在以下语言特色：

（一）语言简洁

扮演提示功能的车尾语常位于车尾，语言宜简洁，让后车司机能一眼明白其意。过长的车尾语影响司机的注意力，不宜采用。如“新手初驾擅急刹”，七个字传递了这样几个信息：司机是新手、第一次开车、不熟练，常急刹；“小女初驾，请多关照”表示车主为女司机，第一次上路，请多包涵。八个字的车尾语将司机的驾驶情况展现出来。我们对搜集到的车尾语加以分析，发现车尾语语言简洁，多限于10字以内。

（二）常用修辞

车尾语虽短，然而并不妨碍其使用一定的修辞手段，其中夸张、双关、比喻、拟人、仿拟等较为常用。

1. 夸张

夸张，就是故意言过其实，或夸大事实，或缩小事实，目的是让对方对于说写者所要表达的内容有一个更深刻的印象（王希杰，2004）。古人好夸张。如李白的“飞流直下三千尺”便是一种夸张手法；今人喜夸张，如形容贵州天气与地貌的文字“天无三日晴，地无三尺平”。车尾语也采用夸张手法，如：

（1）中国最后一台可以公路行驶的蒸汽机车

（2）本车是三无产品：无驾照、无刹车、无保险

（3）生平只会踩刹车，追尾者自重

例（1）采用夸张手法，形容自己的车像蒸汽机车一样行驶缓慢；例（2）有点言过其实，说车主“三无”：无驾照、无刹车、无保险，当然这实际上是不可能的；例（3）夸张地形容车主只会踩刹车，强调车技薄弱。

车尾语使用夸张手法，可以收到诙谐幽默的效果，在车尾语中，夸张都是“辞虽已甚，其义无害”。

2. 比喻

比喻俗称打比方，就是根据心理联想，抓住和利用不同事物的相似点，用另一个事物来描绘所要表现的事物。车尾语常用此修辞格，如：

（1）移动障碍物，请绕行

（2）菜鸟起航，线路不定

（3）我牛，我是蜗牛

（4）您就当我是红灯

新手司机因为不熟练却遇到马路上车流，故行驶中小心谨慎，车速自然就慢了。上述四则车尾语将车主分别比喻成为“障碍物”“菜鸟”“蜗牛”和“红灯”，以形象生动的手法，将车主的特点展示出来了。

3. 仿拟

仿拟是为了达到某种语用功能（如命名和造词），收到某些语用效果（通常以讽刺幽默为甚）而仿照已有的语言形式（字、词、句、篇、调）创造出新的语言形式的一种修辞与构词手法（罗胜杰，2015），广告、店名以及文学作品中常见。如：“英姿换发”（洗发水广告）、“美丽冻人”（形容冬天衣裳淡薄之女子）等。车尾语中也有之，如：

女子无踩，便是德。（仿拟）

例句仿自“女子无才便是德”，利用“才”与“踩”谐音仿拟而成。

不过，仿拟的使用须慎重，恰如其分的使用，可以收到幽默效果，过度，则容易带来词汇滥用、引起误解和反感等负面作用。

4. 对偶

说话中凡是用字数相等、句法相似的两句，成双作对排列成功的，都叫对偶（陈望道，2008）。对偶，从形式上看，协调匀称，写在纸上整齐美观，读出来节奏鲜明，铿锵有力，便于记诵，其运用范围极其广泛（王希杰，2004）。车尾语中也常用，如：

（1）新手二档不会挂，熟练中；刹车油门分不清，都好使

（2）你的安全你注意，我的地盘我做主

（3）新手上路别心急，坡起溜车别介意

上述三则车尾语前后两句对仗，字数相同，读来朗朗上口。

当然，除了上述四种辞格外，车尾语还用到其他一些修辞手法，如：

(1) 离我远点，我怕羞（修）（谐音）

(2) 油价太贵，改喝啤酒（拟人）

(3) 距离产生美（引用）

车尾语中修辞的有效利用，一定程度上能起到传情达意、加强语言表现力的目的，产生一定的语言效果，因此应加以妥善利用。

（三）言语幽默

幽默常会给人带来欢乐，其特点主要表现为机智、自嘲、调侃、风趣等，幽默有助于消除敌意，缓解摩擦，防止矛盾升级。在严肃的警示语中，恰如其分地注入幽默元素，让人在道路行驶中，产生一种轻松、愉悦的心理感受。幽默的车尾语也是化解路怒症的良药。如车尾语“别追，已婚（昏）”中，巧妙利用谐音，将车辆追尾所产生的头昏与追人的目的——结婚融合在一起，让人莞尔一笑；“星姐开星车，亲姐别亲车”将亲吻与追尾（亲车）联系在一起，收到幽默风趣的效果。

幽默和风趣是智慧的闪现，行走的草根式的幽默闪烁着智慧的火花，有助于消除敌意，缓解摩擦，防止矛盾升级。此类车尾语不仅利用善意诙谐的语言，展示出车主机智、自嘲、调侃、风趣的个性，还美化了汽车，给观者带来欢乐。

第二节　车尾语的理论研究

城市在发展，车辆在增多，车尾语数量增加，但其研究甚少，成果乏见。在中国知网分别以“车尾贴”“车尾文化”和“车尾标语”为题，进行主题搜索，搜集到的文献分别为11条、17条和13条，剔除重复，剩35条，且发表刊物级别不高。

已有研究主要集中于：(1) 语言生成研究。吴艳豪、张凤改（2013）从语音、词汇和修辞三个方面对近年来车尾语的生成方式开展研究；(2) 语言风格研究。张静（2014）按语言风格将车尾语分为平实质朴型、简约短小型和幽默诙谐型三类，并预测其语言发展趋势；胡月（2013）概括车尾标语的简明扼要、清新幽默、低调委婉等语言表现风格，并指出车尾语得以盛行的原因；(3) 英汉对比研究。陈蓓（2013）从文化依赖性和语用学角度对英汉车尾贴做过对比；(4) 理论研究。或借用概念整合理论（周凯，2013）分析车尾标语的意义构建过程，对其理解和创作提供参考；或从语用学（纪方超，2013）中的合作原则与幽默原则入手分析，提出规范建议；或从社会心理语用学角度，从人际因素、身份因素、心理倾向、深层动机和社会心理策略五个层面考察车尾语的使用与车主社会心理的关系（刘性峰，2015）；或结合模因论与顺应论，分析其流行原因（高文捷，2013）；(5) 实证研究。文灿（2011）搜集重庆车尾语，借助问卷调查，研究受众对车尾语的关注度、理解度和接受度。

车尾语的研究视角还可拓展，可结合多种理论，如和合学，进行分析，也可从跨学科角度入手，还可在现有研究基础上深入。顺应论角度分析有之，然深入不够，似可拓展。因此，本节尝试从语言学的顺应论角度，并引入自然科学领域的耗散结构理论，对车尾语作研究尝试。

一、车尾语的顺应论研究

车尾语的产生，某种程度而言，是对语言内外因素顺应的结果。通过顺应，可了解车尾语产生的内外因素，从而为车尾语的制作提供理论依据，便于更好的车尾语的产生。

（一）顺应论阐释

Verschueren（2000）认为，使用语言的过程就是选择语言的过程，使用即选择。语言的变异性、商讨性和顺应性，使得语言选择成为可能。变异性，说明语言存在多种可供选择的形式；商讨性，意味着语言选择可以不机械地严格按照规则，或固定地按照形式——功能关系作出，可在高度灵活的语用原则和语用策略基础上完成，语言使用者可根据需要，作出语言选择；顺应性指语言使用者能从可供选择的不同语言项目中作出灵活的选择，满足交际需要。语言的这三个特性互为相关、顺序严格。变异性是基础，商讨性是前提，顺应性是结果。有了语言的多种形式，商讨使用其中某种形式成为可能，商讨的最佳结果，就是顺应各种情形，正确使用某种语言形式。

（二）非语言语境顺应

语言的顺应主要涉及语境，即根据不同语境，对语言做出选择。语境又分非语言语境和语言语境两种。车尾语的选择者——车主，在选择车尾语时，要根据上述两种语境，对语言做出灵活选择。

多种形式的车尾语存在的理由之一，与车主所处的时代、地理位置、交际空间有关，更重要的是反映了车主的内心世界，这些构成非语言语境，具体分为物理世界、社交世界和心理世界三种，车尾语须加以顺应。

1. 物理世界顺应

物理世界包括时间和空间的指示关系以及物质条件。从时间关系来说，车尾语的选择与时代密切相关，不同时代的车尾语与众不同，每一个不同的年代，都涌现出一批与时代大事件紧密结合的车尾语。

车尾语始于19世纪的欧洲，以赞助商的车贴广告形式出现。20世纪初引入中国，多作为一种警示，语言质朴，以“宁停三分不抢一秒”等形式出现。20世纪末，广告类车尾语开始出现，21世纪初，个性化车尾语纷纷涌现。如2008年奥运会期间，街头出现“北京加油！”车尾语；2010年发生了“李刚事件”：官员李刚的儿子撞死撞伤女学生后不以为然，抛出一句“我爸是李刚”，引发众怒，成为年度热词，车尾语“朋友，悠着点，你爸不是李刚”便是对此事件的反映；2012年钓鱼岛事件发生后，很多人在私家车贴上了“保卫钓鱼岛”“钓鱼岛是中国的”“保家卫国，寸土不让”等车尾语，以表爱国热情；2019年影片《流浪地球》上映后，引起轰动，其经典语“道路千万条，安全第一条”成为热词，不少车主便以此为车尾语，显示出紧跟时代潮流的特性。当今“剩女”问题严重，催婚逼嫁普遍，女司机们便张贴“大龄剩女，追尾必嫁”车尾语。2020年上半年新冠疫情期间，武汉成为重灾区，车友们张贴“武汉加油！”，表达对武汉抗击疫情的精神支持。

以上分析可见，车主“与时俱进”，追踪年代热词和热点新闻事件，制作标新立异的车尾语，便是对物理世界中的时间顺应的结果。而空间指示即地点指示关系分为绝对空间关系和参照指称对象的相对空间关系，这些因素也不同程度影响语言使用者在使用和理解语言时做出的语言选择。车尾语是车主事先制作（或购买）的粘贴在车尾上的语言形式，由于车主与受众缺乏面对面交流，故而受到空间关系的影响较小，因而这里所说的物理世界顺应，主要是指车尾语的时间关系顺应。

2. 社交世界顺应

社交世界指社交场合、社交环境、规范化交际者言语行为的原则和准则。由于社会和文化规范的各种制约，交际者的语言选择必须符合受众社交世界的各种社会文化等因素（李想、李风萍，2020），因此，车尾语的语言选择，必须符合社会规范和风俗习惯，不能有违普遍的行为准则。

社交中，人们普遍遵守礼貌准则。作为新手，车技一般，行驶缓慢，知道后车司机会等不耐烦，这是对别人的一种冒犯，此时宜采用社交中的礼貌用语，求得谅解，车尾语“您就当我是红灯”“新手上路，请多包涵”“才上路，让让我吧！”“新手在开车，老手请绕行”“新手初驾，擅长急刹”“远离新手，珍惜你我”“保护新手，人人有责”等车尾语，以乞求包容的语气，礼貌地请求后车司机对自己加以关照，以上便是车尾语对行为规范和语言文明的社交世界顺应。

3. 心理世界顺应

心理世界主要涉及交际者的性格、情感、信念、意图等心理因素。进入非语言语境的心理因素主要有认知因素和情感因素两类。说话人选择语言的过程正是顺应自己和听话人心理世界的一个动态过程，语言的选择与说话人的心理世界密切相关，能够反映一个人的内心世界，这也是成语“言由心生”的最好诠释。一般而言，车尾语体现车主的两种心理：

一是请求谅解的心理。一般而言，刚拿到驾照的新手上路，车尾一般悬挂或张贴“实习”标牌，以提醒后车司机注意：前方是新手，请注意避让。看到前车尾部贴着“别按了，先告诉我刹车在哪”的警示语，后车车主不禁莞尔一笑，明白前车司机是个新手，回想起自己刚学会驾驶时的情形，本来急躁的心情，被诙谐幽默的车尾语给化解了，耐心便会产生。

当然并非所有车主的语言都是礼貌而有分寸的，有些车尾语就显得不那么礼貌了。随着车辆的增加，城市道路的扩张速度，跟不上车辆数的增加，道路变得越来越拥堵，以上下班高峰为甚。遇到前方行驶缓慢的车辆，容易产生急躁情绪，轻则长按喇叭，重则开口怒骂，甚至拳脚相加，这便是人们常见的路怒症。车尾语语言的选择，便是证明，如“本人玩车，兼职玩命”“别再催了，有本事你飞过去”“开不好别瞎开，挤我跟你急”“买的证，租的车，你看着办”等，这些充分显示了车主不耐烦、甚至是威胁的心理。

二是表达情怀的心理。语言随着社会的发展而发展，任何一种语言现象的产生都与一定的社会背景、社会文化有着密切的关系，都不是孤立存在的（张静，2014）。前面提到的“钓鱼岛事件”中车主所贴车尾语，便是爱国情怀的一种体现，车主以特有方式，表达自己的政治立场和捍卫祖国领土、保卫钓鱼岛的决心；新冠疫情期间的“武汉加油!”车尾语，彰显了正能量和互助友爱的精神。

车尾语政治情怀的表达，与某个时间的重大历史事件紧密结合，且时效性强。如 2021 年 3 月 18 日至 19 日，在美国举行的中美高层战略对话中，面对美国傲慢无礼，中共中央政治局委员、中央外事工作委员会办公室主任杨洁篪霸气回应："美国没有资格居高临下同中国说话，中国人不吃这一套"。仅隔一日，不仅在社交媒体上引发热议，更是迅速被开发出各类周边产品，有商家火速推出"中国人不吃这一套"等系列产品，印有这句话的T恤、手机壳、帆布包、雨伞、打火机等产品迅速在网店上架①。对政治的敏感性，在产品中得到迅速反应，相信不久会在车尾语中同样得到体现的。

此外，由于车尾语的使用者以年轻人居多，他们思维活跃，个性张扬，不墨守成规，勇于尝试新事物，体现在车尾语上，呈现独具一格的特征。季方超（2012）将年轻车主的心理特征归纳为四种：求新逐异，张扬个性——反传统的心理；紧跟潮流，追求时尚——时尚的心理；疏解压力，发泄情绪——宣泄的心理；追求情趣，娱乐大众——求趣的心理。

车尾语的选择与时代紧密结合，这是语言的物理世界顺应；遵循言语社团文化习俗，体现社交世界顺应；展示车主内心世界，这是心理世界顺应。以上说明，车尾语的选择，首先是要对这些非语言语境加以顺应。

（三）语言语境顺应

语言语境即上下文，主要包括：（1）篇内衔接，即利用连词、前指、逻辑关系等方式实现语篇语义相关；（2）篇际制约，即语篇要受其谈论的主题、使用的文体类型等语用风格或情景因素的影响和制约；（3）线性序列，即语言选择要注意语篇上下文的逻辑——语义关系，按次序对对话作出先后安排。作为提示语的一种，在遵循与顺应汉语表达所需遵循的基本原则的同时，车尾语更应该注重意义表达，紧扣主题，凸显内容。具体而言，须做到：

1. 语篇简洁

受车尾空间限制，且行驶中要保证行车人安全，故车尾语字数不宜过多，以提醒安全行驶为主要目的的车尾语，使用简明扼要的语言文字成为必然。笔者对搜集到的373条车尾语分析发现，字数最少的两个字，如"初练""新手"等，最多的有25个字："如果你能看见这条标语的话，说明你已经在我的仇恨范围之内"。20—24字的也不少，如："下坡易熄火，上坡要打滑；路平开得

① "中国人不吃这一套"彻底火了！T恤、手机壳等周边产品热卖！https://www.360kuai.com/pc/972920ad5ba6471e0?cota=3&kuai_so=1&tj_url=so_vip&sign=360_e39369d1&refer_scene=so_54。

慢，路烂搞不转——新手自传”“新手二档不会挂，熟练中；刹车油门分不清，都好使”“本车正处于第八次召回路上！谁想和我一起去吗?”

提示语旨在提醒后车注意保持安全行驶距离，字数比较重要。过少，达不到表达目的；过多，行驶中难以阅读，影响安全行车。高速公路上的安全标志都简洁明了，以最少的字数达提示目的。所以，安全着想，我们不主张车尾语篇幅过长，一般以10字以内为宜。如：

（1）请保持距离美。

（2）您着急，您先走。

（3）您先走，我断后。

（4）人老车破又磨合。

（5）昨天领证，今天开车。

（6）破车新驾，天王都怕。

（7）你让我也让，心宽路更宽。

上述车尾语简洁明了，以较少的字数达到了提醒后车注意的目的。当然，我们并不反对一些个性化的车尾语，并且，正是由于语言变异性的存在，才使得商讨性成为可能，人们可从众多的表达方式中自由选择，这也是个性化车尾语存在的前提。但是，我们坚持认为，简洁的语篇表达，不违背量的准则（the Maxim of Quantity）应该是车尾语对语言顺应所遵循的基本原则。

2. 语言礼貌

本书前面我们提到了Leech（1983）提出的礼貌原则之六条准则——策略准则、慷慨准则、赞扬准则、谦虚准则、赞同准则、同情准则在语言使用中应广为接受，每条准则下包含两条次则。策略准则应做到：使他人受损最小，使他人受惠最大；宽宏准则讲求：使自身受惠最小，使自身受损最大；赞扬准则提倡：尽力缩小对他人的贬损，尽力夸大对他人的赞扬；谦虚准则包含：尽力缩小对自身的赞扬，尽力夸大对自身的损害。

车辆行驶中，由于车主技术不好或车况问题，给别人带来了不便，请求得到谅解，但又不能下车跟别的车主说，只能利用后车能注意到的语言形式——车尾语来达此目的。为表歉意，应注意使用谦逊礼貌的语言策略，以化解别人心中的不满，达到和谐驾驶目的。如：

（1）才上路，让让我吧！

（2）保护新手，人人有责。

（3）新手龟速，您先走！

上述车尾语遵循了谦虚准则，以自嘲口吻贬低自己，将别人放在一个车技熟练的老司机位置上，让别人受益最大化，请求得到了理解，从而使后车司机的包容性大大增强，对行驶缓慢的前车的容忍度达到最大化。

反之，有些车尾语对语用礼貌原则加以违反，这样非但没有因为自身原因给别人带来行驶上的不便而感到抱歉，反而有些恶语伤人的味道，如：

（1）绝对新手，绝对杀手。不是自杀，就是他杀。

（2）有本事从我头上过！

（3）驾校除名，自学成才。

（4）本车除火控外基本配置与坦克相同。

（5）泰森正在车上睡觉。

上述语言将别的车主至于被威胁的地步，一定程度上形成“语言暴力”，这种对别人面子的违反，一定程度上是“路怒症”形成的原因之一。

社会和谐的前提是语言和谐，中国传统文化中的“和合”理论不仅关涉人与自然的和谐，也关涉到人与人之间的和谐（易小明，2008）。孔子的“礼之用，和为贵”强调在保持个性的基础上的和谐，佛教的人际和谐思想则强调心灵和谐，只有心灵和谐了，“言由心生”的言语才会和谐，言语和谐了，纷争也就大为减少，车辆道路行驶命运共同体的达成也就容易得到实现。

综上所述，车尾语在制作中，应尽量遵循语言简洁而富有礼貌的原则，这也是对车尾语这一特定类型的语言表达方式而言应该顺应和遵守的。

语言的多样性，给不同的语言表达形式的选择提供可能。车尾语具有时代烙印，这是对物理世界顺应的结果；应遵循社交准则与社交礼仪，顺应人们的社交场合；车尾语表达车主请求谅解的心理情愫，也表达出一定的人文情怀，体现了心理世界顺应。此外，车尾语应力求简洁并注意语言的文明礼貌，实现对语言语境的顺应。以车尾语为例，从顺应论角度，分析非典型语言景观，给语言景观研究提供了新的思路与研究对象。

二、车尾语的耗散结构理论研究

在拙著《基于英汉语料的仿拟跨学科研究》中，笔者曾用耗散结构理论对仿拟做过研究尝试。研究发现，该理论同样可以用来解释不同类型，尤其是仿拟类车尾语产生的原因，我们试分析如下：

（一）耗散结构理论的基本思想

耗散结构理论（the Dissipative Structure Theory）是20世纪60年代末比利时科学家普利高津（Progogine）在长期潜心研究热力学问题基础上所创立的理论，在1969年一次理论与生物学的国际会议上提出，普利高津因此获1977年诺贝尔奖。该理论中，谓之耗散，意为“消散”；谓之结构，说明“有序”，非混沌一片：或对称分布、层次排列等空间有序；或花开花落、四季循环等时间有序。故耗散结构理论乃系统内部在一定条件下自发组织的、远离平衡态的系统从无序变为有序的理论，曰“自组织理论”，这种有序结构可为“时间、空间或时间——空间结构”（蒋景东，2010）。

在普利高津看来，系统耗散结构的形成需要具备一定的条件：第一、开放性。系统必须具有开放性，如此方能与外界进行物质、能量与信息的交换，引人负熵流，从而走向有序；第二、远离平衡态。热力学定义表明：平衡态是孤立系统经过无限长时间后稳定存在的一种最均匀无序的状态，系统须远离平衡态，处在力和流的非线性区，才有可能演变为有序结构，非平衡态是有序之源；第三、非线性相互作用。系统中必须存在非线性相互作用，这样才能产生有别于数量叠加的线性机制的非线性机制与相干效应和协同作用，系统方能自组织，从无序到有序，形成耗散结构；第四、随机涨落。这是耗散结构形成的孵化器，依靠个体变量涨落的诱导和启发，通过随机涨落，实现从无序到有序的转化，在非线性相互作用下，构成体系的各部分间相互制约、相互耦合、相互作用，形成时空有序的耗散结构。

耗散结构理论在化学上得到普遍应用，推动了化学热力学、动力学的发展，它的成果被用于解释生物有序现象，产生了像量子生物化学这样横跨理、化、生的边缘学科。此外，在激光物理、生物物理、地球物理等领域也有广泛的应用。发源于自然科学的耗散结构理论，反映了自然界的基本规律，然而，受制于自然规律的人类社会也受到此规律的影响，社会科学成了这一理论试图干预的领域。现代社会高度的物质流通和信息化，它的时空有序和自组织，表明社会也是一个开放系统的耗散结构。因此，从人和自然的关系、经济、文化、军事到城市规划、人口控制、生产服务等等，都有十分诱人的应用前景。此外，这一理论在管理学、教育学等领域广泛应用，“已成为一种贯穿许多领域的科学方法和研究方法，在众多领域得到广泛应用”（徐建军、龚涛，2011；段晓静，2003）。受该理论启迪，“人们进一步认识到事物有序与稳定的内在联系具有普遍性”（吴今培、李学伟，2010）。耗散结构理论的崛起，使人们看到多学科互相渗透的边缘学科与横跨各学科的横断科学正如雨后春笋般涌现，并取得越来越显著的地位。

（二）车尾语生成之耗散结构理论阐释

耗散结构理论应用面十分广泛，它具有强大的生命力。语言系统与其他系统相互联系、相互作用、相互制约，语言内部从无序到有序，形成一种语言平衡态，该理论可以对此提供较好的解释。所以，发源于自然科学的耗散结构理论，也为社会科学领域内的语言发展变化、特别是词汇系统变化的规律提供阐释，可用来揭示车尾语生成之谜。

1. 语言系统的开放性给车尾语提供了物质基础

如前所述，耗散结构形成的先决条件是开放性，任何有序系统的形成与保持，“必须不断从外部环境引入物质、能量和信息的负熵流，并不断排出其‘代谢’产物”（唐建军，2010）。一个封闭的、不与外界进行物质能量交换的系统，都只能自发地走向无序、解体或消亡（苏桂凤，1986），自然系统与社会系统概莫能外，“生命以负熵为主，新陈代谢的本质在于使有机体成功地消除了当它活着时不得不产生的全部的熵”（埃尔温·薛定谔，2003），系统的开放性为熵的引入提供可能。

熵最初是热力学中的一个概念，作为态函数来使用，之后，Shannon 将其推广为信息熵，一些数学家又将其进一步规范，使得熵可以用来描述一般系统内部各子系统分布的均匀性。与一个宏观态对应的微观态的数目越多，熵值越大，这个宏观态就越无序（谭璐、姜璐，2009），相反，如果熵值越小，说明这个子系统就越有序。因此，熵是表示系统无序程度的量，熵的增大表示系统无序的增大[①]。熵有正负之分，系统内部产生的熵为正，外部引入的熵为负。封闭

① 孤立系统中，其熵总是增加的；在一个开放系统中的熵 ds 等于系统内部产生的熵 dis 和系统外部进入的熵 des 之和，即 ds = dis + des。

系统只有正熵，即 $d_i s>0$，所以 ds 永远是正的。而系统一旦开放，由于系统与外界交换物质、能量和信息，通过系统边界输送进来的负熵 $-d_e s$ 与正熵相互作用，可以抵消系统内部产生的 $d_i s$，甚至还可以超过它，因而 ds 就不一定为正，它可以是零或负值（即 $ds\leqslant 0$）。由于正负熵的相互作用，耗散结构的形成方有基础。在此基础上，系统在和外界所进行的物质、能量交换过程中，外部输入负熵流大于内部产生的熵，使得总熵量为负，随着这种负熵流的逐步增加，系统内部产生的熵逐渐减少，那么系统将趋向有序，其内部诸要素间的组合变得有规则，稳定而有序的耗散结构就此形成。

如何让一个系统处于最佳稳定状态即获得最佳耗散结构，普利高津于 1975 年提出了“最小熵”概念（黄金南等，1992）。这意味着系统只有从外界源源不断引入负熵流，使系统中的熵处于最小状态，才能使得系统始终保持一种活力，这样的系统才是最为稳定而可靠的。这一原理的提出与我国改革开放政策不谋而合，正是打破固步自封，实施改革开放，大胆引入国外先进科学技术、引入三资企业等负熵流，汇入了竞争机制，打破了一些企业的长期垄断地位，如此才带来了国民经济的壮大与发展。同理，语言系统的开放性和负熵流给语言研究提供了很好的启发作用，只有保持语言系统的开放性，不断从外界吸取新的物质与能量，语言系统才能焕发出并始终保持着一种独特的青春与活力，保持着词汇系统的新陈代谢。语言系统具有开放性，这从英汉词汇中不断增加的新词即可看出，新词增加的速度在不断加快，而旧词消亡的周期似乎在缩短，《中国语言生活状况报告》每年向社会公布当年的新词语，如 2020 年 12 月 16 日，教育部发布了 2020 年中国媒体十大新词语，依次为：复工复产、新冠疫情、无症状感染者、方舱医院、健康码、数字人民币、服贸会、双循环、天问一号、无接触配送，这说明语言处于动态的开放性系统当中，而促成这一现象的主要因素之一就是仿拟的运用，仿拟有如新词新语现象产生的催化剂，好似语言“鲶鱼效应”的产生者，其存在依据就是“语言系统中材料的开放性”（徐国珍，2007）。

车尾语的存在，因语言材料的开放性而具有了重要前提和基础，正是由于语言材料的开放性，多样化的车尾语的存在方有物质基础，而仿拟就成了语言负熵流引入的活化剂，它的存在，使得语言词汇系统不断得以更新，所以我们认为，语言系统的开放性是仿拟存在的前提与基础，缺少这个前提，仿拟成了无源之水和无本之木。可以预见的是，与其他因素相结合，所形成的语言耗散结构，将由平衡态变为不平衡态，然后趋于平衡态，而且随着系统的开放性的不断加大，这一平衡态又被打破，形成一种新的不平衡态，周而复始，语言词汇系统在平衡态与不平衡态的交替中不断得以更新，而仿拟在这旧的耗散结构被新的耗散结构所代替的过程当中，起着至关重要的作用。如：

（1）开车无难事，只怕有新人。

（2）人生可短暂了，油门一踩一松，一辈子就过去了，嚎！

（3）哥开的不是车，是寂寞。

（4）走牛 B 的路，让傻 B 说去吧！

（5）女子无踩便是德！

上述车尾语采用仿拟手段，其本体为我们耳熟能详的典故或熟语。这些创意性车尾语的存在，便是因为语言系统的开放性与包容性，人们能够模仿已有语言形式，创造出新的语言形式。正是因为语言的开放性，形形色色的车尾语的存在方有了物质基础。

2. 非平衡态原则为车尾语提供了生存平台

如上所述，在普利高津的视野里，系统状态有平衡和非平衡两类。平衡态是指系统内部各要素在能量分布上处于均匀状态，要素间达成一种平衡，处于一种没有活力的封闭式的寂静状态；而非平衡态则是由于外界事物不断介入，系统内部诸要素与进入系统的要素不断进行着物质与能量的转换所产生的一种有差异的、分布不均匀的状态。举例而言，我国改革开放之初，国民自给自足，实行配给制，大家的生活水平差异不大，国民经济基本处于一种没有很大波动的平衡状态。改革开放以后，国外先进的科学技术（我们称之为负熵）的引入，给国内经济注入了新鲜活力，这种经济上的平衡态被随之打破，多种经济体制并存，使得国民经济处于一种非平衡状态，这样一来，远离平衡态的市场经济由于不断接收外界力量，从而形成一种经济上的耗散结构。

如此看来，维持一种充满活力的状态，就必须打破自身所处的平衡态，只有远离平衡态，使得系统处于一种非平衡状态，这样的系统才是有活力的。语言系统亦如此。雅各布森指出，没有一种语言具有完全平衡的系统，语言系统不平衡的动态性是语言交际功能的必然结果，使用语言谈论的这个客观世界是不断变化的，而且越来越复杂。因此，语言就要不断打破自己的平衡以适应这种复杂性和交际功能的需要，这在词汇层面上尤为明显（封宗信，2006）。语言活力的表现体现在敢于打破传统，引入新思想、新观点、新理论，使得整个系统远离平衡态处于一种不平衡态中，并且保持这种趋势，达成新的不平衡态，保持一种动态的可持续发展状态。

上述让人忍俊不禁的车尾语的存在，仿拟起着十分重要的作用。我们认为，仿拟是语言系统（至少是语言中的词汇系统）实现非平衡态的手段，换言之，非平衡态原则为仿拟提供了一个生存平台，仿拟为词汇非平衡态而生，仿拟的介入，产生众多新词新语，打破了词汇系统固守的平衡态，语言的词汇系统方能得以不断扩充。

综上，词汇耗散结构的形成，是一个从平衡态到非平衡态的过程，作为其形成要素之一的非平衡态原则，为仿拟提供了生存平台，仿拟肩负起实现这一结构的手段。正是因为仿拟的存在，新词新语才得以不断产生，语言词汇系统方得以不断扩充，人类可供表达的语言手段才日益丰富，多形式的车尾语生成成为可能。

3. 非线性相互作用为车尾语提供了多维创造模式

语言符号呈线性方式展开，这是语言符号的基本特征，索绪尔在《普通语言学教程》中论述语言符号的本质时指出，符号的能指（signifier）具有线性特征（linearity），然而在语言符号的线性展开背后包含着非线性特征（吕公礼，2007）。耗散结构的形成，离不开一个根本特性——非线性机制。非线性机制是系统内元素间相互作用的一种机制，它的存在，使得要素间的相干效应和临界效应①得以产生，从而使得新的有序结构的形成有了可能。反之，如果只存在线性作用，那它们的组合就只有量的增长，而不可能有质的变化，因为只有非线性作用、而不是线性作用才存在多个定态解与分支，才可以形成新的稳定有序状态，而这是耗散结构形成的必要条件。也只有非线性的相互作用，才能使系统内部各组元素之间在不稳定点以后发生一致动作的情况和一种长程的关联，形成协同作用或相干效应，这样才能接受外界的负熵流，形成耗散结构（苏桂凤，1986）。

---

① 相干效应和临界效应：相干效应是一种整体效应，由系统元素间互相制约与耦合产生。它意味着线性叠加失效，元素的独立性丧失；临界效应是指系数由于非线性相互作用，在临界点上将会失稳，按多分支演化，系统向有序发展，不是只有一个方向，而是会出现几种可能性，可能出现不同的结果，从而产生系统演化的复杂性和多样性。

非平衡态原则只是为车尾语的产生提供了一个平台，上述五个车尾语的形成源于线性机制，具体而言，就是不改变语言的内部结构与构成规则，类推出车尾语的其他语言形式，形成多种形式的车尾语，这说明语言中丰富多彩的表达方式的产生不是仅凭线性机制这一点（否则语言只有在某一点上单纯的内部量的累积），而正是由于非线性相互作用机制的存在，车尾语的创造才摆脱了单一模式，向着多维方向发展，正是由于这种非线性机制的存在，其创作才得以摆脱单纯的量的累积，形成了这样一个多维立体化的非线性车尾语耗散结构。

4. 有效性涨落原则为规避车尾语负偏离提供了理论依据

涨落是系统内某变量对平衡值发生偏离，耗散结构理论认为，涨落导致有序，涨落达到一定阈值后，再通过相干作用与连锁效应，系统方产生突变，新的有序结构才能形成。没有涨落，系统不能实现由量变到质变，有序结构不能形成。

然而，这种涨落必须加以控制，将之控制在一定阈值（即临界度）以内，即保证涨落的有效性，或曰有效性涨落，不然，有序将变为无序。所谓成也涨落、败也涨落，一个耗散结构的形成需要涨落，但是对涨落必须加以控制。

这种仿拟类车尾语明为“仿”，重在“拟”，这决定了对原有语言形式必须存在一种偏离，才能产生新的语言形式，因此，仿拟中的偏离如同涨落，是仿拟产生的充要条件。偏离有正负之分，须将偏离控制在一定范围内，亦即控制仿拟的有效性涨落，否则易发生负偏离，而其中的有效性涨落等同于规避仿拟负偏离，仿拟负偏离的规避，在此找到了理论依据。至于如何控制仿拟的负偏离，罗胜杰（2008）提出了四条策略：词性不变策略、尊重情感策略、慎用名人策略和最佳相关策略，这些给此类车尾语负偏离的规避提供了重要参考和依据。

综上所述，我们将耗散结构理论的基本原理——系统新的有序结构即耗散结构得以形成的原则条件具体化，运用于仿拟产生的过程分析，得出结论：基于耗散结构理论的仿拟类车尾语产生过程为：在语言系统开放性前提下，作为平衡结构的本体，基于非平衡态原则、通过有效涨落、结合非线性相互作用，形成非线性多个仿体，这些仿体组成一个有序的仿拟耗散结构

以上我们运用耗散结构理论的基本原理，对仿拟类车尾语的生成做了阐释，从语言学角度证明了普利高津的耗散结构理论是对一般系统论的重大发展，它

从一般的角度，揭示了系统新的有序结构即耗散结构得以形成的条件，对于研究特殊系统新的有序结构的形成有着重要的方法论启示，其应用领域之广，可见一斑。本研究将自然科学理论运用到社会科学，尤其是语言学领域，是跨学科“界”交叉中的一次小小尝试。

第三节　车尾语的问题及规范研究

作为一种个性化的语言形式，在完成警示和规劝功能、承担一定教育功能的同时，车尾语以其诙谐幽默、形象生动、委婉含蓄等特点，吸引着人们的注意，彰显着语言魅力，营造着积极向上、和谐健康的社会氛围。然而，研究发现，车尾语存在着语言表达不规范、思想内容不健康、价值走向有错位等现象，须加以重视并予以纠正。

一、存在的问题

车尾语常见的问题很多，由于使用者的年龄、性格、文化素养的不同，车尾语语气和内容方面良莠不齐。主要问题有以下三种：

（一）用词晦涩难懂

通常我们都习惯使用人们熟知的语言形式来表达思想，但是，有些人可能在车尾语中融入方言，还有些思维活跃的年轻人，平时接触网络或游戏等比较多，因此车尾语可能融入某些网络词汇或游戏术语。如："我是黄棒，请注意避让"。一般人可能对此莫名其妙，对"黄棒"意思不解。经查，"黄棒"是重庆方言，不是指黄色的木棒、铁棒，意思是做事不懂行，胡乱整。重庆话里有句俗话叫作"黄棒手硬"，意指对某一专业一窍不通的门外汉。如此方言，在地方上还能理解，但如果外地人来到重庆，或粘贴此车尾语的车行驶到外地，见到后估计会让人一头雾水。

又如，有人以“孙贼呃”为车尾语，人们也不理解。这本是网络游戏中的一个人物名称，而对于不接触网络或是不玩这款游戏的人来说，是完全无法理解的，而车主以此为车尾语，其目的更是猜不透。还有的过度使用数字谐音，也容易造成理解困难。如车尾语“00544?”，将其翻译过来，意思是“动动我试试?”。如此这般方言、游戏用语和数字谐音，都不是我们应提倡的，容易造成理解上的困难，从而达不到警示或教育目的。

（二）语气过于威胁

温良恭俭让，是儒家提倡待人接物的准则，意指温和、善良、恭敬、节俭、忍让这五种美德。君子和为贵，和气生财，退一步海阔天空，这些也是人们挂在嘴边的熟语。语言学中的面子观，指的就是对别人加以尊重，这也是和谐社会应遵循的起码准则，也是利奇（Leech）的礼貌原则的基本内涵。虽说大部分车尾语都能讲求语言上的和谐礼貌，但是也有些车尾语，其语气谈不上礼貌，甚至还有威胁的意味了。如：

（1）着急你飞过去

（2）追我者，格刹勿论!

（3）跟车请自觉，关闭远光灯，否则，急刹!

（4）不要靠近我，否则急刹!

（5）车技差，脾气大

（6）别恨我，恨驾校

（7）新车上路内有杀手

新手或车技差的车主，使用礼貌语言，来求得别人谅解，这是可行的。但是不能以此为由，迁怒他人，动不动就以急刹来威胁（按照道路交通法，后车需要保持安全车距，急刹追尾，后车负全责），这种不讲道理的做法，容易引起别人的反感，容易激发矛盾，产生“路怒症”，为安全行驶埋下隐患，如此车尾语，是要尽量避免的。

（三）内容有些低俗

语言文明是每一位市民应该遵守的基本规范。作为一种面向大众的警示语，车尾语应做到用词文明、内容高雅，杜绝使用有违文明礼貌的内容粗俗的不健康语言。内容低俗的车尾语，降低了车主的文化品味，达不到警示目的，更是一种语言垃圾，应以避免。

二、规范的建议

针对上述车尾语用词晦涩、语气威胁、语言粗俗等问题，我们认为，应该从思想上重视、语言上着手、根本上规范。既要尊重车主对个性化语言追求的自由，又要加以引导，在尊重语言规范、不违背社会良俗的基础上，杜绝语言垃圾的存在，让其朝着健康方向发展，达到以语言和谐来促进社会和谐的目的。具体而言，可从如下“四个意识”入手。

（一）加强语言正确使用意识

语言随着社会的产生而产生，随着社会的发展而发展。语言是社会斗争和发展的工具，是社会宣传的工具，具有很强大的造势作用，语言的基本功能是用于社会交际，促进相互了解，从而使整个社会成员和睦相处。语言在协调社会成员之间的关系方面起着润滑剂的作用，在管理事务中的作用更加重要（王胜利，2003），语言文字不仅仅是作为日常交际的一种手段，更重要的是在政治宣传、社会思维当中扮演着极其重要的作用。因此，正确使用语言文字，不仅关系到人与人之间的和谐，甚至与社会、国家的前途和命运息息相关。

为此，早在1995年，中国语文报刊协会会员代表大会上发出了“关于正确使用祖国语言文字的倡议书”，倡议书明确了语言文字工作的重要性，针对社会上语言使用过程中存在的滥用繁体字、乱造简化字、随便写错别字、滥用文言、滥用方言、生造词语、文理不通等现象，提出相关措施，规划汉字的正确使用。

前面所提车尾语“我是黄棒”，就属于滥用方言现象，不应出现在移动的语言景观——车尾语中。车到了异地，或者外地游客到了本地，见到此车尾语，便感一头雾水，不知所云。此外，语言的正确使用也必须讲究场合，与使用场合不相关的语言不能出现在交际场合。如车尾语“再好的刹车也刹不住我的灵感”就不合时宜。此车尾语没有起到提醒作用，并且使用时机不对，故不宜作为车尾语来使用。

由此可见，我们应培养车主正确使用语言的意识，语言使用必须与语境相吻合，在合适的场合使用合适的语言。

（二）建立健全语言规范意识

语言的使用必须讲求规范，必须受到规则的约束，没有约束的语言，让人无法交流，甚至增添误解和麻烦。而规范的语言及语言使用，能最大程度地发挥语言服务对社会和经济发展的促进作用（陈颖，2014）。语言规范并不是现代社会才有的概念，中国可以说是世界上语言规范工作开展得最早的国家之一。《礼记·祭法》记载："黄帝正名百物以明民共财。"这种对名实关系的辩证实际上便是一种语言规范行为（纪凌云，2020）。

车尾语会使用到仿拟，规范的仿拟，是语言修辞和造词的有力手段，而不规范的仿拟，则增加理解上的困难，也给青少年带来不利影响。如"姐酒后驾的不是车，是寂寞"，这是对"哥喝的不是酒，是寂寞"的仿拟，本体表达的是主人公的某种心理特征，后来被广为模仿，此车尾语便是由此而来。我们认为，喝酒跟驾车不同，喝酒可以表达寂寞心情，仿拟后，在模槽里面装入"寂寞"二字，这跟"驾驶"构不成动宾关系，这样会改变源语的搭配结构，因此不能随便使用，这属于语言不规范现象。

此外，规范的语言必须讲求意义明了，前后一致，能让人明白。如果所说的话让人摸不着头脑，不能理解其意，那么这也属于语言不规范现象。如车尾语"服务器当了，所以我在这"就属于这种情况。服务器当了，跟开车的关系不明了，难道服务器当了，就开车？二者的逻辑关系产生问题；又如"生平只会踩刹车，尾行者自重"，"尾行"一词属于生造词汇，语言胡编乱造带来的后果就是严重干扰着语言的纯洁性，给使用者带来不利影响，因此，此类语言不规范现象是应该避免的。党的十八大后，时任教育部长陈宝生在全国教育工作会议上曾指出："加强语言文字规范化建设，加强网络语言治理，引导学生和全社会文明用语"（段业辉，2020），语言文字，可以守正创新，但是创新是在守正的前提下进行的，必须做到守正的前提下来创新，规范，始终是语言文字工作者应该遵循的原则，规范文字使用，是国家文化软实力提升的重要内容之一，执行并遵守语言文字规范是每个人的应尽之责。

（三）培养车主道德修养意识

如今，物质文明提高的同时，人们的精神文明也得到进一步加强。公共场所人们自觉遵守社会公德，乱扔垃圾现象得到根治，文明和理性，成为时代底色，公序良俗成为遵守的道德规范。

然而，风清气正的社会环境下，不免存在一些有违文明的行为，引发众人谴责。重庆乘客争抢公交车司机方向盘，导致车辆坠江；高铁公然无理霸座，酒后驾驶并阻挠警察执法……如果说此类不文明现象属于行动上的素质低下，那么不文明车尾语存在，则反映出部分人思想上的道德失衡，类似“开远光灯的，卧槽泥马”“开牛 b 的车，让傻 b 追去吧”等车尾语，无一不反映出车主道德素质的低下，而就是这种低劣的道德行为，往往成为口角乃至纷争打斗的起源。

习近平总书记指出，“当高楼大厦在我国大地上遍地林立时，中华民族精神的大厦也应该巍然耸立”①。古语云：“仓廪实而知礼节”，物质文明提高的同时，精神文明也应随之提升。现代社会中，我们要以善良和美德，挤压冷漠和戾气，要让文明礼貌的车尾语，成为一道行走的靓丽的语言风景线，成为带动整个城市文明的先锋队！

（四）提高相关部门管理意识

车尾语的道德与文明，光靠车主的自觉行为还是不够的，必须从管理入手加以规范。目前，由于交警部门没有办法认定一些个性化的车尾语是否影响了行车安全，所以也无法查处，只能以劝慰方式，劝说车主将一些有违道德的个性化标语撕下，无法查处。比如，2009 年在深圳布吉下水径大靓社区惊现一辆雷人黑色私家车，车身上赫然贴了两条标语：“公安局局长是我爸，杀人放火都不怕”“老子就是王法！”后经水径派出所民警劝说，车主撕下了标语。而车主常先生也直言不讳：此次采取这种非常手段的目的就是为了引起关注，从而让外界了解到他的家乡发生的一桩命案（邓恩，2010）。

我们认为，以此极端方式表达车主内心的愤懑，并不足取，有问题的话，车主完全可以通过正常司法途径来解决，没必要出此下策。为杜绝车尾语不规范现象，一是建议从制度入手，完善相关法律，采取法律手段加以制约；二是建议交警部门严加管理，利用道路执法和车辆年检等手段，纠正不端车尾语，杜绝车尾语语言垃圾的产生，还社会风清气正的语言环境。

---

① 耸立中华民族精神大厦－－理论－人民网 http://theory.people.com.cn/n1/2017/0407/c40531－29194950.html。

在本章，我们基于长株潭车尾语例子，厘清了车尾语概念，分析了它的语言特色，用顺应论和耗散结构理论对其做了理论分析，梳理了车尾语中的常见问题，提出了相应对策。通过车尾语研究，我们发现，此类非典型语言景观在形式上与典型语言景观不同，打破了典型语言景观的话语秩序和规则，以自由主义形式呈现，通过对其分析，能揭示出一些典型语言景观无法透视的语言现实。当然，非典型语言景观研究角度多样，还可以从对话性、城市政治、语码优选、语言权势、场所符号学等视角进行研究，阐释标牌话语在城市空间中的社会意义和功能（尚国文、周先武，2020）。总之，此类非典型语言景观研究，能给语言景观研究提供一条新路子，丰富语言景观研究内核，这是一个值得长期探讨的话题。

本章参考文献

1. Jef Verschueren. Understanding Pragmatics [M]. Beijing: Foreign Language Teaching and Research Press, 2000: F21 - F23.

2. Leech G. Principles of Pragmatics [M]. London: Longman, 1983: 79 - 81.

3. 埃尔温·薛定谔. 生命是什么 [M]. 罗来欧、罗辽复译. 长沙：湖南科学技术出版社，2003.

4. 陈蓓. 英汉车尾贴对比研究 [D]. 重庆大学，2013.

5. 陈望道. 修辞学发凡 [M]. 上海：复旦大学出版社，2008：162.

6. 陈颖. 语言服务视角下城市国际语言环境建设研究 [J]. 北华大学学报（社会科学版），2014（6）：17 - 22.

7. 高文捷. 车尾贴强势模因构建的顺应性研究 [J]. 英语广场，2013（10）：37 - 38.

8. 邓恩. 悄然兴起的中国式车尾文化 [J]. 观察与思考，2010（11）：38 - 39.

9. 段晓静. 耗散结构理论及其广泛应用 [J]. 乐山师范学院学报，2003（4）：64 - 67.

10. 段业辉. 新闻语言文字规范化问题研究 [M]. 北京：世界图书出版有限公司，2017.

11. 黄金南等. 系统哲学 [M]. 北京：东方出版社，1992.

12. 封宗信．现代语言学流派概论［M］．北京：北京大学出版社，2006.

13. 胡月．车尾标语的语言表现风格［J］．淮北职业技术学院学报，2013（2）：88－89.

14. 纪方超．汽车车尾警示语研究［D］．宁波大学，2013：52－55.

15. 纪凌云．雅化还是俗化：语言规范过程中的矛盾与平衡［J］．石家庄学院学报，2020（1）：135－139.

16. 蒋景东．耗散结构理论对商务英语教学的启示［J］．中国成人教育，2010（18）：178－179.

17. 李想，李风萍．从语境顺应论角度解析苹果广告语的汉译［J］．大众文艺，2020（17）：139－141.

18. 刘性峰．车尾语的心理语用分析［J］．山东外语教学，2015（5）：26－31.

19. 罗胜杰．广告仿拟运用的策略分析［J］．中国酿造，2008（4）：34－36.

20. 罗胜杰．基于英汉语料的仿拟跨学科研究［M］．西安：西北工业大学出版社，2015：5－6.

21. 吕公礼．语言信息新论［M］．北京：中国社会科学出版社，2007.

22. 尚国文，周先武．非典型语言景观的类型、特征及研究视角［J］．语言战略研究，2020（4）：37－48.

23. 苏桂凤．耗散结构理论［J］．理论学刊，1986（5）：46－48.

24. 谭璐，姜璐．系统科学导论［M］．北京：北京师范大学出版社，2009.

25. 唐建军．耗散结构理论对于中国翻译教学研究的启示［J］．河北理工大学学报（社会科学版），2010（3）：168－170.

26. 王胜利．论语言的造势作用及其正确运用［J］．北京第二外国语学院学报，2003（4）：35－37.

27. 王希杰．汉语修辞学［M］．北京：商务印书馆，2004：299.

28. 文灿．车尾标语调查研究——以重庆市车尾标语为例［D］．湘潭大学，2011.

29. 吴今培，李学伟．系统科学发展概论［M］．北京：清华大学出版社，2010.

30. 吴艳豪，张凤改．论车尾标语的生成方式［J］．信阳农业高等专科学校学报，2013（1）：81－83.

31. 徐国珍．论仿拟造词法的内部理据——汉语造词法理据探析的个案研究［J］．汉语学习，2007（6）：35－40.

32. 徐建军，龚涛．耗散结构理论视野下的大学生文化素质教育体系创新［J］．湘潭大学学报（哲学社会科学版），2011（1）：14－17.

33. 易小明．文化差异与社会和谐［M］．长沙：湖南师范大学出版社，2008：357.

34. 张天伟，尚国文．语言景观研究的拓展与创新［J］．语言战略研究，2020（4）：11－12.

35. 张静．车尾标语的语用学探析［J］．宿州学院学报，2016（6）：55－57.

36. 周凯．概念整合理论视角下的车尾标语探究［D］．湖南大学，2013.

后　记

本书是2018年度湖南省哲学社会科学规划基金项目“公共空间语言景观的跨学科理论与实践研究”（湘社科办〔2018〕15号，项目编号：18YBA118）与2018年湖南省教育厅科学研究重点项目“城市语言景观评估与规范化问题研究——以长株潭为例”（湘教通〔2019〕90号，项目编号：18A353）的结题成果。

从2016年3月选题构思起，到成功获批湖南省哲学社会科学基金项目，到获批省教育厅科研重点项目，再到小书付梓，前后历时整整5年时间。期间经历了选题之初彻夜难眠的冥思苦想，到获知课题批准时的高兴万分，到外出调研的风风雨雨，到日夜爬格的难熬艰苦，再到修改整理的夜以继日，酸甜苦辣，唯有自知。经过两年的资料收集、三年的艰难写作，课题研究总算告一段落，书稿也已基本成型。问题一定还有不少，但总算是成了型。值此完成之际，我们的内心充满谢意。

首先，感谢湖南省哲学社会科学规划基金和湖南省教育厅提供的项目资助，给我们莫大的鼓舞，双重资助使该研究得以正常进行，从而促成这本专著的最终付梓。其次，感谢湖南工程学院科技处领导和老师，给项目立项提供了支持、指导和帮助。再者，感谢湖南工程学院外国语学院，给项目研究和书稿撰写提供了优越的场地和便利的设备，以及研究所需的充裕时间。

其次，特别感谢梅德明教授。梅老师渊博的学识、严谨的治学态度令我们折服，他高瞻远瞩、诲人不倦的悉心指导让我们受益，使我们在治学之路上能独自行走，感激之情，难以言表。

同时，还要感谢这一论题研究领域中的前辈学人，他们的学术著作和论文，为我们的研究奠定了深厚基础，引领我们步入学术前沿，并在此基础上迈出了可喜的一步。还要感谢在背后默默支持我们的朋友们，我们的每一个细小的进步都离不开他们的支持和理解。

人生有涯学海无涯，学术之路漫长而艰辛。湖南工程学院堪称我们成长的摇篮，我们将努力求索，以此为报。

作　者

2021 年 3 月 28 日